LA CHUTE DE LA CIA

www.editions-jclattes.fr

Robert Baer

LA CHUTE DE LA CIA

Les mémoires d'un guerrier de l'ombre sur les fronts de l'islamisme

Traduit de l'anglais (États-Unis) par Daniel Roche

JC Lattès

Titre de l'édition originale
SEE NO EVIL
publiée par Crown Publishers, New York, USA

Préface

Fin 1994, je passais pratiquement ma vie dans les avions. J'arrivais à Amman, en Jordanie, en fin d'après-midi, prenais rapidement une douche à l'hôtel, passais la nuit à discuter avec tel ou autre dissident irakien sur ce qu'il convenait de faire concernant Saddam Hussein. Souvent, je m'écroulais sur mon lit bien après minuit, pour me relever à peine quelques heures plus tard et attraper l'avion qui me ramènerait à Washington et à mon bureau au siège de la CIA, à Langley, en Virginie. Cela faisait de longues journées. Mais j'en avais l'habitude, ayant passé quasiment vingt ans à arpenter le Proche-Orient au même rythme.

Au cours de ces démarches diplomatiques clandestines, il m'arrivait de faire un arrêt à Londres, histoire de me promener dans la ville pour reprendre souffle. Je n'avais pas d'itinéraire particulier. Pourtant, j'aboutis plus d'une fois, et sans le vouloir, du côté de Edgeware Road, un quartier du centre de Londres à dominante arabe et proche-orientale. Entre les femmes voilées et les hommes qui déambulaient en robes fluides, j'avais l'impression d'être toujours là-bas. Cependant, il y avait, différence subtile, les librairies.

Dans la plupart des pays du Proche-Orient, les librairies n'ont pas le droit de vendre des pamphlets islamiques radicaux prônant ouvertement la violence, mais dans celles arabes de Londres on en trouvait des rayons entiers. Un coup d'œil sur les titres en gras suffisait à l'édification du lecteur. C'était la haine, une haine profonde, irréductible, pour les États-Unis. Dans la vision du monde de ceux qui écrivaient et publiaient ces pamphlets, le *Djihad*, la guerre sainte entre l'islam et l'Amérique n'était pas seulement une éventualité. Pour eux, la guerre relevait de l'évidence et elle était déjà en marche. Pour avoir passé une grande partie de ma vie au Proche-Orient, je savais qu'une haine aussi intense, aussi violente, ne représentait qu'un dévoiement de l'islam. Mais je savais aussi mieux que d'autres les ravages humains qu'elle pouvait entraîner.

Souvent, je jetais un œil aux mentions en petits caractères. Le nom de l'éditeur ou du rédacteur en chef n'apparaissait que rarement, et jamais aucune adresse légale. Cependant, à de rares exceptions près, figurait un numéro de boîte postale en Europe, souvent en Grande-Bretagne ou en Allemagne. Nul besoin d'une agence de renseignements sophistiquée pour comprendre que l'Europe, traditionnellement notre alliée dans la guerre contre les « méchants », était devenue un foyer du fondamentalisme islamique.

Par curiosité, je demandai à mes collègues de la CIA à Londres s'ils savaient qui diffusait ce genre de documents. Ils n'en avaient aucune idée. Après tout, quoi de plus naturel ? Dans la mesure où pas un seul des membres de notre bureau londonien ne parlait un tant soit peu l'arabe, il était fort improbable que personne aille jamais traîner ses guêtres du côté de Edgeware Road. En eût-il été autrement, de toute façon personne n'aurait été capable de déchiffrer ces ouvrages venimeux. De plus, les autorités britanniques interdisaient à la CIA de recruter des agents, fondamentalistes islamiques ou autres, sur le territoire anglais. Alors à quoi bon passer son temps avec les Arabes de Londres ?

Pour tout dire, la situation n'était pas meilleure dans l'ensemble de l'Europe. Au milieu des années 90, la CIA y était devenue une peau de chagrin. Nos bureaux de Bonn, Paris et Rome n'étaient plus que l'ombre de ce qu'ils avaient été pendant la guerre froide. Ils n'avaient pas assez d'officiers pour s'occuper des communautés proche-orientales d'Europe et, quand ils le faisaient, il leur manquait trop souvent l'envie, la formation et, dans certains cas, la motivation.

La situation au Proche-Orient n'était pas plus brillante. Souvent, un ou deux officiers de la CIA seulement étaient affectés à un pays. Au lieu de recruter et d'activer leurs sources — leurs agents étrangers —, les antennes de l'Agence dans la poudrière du monde passaient le plus clair de leur temps à alimenter les modes en vogue à Washington : droits de l'homme, globalisation économique, conflit israélo-palestinien. Pour les vétérans comme moi, la CIA n'y faisait guère plus que de la figuration.

Nous étions nombreux, parmi ceux qui avaient passé du temps sur le terrain au Proche-Orient, à redouter une catastrophe imminente. Il y avait là trop de haine, trop de moyens de destruction aussi, pour que subsiste la bulle de l'innocence américaine. Cela dit, personne, je pense, n'aurait pu prévoir les attentats du 11 septembre sur le World Trade Center et le Pentagone. Pas dans leur singularité, en tout cas. Même au regard des critères des terroristes impliqués, l'ampleur de l'attaque était presque inimaginable. Non, le problème, c'est que nous n'avons même pas essayé de savoir ce qui nous attendait.

Tout comme le reste de l'*establishment* washingtonien, la CIA s'était entichée de technologie. On avait décrété que les satellites, l'Internet, les interceptions électroniques, et même les publications universitaires, nous apprendraient tout ce qu'il fallait savoir sur ce qui se passait au-delà de nos frontières. Concernant les fondamentalistes islamiques, le point de vue officiel était que nos alliés en Europe et au Proche-Orient fourniraient les pièces manquantes. Maintenir nos agents à nous — nos propres sources étrangères — était devenu trop salissant. Parfois ils se conduisaient mal, provoquaient de vilains incidents diplomatiques. Pire, ils ne collaient pas à la vision morale de l'Amérique sur la façon dont le monde devait tourner.

Non seulement la CIA se débarrassa donc méthodiquement de beaucoup de ses agents, mais elle se mit aussi à délicatement virer nombre de leurs anciens officiers traitants : des professionnels chevronnés qui avaient passé leur carrière dans les bleds paumés du monde entier. En 1995, l'Agence promut au grade de Directeur des opérations[1] — le responsable n° 1 de l'espionnage — un analyste qui n'avait jamais opéré à l'étranger. Lui succéda un retraité et, au retraité, un officier qui avait gravi les échelons essentiellement grâce à ses talents politiques. Autrement dit, la CIA s'était ellemême retirée des affaires ; elle ne s'occupait plus de l'espionnage. Comment s'étonner, dès lors, que nous n'ayons eu aucun agent[2] dans les mosquées de Hambourg pour nous informer que Mohammed Atta, chef présumé des pirates de l'air du 11 septembre, recrutait des kamikazes pour le pire attentat jamais perpétré sur le sol américain ?

Ce livre est un livre de souvenirs, les mémoires d'un soldat de cette autre guerre froide, celle menée contre des réseaux terroristes qui, à l'inverse de l'Union soviétique, n'ont nullement l'intention de s'effondrer sous leur nécrose. Ce livre évoque des lieux où la plupart des Américains n'iront jamais, des gens dont beaucoup préféreraient penser qu'ils sont des interlocuteurs dont nous n'avons pas besoin.

---

1. La Direction des opérations, *Operations Directorate*, est chargée de l'organisation des opérations clandestines à l'étranger (*N.d.T.*).

2. « Agent » est employé au sens strict de ce terme dans le monde du renseignement : « Personne, généralement de nationalité étrangère, qui espionne pour le compte d'un officier de renseignements qui l'a recrutée » (*Dictionnaire du renseignement et de l'espionnage*, P. Brunel, Paris, 2000) (*N.d.T.*).

Il est tiré de souvenirs, de rapports d'enquêtes, de mon journal intime. Le lecteur s'en rendra vite compte : il y a trop de détails, presque tous inédits, jamais sortis des dossiers de l'administration, pour que le seul effort de la mémoire suffise à se les remémorer. Toute ma vie j'ai pris des notes. En même temps, et ce n'est pas surprenant, certains détails ne peuvent tout bonnement pas être rapportés. Tout employé de la CIA est tenu de signer un accord autorisant l'Agence à réviser et à censurer chaque document destiné à la publication. J'ai laissé dans le texte les caviardages de la censure afin que le lecteur voie comment elle fonctionne[1]. Il reste toutefois bien assez de détails pour lui donner une idée de la complexité du problème terroriste et de ce qu'a été ma vie, ses hauts et ses bas, ses périlleux épisodes sur le terrain et parfois plus périlleux encore autour des tables de conférence des fonctionnaires de Washington, marigot qui peut se révéler aussi redoutable que la plaine libanaise de la Bekaa.

Je n'ai pas omis les nombreuses erreurs que j'ai commises sur le terrain. Le lecteur comprendra ainsi à quel point l'apprentissage du métier d'espion peut être douloureux. Je ne cache pas non plus que j'ai voulu comprendre le fonctionnement de l'*establishment* politique, sous tous ses aspects. J'ai trempé, du bout du doigt, dans le scandale du financement de la campagne de Clinton. Je n'ai aucune excuse — sinon, peut-être, ma propre stupidité —, mais si mon nom évoque quelque chose au public, sans doute est-ce lié à cette époque.

Je voudrais aussi que mon histoire soit une métaphore de ce qui arriva à la CIA, que je servis pendant presque un quart de siècle, et des urgences actuelles. Le 11 septembre n'est pas le résultat d'une unique erreur, mais d'une série d'errements. Nous n'avons pu compter ni sur les Allemands, ni sur les Britanniques, ni sur les Français, ni sur les Saoudiens. Mais, surtout, nous n'avons pu compter sur nous-mêmes. Nous n'avons eu

1. Signalés par les passages biffés au noir.

ni les renseignements nécessaires, ni les moyens de les réunir. Rectifier ces erreurs, reprendre le dessus dans la longue lutte contre le terrorisme ne va pas être chose facile, mais c'est possible. Pour commencer, il faut renvoyer les officiers de l'Agence dans la rue, les laisser recruter et activer des agents dans les mosquées, les casbahs, partout où l'on peut apprendre les intentions des terroristes avant qu'elles ne se réalisent et ne produisent d'atroces gros titres dans les journaux ainsi que des images insoutenables sur les écrans de télévision.

Ce livre de mémoires montrera, je l'espère, au lecteur comment l'espionnage est censé fonctionner, où la CIA s'est égarée et comment la remettre sur la voie. Mais je souhaite aussi qu'il remplisse un autre objectif. Oui, je voudrais qu'il montre pourquoi je suis furieux de ce qui est arrivé à l'Agence. Et pourquoi tout Américain et tout individu soucieux de la protection de ce pays devrait être aussi furieux et inquiet que je le suis. En laissant se délabrer la CIA, nous avons perdu une protection vitale pour notre souveraineté nationale. Et cette question n'est pas moins cruciale pour tous nos alliés, dont en premier lieu les Européens.

Les uns et les autres doivent savoir que ce qui est arrivé à la CIA n'est pas le pur fruit du hasard. Elle a été méthodiquement détruite par le politiquement correct, par de mesquines guérillas internes, par le carriérisme et bien d'autres choses encore. À une époque où la menace terroriste s'exacerbait dans le monde entier, on procédait au grand nettoyage dans l'Agence qui aurait dû la surveiller. Les Américains gagnaient trop d'argent pour s'en inquiéter. La vie était belle. Avec un océan de chaque côté, nous étions protégés. Flottant sur cette mer d'égocentrisme, la Maison-Blanche et le Conseil National de Sécurité[1] sont devenus des cathédrales du commerce où l'intérêt pour les gros marchés l'emportait

1. Le NSC, ou National Security Council, traduit ici par « le Conseil National de Sécurité », coordonne auprès de la Maison-Blanche les informations sur la politique étrangère des États-Unis (*N.d.T.*).

sur la protection des citoyens américains, tant sur leur territoire qu'à l'étranger et où, plus largement, la paix de la planète n'était plus fondée sur la sécurité. Rendue inoffensive, découragée, la CIA se voyait réduite au rôle de spectatrice. Le 11 septembre 2001, la facture d'une négligence aussi énorme a été présentée aux yeux du monde.

Certes, personne ne pouvait prévoir avec précision les attaques du 11 septembre, il n'en reste pas moins inconcevable qu'il ait fallu tant de morts pour nous ouvrir les yeux sur le fait que nous avons sacrifié une ressource nationale à la cupidité, à la commodité et à une politique étriquée. J'enrage — et je crois que nous devrions tous enrager — que, le 11 septembre, les courageux passagers du vol 93 de United Airlines aient été la première et l'unique ligne de défense de la Maison-Blanche — et ni la CIA, ni le FBI, ni les Services de l'Immigration et de la Naturalisation, ni aucune des autres administrations ou organisations qu'entretiennent nos impôts.

Récemment, un ami journaliste m'a raconté que l'un des plus hauts responsables de la CIA lui avait confié, en privé, que lorsque la suie et la fumée seraient enfin retombées, les Américains découvriraient que le 11 septembre représentait un triomphe et non un échec pour les services de renseignement. Si telle est la ligne de pensée officielle de l'Agence chargée de neutraliser les Oussama Ben Laden de ce monde, alors je suis plus que furieux. Je suis terrifié par ce qui nous attend.

Première partie

Comment fabrique-t-on un agent secret ?

1

15 mars 1995. Langley, Virginie

Comme on me l'avait demandé, je me présentai au bureau de Fred Turco à 9 heures tapantes. J'avais travaillé pour Fred au siège anti-terroriste de la CIA au milieu des années 80. Désormais, il était responsable d'un nouveau bureau créé pour renforcer la sécurité au sein de l'Agence. Je ne savais pas du tout pourquoi il m'avait convoqué.

Quand il me vit dans l'embrasure de sa porte, Fred m'examina avec attention, sans forcément apprécier ce qu'il vit. J'étais rentré d'Irak du Nord la veille au soir et n'avais pas eu le temps de me faire couper les cheveux. J'avais un coup de soleil, je portais une veste en tweed qui avait passé trois mois au fond d'un sac marin et je devais avoir l'air d'être resté des années sur le terrain.

— Assieds-toi, me dit Fred en désignant un siège face à son bureau.

En silence, il passa ses doigts dans sa tignasse prématurément grise, et je compris que l'heure n'était pas aux plaisanteries.

— Deux agents du FBI t'attendent là-haut, dans le bureau du Conseil juridique, ils veulent t'interroger, fit-il enfin.

Je n'avais pas besoin d'explications supplémentaires. Le FBI n'interrogeait pas les officiers de la CIA rentrant de mission sans qu'il y ait une enquête criminelle dans l'air.

— Pourquoi le FBI, Fred ?

Il déplaça une boîte sur son bureau pour mieux me voir. Il se trémoussait, mal à l'aise dans son fauteuil. Je sentis qu'on n'avait pas encore touché le fond. Il fixa sur moi ce regard connu de tous à la CIA et lâcha :

— Tony Lake a ordonné au FBI d'enquêter sur ton compte pour tentative d'assassinat contre Saddam Hussein.

Un assassinat ? Je savais que ce qui s'était passé en Irak allait à coup sûr faire trembler les vitres de la Maison-Blanche. Je savais aussi que Lake, conseiller à la sécurité nationale auprès du Président, était furieux contre nous. Mais là, c'était *dément*. Lâcher le FBI aux trousses de la CIA ! Sans compter que l'accusation était fausse. [redacted]

— Il n'est pas sérieux.

Ce fut tout ce que je pus articuler.

Fred eut un haussement d'épaules :

— Tu n'as aucune idée de la façon dont fonctionne cette ville. Garde ton sang-froid et on te tirera de là.

Rob Davis, un avocat du bureau du Conseil juridique, était assis à la table de conférence dans le fond de la pièce, tellement silencieux que je l'avais oublié. Il se mit de la partie :

— Écoute, Bob, tu viens de passer presque vingt ans à l'étranger. Washington a vraiment beaucoup changé. Des enquêtes comme celle-ci, il y en a tout le temps maintenant. Fred a raison : tu vas t'en tirer. Et, par la même occasion, ça fera de toi un meilleur officier.

Il avait raison sur un point. Washington avait changé. Mais que cette enquête pût être profitable à ma carrière, ça c'était de la foutaise. J'étais dans la boîte depuis assez longtemps pour savoir que depuis belle lurette la CIA ne soutenait plus ses officiers sur le terrain. Une enquête du FBI — même dénuée de fondement — signifiait que ma carrière était sérieusement compromise. À l'Agence, comme ailleurs au gouvernement fédéral, on était innocent tant qu'on n'était pas mis en examen.

Je fis comme si Davis n'existait pas et me retournai vers Fred, un ancien officier traitant qui avait eu, lui aussi, maille à partir avec le politiquement correct en vogue à Washington. Le bruit courait que, alors qu'il travaillait dans la lutte anti-terroriste, il avait échappé de peu au ministère de la Justice. Fred avait eu pour agent un ancien terroriste qui l'avait aidé à remonter la piste de Carlos, surnommé *le Chacal*. Il nous avait indiqué quand Carlos se rendrait de Damas à Amman, puis à Khartoum, où les Français, sur la foi de nos renseignements, l'avaient finalement arrêté. Le problème, c'était que, plusieurs années auparavant, cet agent avait été indirectement impliqué dans un attentat où un Américain avait trouvé la mort. Deux ou trois hauts fonctionnaires pincés du ministère de la Justice, apprenant le passé de l'agent, avaient tenté d'épingler Fred pour avoir fait entrer un méchant dans la liste du personnel rémunéré. Ils se fichaient que le méchant en question ait contribué à la capture d'un plus méchant encore, un tueur recherché dans le monde entier. Pourtant, Fred en avait réchappé. Il savait comment le jeu se jouait à Washington, et je comptais sur lui pour me donner quelques leçons accélérées.

— Je monte le premier, dit-il en se levant de son bureau. J'assisterai à l'entretien. Davis aussi. Mais n'oublie pas que Davis représente la CIA — et pas toi. Les agents du FBI vont te dire que tu as droit à un avocat. À toi de voir. Mais si tu en demandes un, franchement ça va faire désordre. On se retrouve dans cinq minutes.

L'histoire ne manquait pas de piquant. C'était moi qu'on interrogeait, mais l'avocat bossait pour la CIA.

Les deux agents du FBI étaient assis à la table ovale du bureau du Conseil juridique. Ils se levèrent, me serrèrent la main et me montrèrent leurs cartes.

Je reconnus l'un d'eux. Mike [redacted] et moi avions travaillé ensemble en 1986 à Wiesbaden, en Allemagne. On y avait notamment interrogé le Père Lawrence Jenco, un prêtre catholique exerçant son ministère au Liban, qui venait à peine d'être relâché par le Hezbollah après en avoir été l'otage. Mike avait beau m'avoir connu sous un autre nom, il m'identifia tout de même. Il avait sur le visage une expression qui semblait dire : oui, moi aussi je me rappelle le bon vieux temps, quand on était tous du même bord et qu'on savait qui était l'ennemi — toujours est-il que, dans les mots, il resta strictement professionnel.

— Monsieur Baer, nous menons une enquête criminelle, dit-il dès que nous fûmes assis. Vous avez droit à un avocat. Souhaitez-vous en consulter un ?

Je décidai de m'en passer. D'abord, je n'avais pas d'avocat. Même si j'en avais eu un, mon salaire de fonctionnaire ne m'aurait pas permis de m'offrir ses services pour une enquête prolongée. Quelle autre solution ? Appeler l'American Civil Liberties Union, l'Organisation américaine de défense des libertés individuelles ? Mais il faudrait leur expliquer que, étant accusé d'être un assassin de la CIA, j'aimerais néanmoins bénéficier d'une assistance juridique à titre bénévole... En outre, je n'avais pas besoin d'un avocat pour savoir que, dans une enquête comme celle-là, la chose à ne jamais faire était de dire quoi que ce soit de son plein gré. J'avais moi-même conduit assez d'enquêtes pour le savoir. Se contenter de répondre aux questions par oui ou par non.

— Nous enquêtons sur une tentative de meurtre avec préméditation : l'assassinat de Saddam Hussein, commença Mike.

Je ne répondis pas.

— Savez-vous que le décret présidentiel 12333 interdit à la CIA de perpétrer des assassinats ?

Le Président Reagan avait fait promulguer ce décret

en décembre 1981. Depuis, tout agent de la CIA avait l'obligation de le lire et de le parapher.

— Je l'ai lu.

— Avez-vous tenté d'assassiner Saddam Hussein ?

— Non.

— Avez-vous jamais ordonné à quiconque d'assassiner Saddam Hussein ?

— Non.

— À votre connaissance, quelqu'un de votre équipe a-t-il tenté d'assassiner Saddam ?

— Non.

— Avez-vous jamais utilisé le nom de Robert Pope ?

Je ne répondis pas.

Mike tourna alors vers moi une épaisse chemise en kraft et me montra un rapport de trois pages où son doigt avait laissé une trace. Il y était question d'une réunion en Irak du Nord, fin février 1995, entre Ahmed Chalabi, chef d'un groupe de dissidents irakiens, et deux officiers de renseignements iraniens. À en croire le rapport, Chalabi avait dit aux Iraniens que les États-Unis avaient finalement décidé de se débarrasser de Saddam et de l'assassiner. À cette fin, toujours selon Chalabi, le Conseil National de Sécurité avait envoyé une « équipe NSC », conduite par Robert Pope, en Irak du Nord. Le NSC, expliquait Chalabi, lui avait demandé de contacter de sa part le gouvernement iranien afin de solliciter son soutien. Le rapport disait encore qu'au milieu de la réunion Chalabi avait reçu un coup de fil et quitté la pièce, donnant ainsi aux Iraniens l'occasion de lire une lettre laissée en évidence sur son bureau. Prétendument écrite sur un papier à en-tête du NSC, elle demandait à Chalabi de fournir à M. Pope « toute l'assistance requise par sa mission ».

J'arrêtai là ma lecture. Je connaissais bien Ahmed Chalabi. J'étais en Irak du Nord au moment de la réunion en question et je savais sans l'ombre d'un doute que Chalabi avait inventé cette histoire de toutes pièces. Il avait dû se dire que, s'il pouvait berner les Iraniens et leur faire croire que le NSC et la Maison-Blanche voulaient enfin sérieusement se débarrasser de Saddam, ceux-ci ne pourraient faire autrement que de les soutenir, lui et sa faction. Restaient, néanmoins, quelques problèmes. D'abord, il n'y avait pas de Robert Pope. Ni de projet d'assassinat du NSC. Personne, ni le NSC ni qui que ce fût, n'avait demandé à Chalabi de transmettre un message à l'Iran. Quant à la lettre, c'était un faux grossier. Chalabi l'avait laissée sur son bureau en sachant que les Iraniens ne résisteraient pas à la tentation de la lire dès qu'il aurait quitté la pièce.

Jusqu'ici tout allait bien. Mais, comme beaucoup de pièges, celui tendu par Chalabi avait attrapé le mauvais lièvre : non pas les Iraniens qu'il voulait leurrer, mais le conseiller à la sécurité nationale auprès du Président des États-Unis. Visiblement, Tony Lake ne savait pas comment fonctionnait le Proche-Orient : comment les complots, les mensonges et les impostures, telle l'arnaque Pope montée par Chalabi, régissaient la région. En revanche, Lake connaissait bien Washington et la politique. Il s'était fait avoir, et quelqu'un allait devoir payer. Dans les interminables querelles territoriales de l'administration, cela voulait dire la CIA et, comme j'étais l'homme de la CIA en Irak du Nord, cela voulait dire moi.

Peu importait à Lake qu'Ahmed Chalabi eût été jugé et condamné pour avoir escroqué sa propre banque. Peu importait que l'on soit au milieu de la plus importante action contre Saddam Hussein jamais engagée depuis la fin de la guerre du Golfe. On m'avait ordonné de rentrer à Washington et, désormais, ma carrière, ma réputation et mon avenir étaient entre les mains d'un homme très puissant et très en colère. En outre, l'Agence, pour laquelle j'avais travaillé pendant presque vingt ans, avait laissé faire sans broncher. Le pire de tout, peut-être, c'était que je n'étais pas vraiment surpris. Si nos ressources humaines en renseignements s'étaient taries comme en plein désert, il y avait une raison, à commencer par un manque de cran des responsables du QG de

Langley, en Virginie, l'endroit même où je me trouvais assis.

Je finis de lire la note et levai les yeux. Je savais que, si le conseiller à la sécurité nationale du Président ne comprenait pas le Proche-Orient, les deux agents du FBI ne le comprendraient guère plus. Certes, ce n'était pas leur boulot. Je dis :

— Il n'y a pas un mot de vrai dans tout ça.

Les deux agents du FBI devinèrent qu'ils n'aboutiraient nulle part. Ils se regardèrent avec un hochement de tête. Mike se tourna vers moi et me demanda :

— Seriez-vous prêt à passer au détecteur de mensonges ?

— Sans problème.

J'étais allé trop loin pour reculer.

Mike me raccompagna à la porte.

— Franchement, le ministère de la Justice a eu du fil à retordre avec ce dossier, me dit-il quand nous fûmes dans le couloir, hors d'écoute des autres. Le 12333 les embêtait, alors, à la place, ils ont pris l'article 18, alinéas 1952 et 1958.

Je le dévisageai, attendant la traduction.

— La législation fédérale concernant le meurtre sur commande, dit-il en tournant les talons pour rejoindre les autres.

Je devais découvrir un peu plus tard que la peine maximale pour une condamnation au titre des alinéas 1952 et 1958 était soit la prison à vie soit l'exécution capitale.

2

1962. Los Angeles, Californie

J'avais neuf ans quand, peu après sa séparation d'avec mon père, ma mère vint un jour me chercher à l'école pour m'annoncer que nous partions pour l'Europe la semaine suivante. J'avais jusqu'alors mené en Californie une vie sans histoires. Je ne voyais pas la nécessité de changer, mais on ne me demandait pas mon avis. Ma mère me dit que nous y resterions deux mois. Ce fut deux ans.

À peine mon grand-père eut-il ouvert une lettre de crédit sur une banque suisse que nous étions dans l'avion pour Zurich. Après l'achat d'une Fiat décapotable, l'été et une grande partie de l'automne furent passés à sillonner l'Europe, en faisant la tournée des musées. Je sus bientôt distinguer un Canaletto d'un Guardi et appris un peu de français et d'allemand, assez pour me débrouiller seul. J'appris aussi un peu de politique. Ma mère, qui avait été prof de Sciences-po à l'université de San Diego, décida que des leçons impromptues sur Aristote, Platon, saint Augustin et Clausewitz compenseraient amplement ma scolarité incomplète. Je découvris ainsi de première main ce qu'était la realpolitik à Berlin, en octobre 1962, pendant la crise des missiles cubains. Mais je crois que, plus que tout, ma mère espérait que je m'intéresserais aux lettres classiques grâce aux mois passés à visiter toutes les ruines de Grèce et d'Italie. Un Noël sous la neige, à Rome, nous fîmes le tour des catacombes. Ma mère envisagea même de me laisser dans une école monastique autrichienne où on enseignait le grec ancien et le latin.

Voilà donc qui ne me préparait guère à un plein-temps avec horaires de bureau dans une banlieue américaine. En revanche, j'appris à m'adapter rapidement à d'autres cultures, et les lettres classiques auxquelles ma mère tenait tant allaient m'être extraordinairement utiles. Quelques décennies plus tard, elles me servirent de couverture pour me rendre dans des endroits où les Américains n'étaient pas particulièrement bienvenus, de la plaine de la Bekaa libanaise aux montagnes déchiquetées du Tadjikistan.

Notre séjour en Europe m'apprit aussi la différence entre avoir, ou non, de l'argent. Le compte suisse n'était pas sans fond. Aux semaines dans des hôtels quatre étoiles — avec grands restaurants et ballet ou opéra le soir — succédaient des semaines où nous n'avions guère de quoi trouver un toit. Un jour où, en Allemagne, nous voulions passer la frontière pour gagner la France, nous nous fîmes refouler par les douanes françaises : notre assurance automobile était arrivée à échéance. Nous n'avions pas la centaine de francs nécessaire pour payer une assurance provisoire. Les Français nous renvoyèrent côté allemand. Pour les mêmes raisons, les Allemands refusèrent de nous laisser rentrer, mais nous offrirent aimablement de passer la nuit dans leur prison en attendant la relève de l'équipe côté français. Une grande partie de la nuit se passa à jouer aux cartes et à boire de la bière avec les douaniers. Le lendemain matin, les Français ne jetèrent même pas un œil à nos papiers.

Le premier endroit qui nous vit nous fixer quelque temps fut la station suisse de Klosters. En fonds, suite à une nouvelle injection financière de Grand-Père, ma mère loua un chalet sur les pistes. Pour compenser mes lacunes scolaires, elle engagea un répétiteur censé m'enseigner l'allemand, mais, détestant apprendre par cœur, je ne tardai pas à abandonner les leçons. Les pistes de ski devinrent ma salle de classe.

L'été suivant, ma mère, qui ne tenait pas en place et mourait d'ennui en Suisse, se mit en tête d'entreprendre un voyage à Moscou — une idée qui, fort commodément, ne tenait compte ni de la guerre froide, ni des braises encore fumantes de la crise des missiles cubains. Jamais je n'oublierai notre entrevue, à Berne, avec un consul soviétique à la mine sinistre et aux yeux bleus humides et pâles. Gros fumeur, il éteignit sa cigarette entre ses doigts et nous jeta presque dehors lorsque ma mère suggéra de faire en voiture le trajet jusqu'à Moscou, de camper la nuit et d'embarquer notre chat siamois. Pour finir, le consul décida que nous n'étions pas des espions et nous accorda nos visas, mais seulement à condition que le chat reste en Suisse et qu'on dorme à l'hôtel.

Mon grand-père finit par perdre patience et par nous rappeler. Comme c'était lui qui payait les factures, nous prîmes illico l'avion du retour. Pour commencer, il y eut Salt Lake City, dans l'Utah, afin de pouvoir skier à Alta pendant la saison. L'année suivante, en 1964, ce fut Aspen, dans le Colorado. La ville où nous pénétrâmes dans la MG décapotable de ma mère n'était pas la localité très snob que l'on connaît aujourd'hui. Avec ses 300 habitants, Aspen, dans l'intersaison, était plutôt une ville fantôme. Hormis la grande route, seules quelques rues étaient pavées. Trois restaurants restaient ouverts à l'année : la pizzeria Pinocchio, le Red Onion et le distributeur de boissons du drugstore de Walgreen. Il n'y avait qu'un seul journal, l'*Aspen Times* — un hebdo. Quant à l'unique chaîne de télé, elle cessait d'émettre à 22 heures.

Dès le premier hiver là-bas, j'entrai dans l'équipe de ski, à l'époque l'une des meilleures des États-Unis. Parmi mes coéquipiers, il y avait Andy Mill, futur époux de la championne de tennis Chris Evert. De septembre à avril, on s'entraînait sans relâche. Le soir, après l'école, on descendait les pistes de slalom à la lumière électrique, qu'il tempête ou qu'il gèle à pierre fendre. On remontait sur les carres, on faisait une descente et on recommençait. Je ne rentrais jamais avant 20 heures, mort de fatigue. Le week-end, on s'exerçait aux épreuves de descente et au slalom géant en haut d'Aspen Mountain. Pendant quelques étés, l'entraînement eut lieu sur les glaciers du côté de Red Lodge, dans le Montana. Personne ne se souciait du peu de temps laissé aux études. Le ski était tout. Pour moi, il devint une passion.

Mon premier entraîneur fut Crystal Herbert, une robuste Autrichienne depuis peu détentrice du record de vitesse féminin. La suivre jour après jour sur les pistes à 50 ou 60 kilomètres/heure m'apprit à vivre dangereusement. Je me souviens d'une préparation de course à Aspen Highlands, sur la descente la plus rapide d'Amérique du Nord. Au milieu de la piste, un tournant en forme de Z s'amorçait sur la gauche par un brusque virage à 90 degrés, suivi d'un dévers presque vertical, pour se conclure par un brusque virage à droite. En cas de chute, on finissait enroulé autour d'un gros pin. Le tournant était surnommé l'« Instant de Vérité ».

Au cours d'un examen du parcours, Crystal nous donna un petit conseil alors que nous nous trouvions au-dessus de l'Instant de Vérité. Dans son anglais chaotique, elle nous dit que, pour espérer gagner quelque chose dans la vie, il fallait prendre des risques — et parfois de gros risques. Donc, si nous voulions gagner la compétition du lendemain, il fallait franchir l'Instant de Vérité sans ralentir, à l'inverse de ce que nous avions tous fait lors des essais. « Risquez le tout pour le tout et vous avez une chance de gagner, disait-elle. Retenez-vous et vous ne gagnerez jamais. » Le lendemain, dans la course, je ne retins pas mes skis. Certes, je ne gagnai pas mais terminai mieux placé que dans aucune autre compétition avant celle-là. Je n'ai jamais oublié la leçon.

Mais à Aspen, il n'y avait pas que le ski. Tandis que j'apprenais à risquer le tout pour le tout sur les pistes, les sixties prenaient l'endroit d'assaut. Des hippies établirent leur campement dans les montagnes autour de la station. Un jour, l'évêque de San Francisco, un dénommé Pike, ecclésiastique facétieux qui avait remplacé la croix par un poisson au-dessus de l'autel de son église, apparut en ville à la tête d'une manifestation pacifiste qui fit grand grabuge devant la résidence du ministre de la Défense, Robert McNamara. Un soir, le maire, « Bugsy » Barnard, et ses copains de beuverie se mirent en tête de tronçonner tous les panneaux d'affichage d'Aspen à Grand Junction — soit sur 250 kilomètres —, apportant ainsi leur contribution à la sauvegarde de l'environnement.

Pas du genre à manquer un geste politique, ma mère se porta candidate au siège de commissaire du comté de Pitkin, dans une élection où Hunter Thompson, le père du journalisme *gonzo* [1], se présentait au poste de shérif. Par bonheur pour ceux qui voulaient des résidences au pied des pistes et des prisons sans drogue, ils ne furent élus ni l'un ni l'autre.

Au milieu de tout ce tumulte, je décidai de gagner ma vie grâce à la compétition. Mon plan était simple : laisser doucement tomber l'école et m'entraîner toute la journée. Avant que quelqu'un l'ait remarqué, pensais-je, je serais devenu champion. Tout se déroula fort bien jusqu'à ce que le lycée d'Aspen informe ma mère que j'avais assisté à exactement six jours de cours ce printemps-là, ce qui me valait un « très insuffisant » éliminatoire. D'accord, il y avait bien un « passable » en dessin. Mais ma mère n'attendit pas mon retour à la maison pour aborder la question. Il lui fallut à peu près cinq minutes pour me trouver chez Pinocchio. J'étais assis dans une alcôve, au fond, avec ma petite amie Sue et deux ou trois copains quand elle chargea dans le restaurant.

— Rien que des zéros, mon salaud ! — elle hurlait

1. Déjanté (*N.d.T.*).

dans l'ambiance feutrée de Pinocchio. Je peux pas y croire, bordel ! Tu vas aller à *l'école militaire* !

À l'époque, je restai sous le choc, mais maintenant je comprends que, de son point de vue, l'école militaire était à peu près l'unique solution. Pourtant, toujours prompte à chambouler un plan par ailleurs excellent, elle me retira du lycée d'Aspen avec un mois d'avance et me ramena en Europe pour l'été. Si j'étais destiné à l'école militaire, il fallait d'abord parfaire mon éducation politique.

L'avion atterrit à Paris au beau milieu des manifestations étudiantes de mai 1968. Tout le monde était en grève, les écoles fermées et les manifestants bloquaient la majeure partie de la ville. Peu disposée à trouver refuge dans un hôtel comme l'eût fait une touriste raisonnable, ma mère me traîna dans les manifestations. Un soir, chargés par des CRS armés de gaz lacrymogènes, matraque au poing, nous fûmes à deux doigts de l'arrestation.

En quête d'une villégiature plus paisible, nous fîmes l'acquisition d'une Land Rover — destination Moscou. Pour ma mère, c'était un itinéraire parfaitement rationnel. Premier arrêt, Prague — au beau milieu du Printemps de Prague. Nouvelle semaine au milieu des manifestants, pour une fois encore filer juste à temps. Au moment de franchir la frontière pour la Pologne, nous dûmes quitter la route à cause d'une colonne de blindés soviétiques qui fonçait sur la capitale tchèque et son gouvernement rebelle.

Comme promis, à l'automne, j'entrai à l'école militaire de Culver, dans l'Indiana. Là, j'appris à border un lit assez carré pour faire rebondir une pièce de monnaie sur le drap, à démonter un fusil d'assaut et, à ma grande surprise, à étudier. Je me mis même à lire pendant mes loisirs. Mes notes grimpèrent peu à peu jusqu'à un « Bien », voire « Très Bien », en moyenne. Quand le doyen me convoqua dans son bureau à l'automne de ma dernière année pour me parler de l'université, je lui dis que je pensais à celle du Colorado. Culver était loin des pentes enneigées et je n'étais pas encore prêt à renoncer à mes rêves. Mais ce doyen, diplômé de quelque prestigieuse université de la côte est, avait d'autres idées concernant mon avenir.

— Je vois que vous avez passé pas mal de temps en Europe. Avez-vous déjà pensé à une carrière diplomatique — au ministère des Affaires étrangères ?

Non, je n'y avais pas pensé, mais je lui promis de le faire et, quand l'École diplomatique de l'université de Georgetown à Washington, DC, accepta mon dossier, je répondis par courrier que oui, j'irais. Le ski devrait attendre.

Je réussis Georgetown mais de justesse. Le soir, je travaillais dans un bar de la ville, passais le plus de temps possible à New York et, à toutes les vacances, je filais sur Aspen, d'où je rentrais souvent avec des semaines de retard. Parfois, sécher tout simplement les cours ne me suffisait pas. Un soir, avec une fille que je n'oublierai jamais, je traversai à moto une réunion de la promotion 1963 au rez-de-chaussée de Healy Hall, sur le campus. Blazers bleus et pantalons bruns s'écartèrent comme la mer Rouge. Ce fut avec cette même moto que je traversai la grande salle de lecture de la bibliothèque la semaine de l'examen de fin d'année. Et, pour un bis, je descendis en rappel le Kennedy Center un autre soir, alors qu'une représentation se déroulait à l'intérieur.

Un camarade d'études observait de loin mes facéties : George Tenet. Je ne le revis que vingt ans plus tard ou presque, et c'était pour une réunion à la Maison-Blanche. Tenet était alors responsable des programmes de renseignements du NSC. C'était un gros poisson, appelé à devenir plus gros encore en 1997, une fois nommé à la tête de la CIA. Je n'avais pas oublié Tenet, mais j'espérais sa mémoire moins fiable que la mienne. Hélas, ce ne fut pas le cas. « La Maison-Blanche est bien le dernier endroit où j'aurais pensé te rencontrer ! », me dit-il en aparté. Je ne pus qu'en convenir.

Pendant ce temps, ma mère poursuivait son périple vers l'ouest. Quittant Aspen pour Venice, en Californie, elle y ouvrit une librairie d'occasion près de la jetée et devint la muse de deux ou trois poètes et écrivains gauchistes qui débattaient de Marx jusque tard dans la nuit. L'un d'entre eux, Ron Kovick, connut un certain succès. Blessé pendant la guerre du Vietnam et paralysé, il écrivit un livre de souvenirs intitulé *Né un 4 juillet*. Kovick était un militant pacifiste actif. Ses amis et lui occupaient périodiquement le bureau du sénateur Alan Cranston à Washington. Invariablement, il appelait ma mère, juste pour causer. On riait des préposés aux écoutes du FBI, qui devaient se creuser la tête sur la propriétaire excentrique de la bouquinerie de Venice.

Après Georgetown, je partis pour l'Europe « rafraîchir » mon français, c'est-à-dire que je partais skier en espérant pouvoir apprendre tout le français nécessaire après la fermeture des remontées mécaniques. Cependant, vers Noël, mes ressources s'étant épuisées, je dus rentrer et chercher du travail. Je pensai retourner à Aspen et me mettre au ski acrobatique, qui commençait à être une discipline à part entière, mais, au lieu de cela, je partis pour San Francisco chercher un emploi. Après toutes ces études, il fallait au moins essayer d'en faire quelque chose.

J'avais choisi San Francisco parce qu'un vieux copain de Culver, Mike Kokesh, m'y laissait camper sur son canapé jusqu'à ce que je trouve un logement. Un samedi matin, Mike commença à lire tout haut les offres d'emploi dans le journal. Comme il avait déjà un travail qui lui plaisait, j'en déduisis qu'il souhaitait récupérer son canapé. Les petites annonces se révélant peu fécondes, il entreprit d'énumérer patiemment toutes les professions qui lui venaient à l'idée, parmi celles offrant un salaire décent.

— Et le gouvernement fédéral ? suggéra-t-il enfin.

J'avais passé l'examen de l'École diplomatique lors de ma première année à Georgetown. Je ne m'en étais pas trop mal tiré, d'ailleurs, ne l'ayant raté que de quelques points.

— Repasse-le, me dit-il.

On n'allait pas me l'offrir contre une année supplémentaire.

— Pose ta candidature à la CIA, dit alors Mike en riant.

Il n'aurait jamais pensé que je le prendrais au sérieux. On était dans le San Francisco de 1976, l'un des bastions de la contre-culture. Nixon et la CIA étaient les bêtes noires de la jeunesse progressiste. Ce que je n'avouai pas à Mike, c'était que la CIA excitait ma curiosité. Lors de ma dernière année à Georgetown, elle avait fait quotidiennement la une des journaux. Frank Church, au Sénat, et Otis Pike, à la Chambre, dirigeaient des commissions d'enquête qui, tous les deux jours, semblaient exhumer un nouveau scandale de la CIA. Je ne suivais pas les audiences de près, mais j'avais gardé l'impression que, derrière toute cette crasse, devait subsister un mystère profond, sombre, impénétrable. Une vérité interdite. Entrer à la CIA, c'était un peu comme s'engager aux côtés des Templiers. Je n'avais jamais lu un seul James Bond, et les fantasmes de barbouze m'étaient étrangers. De plus, je ne me considérais pas du tout en « super mec », le genre de bonhomme avide de charmer la terre entière. Cependant, mes voyages avec ma mère m'avaient donné du monde une vision plutôt romantique et, en dépit de toutes ses casseroles, la CIA me parut un moment l'image même du romantisme.

Sans en parler à Mike, le lundi j'appelai le Federal Center de San Francisco et demandai le numéro de téléphone de la CIA. Le standard me donna un numéro à Lawndale, en Californie. Là, la femme qui prit l'appel nota mon nom, mon adresse, et promit de m'envoyer une déclaration d'histoire personnelle — un formulaire de candidature — et une inscription pour un examen écrit.

La déclaration d'histoire personnelle était le formulaire le plus long et le plus fouillé que j'avais jamais vu. Outre toutes les questions imaginables sur ma situation, elle comportait plusieurs pages de demande de renseignements concernant famille élargie, amis, clubs, associations et affiliations politiques. Il me fallut deux semaines et de nombreux coups de fil pour la remplir. Y était joint un questionnaire psychologique. Je me souviens d'une question sur l'incontinence.

L'épreuve écrite, qui se déroulait au Federal Building de San Francisco, se situait quelque part entre l'examen d'entrée à la fac et celui de l'École diplomatique. Les autres candidats avaient l'air plus vieux que moi mais plutôt normaux. Je me demandai s'ils passaient aussi l'examen surtout par curiosité.

À dire vrai, je pensais ne plus jamais entendre parler de la CIA. Bien sûr, passer l'examen d'entrée était à la portée de n'importe qui, mais, en admettant que je l'aie réussi haut la main, l'historique personnel n'allait pas manquer de m'éliminer. Même sans parler de ma mère gauchiste, je n'avais absolument aucune expérience. Mon dernier job régulier, c'était plongeur dans un bistrot de Georgetown.

Je me trompais. Un matin, un mois environ après l'examen, je reçus un appel longue distance d'une femme me demandant si je serais disponible pour un entretien. Elle me donna l'heure, l'adresse d'un hôtel en ville et le nom de l'homme que j'étais censé rencontrer : Jim Scott. Après avoir raccroché seulement, je m'aperçus qu'elle n'avait pas prononcé le mot de CIA, mais comme je n'avais postulé à aucun autre emploi, cela tombait sous le sens.

La veille au soir, j'étais nerveux, non que j'eusse vraiment l'intention de travailler pour la CIA, mais parce que c'était mon premier entretien d'embauche pour un vrai travail. Je voulais faire bonne impression. Je sortis mon unique costume d'une malle, le pendis dans la salle de bains et fis couler l'eau chaude pour que la vapeur gomme les plis. Ensuite, j'arpentai l'appartement en essayant d'imaginer les questions que Jim Scott allait me poser et mes réponses. Je n'avais même pas un numéro de téléphone où le joindre. Et si j'avais mal noté le nom de l'hôtel ? Je n'avais aucun moyen de contacter la CIA, hormis le bureau de Lawndale.

Le lendemain matin, depuis le hall de l'hôtel, j'appelai la chambre de Scott pile à l'heure. Il me demanda de rappeler trente minutes plus tard. Je me dis : *Ça, c'est bizarre.* Il n'était que 9 heures, impossible qu'il soit déjà en entretien. J'attendis dans le hall, échafaudant toutes les suppositions possibles. Peut-être que quelqu'un m'observait pour voir si j'étais seul. Lorsque je rappelai, une demi-heure plus tard, Scott me dit de monter.

Avec ses cheveux gominés, son manteau de tweed et sa cravate club, Jim Scott ressemblait plus au recruteur d'une équipe de foot universitaire qu'à l'idée que je me faisais d'un type de la CIA. Je remarquai que le lit de sa *junior suite* était fait et qu'il n'y avait aucune valise en vue. Il avait dû passer la nuit ailleurs. Personne ne pouvait regarder par la fenêtre, mais il tira tout de même les rideaux, nous laissant pour seule source de lumière la lampe de chevet.

Nous prîmes place chacun à un bout du canapé. Un dossier en kraft mince comme une feuille de papier à cigarettes était posé sur la table basse. Sans doute le mien.

— Vous en savez probablement déjà beaucoup sur la CIA, commença Scott. Je crois toutefois utile de vous en donner une rapide vue d'ensemble.

Tant mieux. Je n'étais pas disposé à avouer que je ne savais quasiment rien.

Scott devait faire le même baratin une dizaine de fois par semaine. En fait, la CIA se divisait en deux sections : la Direction des opérations et la Direction des informations. Il existait d'autres directions, dit-il, mais elles jouaient pour la plupart des rôles de second plan. La Direction des informations — la DI, comme on l'appellait dans le jargon — était composée d'analystes : experts sur une région, psychiatres, physiciens, sociologues, etc. Comme leur nom l'indiquait, les analystes de la DI évaluaient la valeur du renseignement et mettaient leur conclusion noir sur blanc. D'un autre côté, ceux qui collectaient les renseignements dirigeaient la Direction des opérations ou DO. On les appellait des officiers traitants. Pour l'essentiel, ils travaillaient à l'étranger et recueillaient les informations fournies par leurs sources — les agents, comme les nommait la DO — afin de les transmettre à la DI, où elles donnaient du grain à moudre aux analystes.

Scott ouvrit le dossier en kraft.

— Je vois que vous avez fait une demande d'inscription en troisième cycle à Berkeley, en études extrême-orientales. Vous pourriez être un parti possible pour la DI.

En fait, j'avais fait une demande d'inscription à l'université de Californie, à Berkeley, après un rapide survol du marché de l'emploi à San Francisco. J'avais conclu que le mieux à faire c'était de doubler la mise et de retourner à l'école. J'avais même commencé un cours de chinois et trouvé un job à temps partiel comme caissier de nuit à la Banque d'Amérique dans le quartier mal famé de Tenderloin, à San Francisco. Ce boulot ne payait pas beaucoup, mais les horaires semblaient parfaits — si Berkeley acceptait ma candidature.

— Vous adoreriez la DI, continuait Scott de sa voix égale, apaisante, amicale.

Je vais essayer de recréer le mieux possible le boniment de Scott. C'était un bon recruteur. Je ne m'en rendis pas compte à l'époque, mais notre entretien fut ma première leçon.

— Dans son fonctionnement, elle a beaucoup de points communs avec la fac. Un analyste lit les mêmes livres qu'un étudiant de troisième cycle ou qu'un professeur d'université. Il se tient au courant dans sa spécialité en lisant des périodiques et des quotidiens. Et être à Washington constitue un avantage particulier. L'analyste peut avoir accès à la meilleure bibliothèque du monde, la Bibliothèque du Congrès. Qui plus est, ajouta-t-il, les analystes de la DI sont amenés à beaucoup voyager, ils apprennent de nouvelles langues, ils assistent à des conférences. Ils prennent aussi des congés sabbatiques. Si vous travailliez pour la DI, vous pourriez même continuer d'étudier le chinois, poursuivit Scott. Mais la DI, c'est cent fois mieux qu'une université. Vous savez pourquoi ?

J'avais bien l'impression qu'il préparait l'hameçon, mais peu importait. Cette DI commençait de m'apparaître sous un jour de plus en plus séduisant, peut-être même un endroit où je pourrais vraiment avoir envie de travailler. C'était comme être payé pour aller à l'école.

— Les analystes de la DI n'ont pas seulement accès aux bibliothèques, aux magazines, à la presse quotidienne, mais à beaucoup d'informations qui ne sont pas dans les universités : rapports provenant des ambassades, des bureaux de la CIA à l'étranger ainsi que d'autres Agences détenant des renseignements « indispensables », introuvables dans une fac. Les analystes de la DI ont accès à la Vérité, et pas juste à un bout de la vérité. On ne peut prétendre être expert sur un sujet sans détenir *tous* les renseignements disponibles.

Scott s'interrompit un instant pour me laisser le temps de digérer.

— Mais ce n'est pas tout. La DI a autre chose d'unique. Elle a un lecteur très spécial. Savez-vous qui c'est ?

Et sans se donner la peine d'attendre une réponse, il ajouta :

— Le Président des États-Unis.

Là, il ménagea un nouveau silence, histoire de s'assurer que je saisissais bien la portée de ce qu'il venait de m'apprendre.

— Le Président, poursuivit-il, a plus que tout autre besoin de connaître la vérité sur le monde. Mais il ne peut pas être un expert de chaque pays ou de chaque sujet. C'est là que les analystes entrent en jeu. Ils sont sa base de données, sa référence et ses conseillers. Que pouvez-vous imaginer de mieux que le Président assis à votre côté, en train de vous écouter lui expliquer un problème complexe ?

C'était, j'allais le découvrir plus tard, de la pure foutaise. Les poules auront des dents le jour où le Président invitera un analyste de la DI pour un tête-à-tête confortable. Avant d'atteindre la Maison-Blanche, les renseignements qui partent de Langley passent par un filtre politique serré. Mais, comme je l'ai dit, Jim Scott était un bon camelot et moi, à vingt-deux ans, une parfaite poire. Pendant qu'il parlait, je me voyais guider le Président dans les méandres de quelque épineuse crise internationale. Je ferais alors, j'en étais sûr, de mon mieux pour ne pas avoir l'air trop pédant, et y mettrais même un peu d'humour. Qui sait, peut-être le Président se prendrait-il d'affection pour moi et m'appellerait-il définitivement à la Maison-Blanche ?

Scott m'arracha à mes pensées :

— Est-ce qu'un poste d'analyste vous intéresserait ?

— Absolument, répliquai-je aussitôt.

Il reprit mon dossier et le feuilleta en silence. Puis il leva les yeux sur moi et s'éclaircit la voix :

— Franchement, c'est un coup risqué. Sans un doctorat ou même une maîtrise, je suis pratiquement sûr que la DI ne peut pas vous utiliser tout de suite. Après Berkeley, peut-être. Mais, quoi qu'il en soit, je transmettrai votre candidature.

Pssshht. Le vent qui s'était engouffré dans mes voiles en ressortit d'un coup.

— Mais revenons à la DO, continua Scott presque sans reprendre son souffle. C'est une tout autre affaire.

Il y avait un changement dans sa voix. J'y discernai un enthousiasme qui n'y était pas auparavant.

— Les officiers traitants dirigent la DO. Ce sont les employés de la CIA qui contrôlent les agents. Ces agents sont presque toujours des étrangers. Étant étrangers, ils vont là où les Américains, nos officiers traitants, ne peuvent aller : à l'intérieur de leurs gouvernements ou des institutions scientifiques secrètes de leurs pays. C'est sur ordre de l'officier traitant que les agents volent les secrets, les plans, les documents, les bandes informatiques, etc. En d'autres termes, permettez-moi d'être franc avec vous, les agents sont des traîtres.

Scott parlait à voix basse comme s'il craignait qu'on ne nous écoute et je devais tendre l'oreille pour l'entendre.

— Qu'est-ce que je veux dire exactement quand je parle d'espionnage et de secrets ? Prenons une hypothèse : Pearl Harbor. Nous sommes en 1941. Supposez que la CIA existe à l'époque et que vous en fassiez partie. Vous êtes nommé à Tokyo. Un soir de la fin novembre, vous travaillez tard. Vous vous apprêtez à rentrer chez vous, mort de fatigue après une longue journée de labeur. Le téléphone sonne. La personne s'excuse d'avoir composé un faux numéro. Mais vous savez que ce n'est pas un faux numéro. Vous reconnaissez la voix. C'est l'un de vos agents, un enseigne de la marine japonaise qui travaille au quartier général. Il vient de vous signaler qu'il veut vous voir. Au début, vous avez du mal à le suivre, il parle à toute allure en japonais. Il est excité. Puis, tout à coup, vous comprenez ce qu'il est en train de vous raconter. Le Japon prépare une attaque sur Pearl Harbor ! Il vous tend un document top secret. Il dit que c'est le plan de l'attaque.

Vous retournez en courant à votre bureau, en vous demandant si votre agent n'a pas perdu la boule. Vous vous attelez à la traduction du document. Tout est là, exactement comme il vous l'a décrit. Vous expédiez un message codé à Washington. L'US Navy disperse la flotte, et vous avez changé le cours de l'Histoire. L'attaque japonaise, voilà un renseignement qui ne peut être obtenu autrement que par un être humain, un agent. On n'aurait pu apprendre le projet de l'empereur du Japon dès novembre 1941, et avec cette précision, que par un enseigne ou un autre agent du même type. Les satellites et les interceptions ne lisent pas dans les pensées. Il faut un humain pour cela. Les agents et les secrets qu'ils dérobent sont les joyaux de la Couronne des services de renseignements américains. Voilà ce qu'est vraiment l'espionnage.

Scott se leva pour aller nous chercher deux Cocas dans le minibar.

— Avouez que c'est un boulot terriblement excitant, fit-il en se rasseyant. Je ne vais pas vous dire qu'il n'a pas ses inconvénients. En fait, il y a très peu de jobs dans le monde plus rudes que celui d'officier traitant. D'abord, presque tous les officiers traitants ont deux emplois. Celui du jour, leur couverture, ce qu'ils font entre 8 et 17 heures. Il est plus que probable qu'il s'agira d'un travail ennuyeux, routinier, dépourvu de sens. Vous pouvez très bien être envoyé à l'étranger comme expéditionnaire pour une société d'import-export, disons à Penang, en Malaisie. Vous avez un bureau sinistre sur le port. Toute la journée vous remplissez des formulaires d'importation. De temps à autre, vous appelez le siège, disons à Passaic, dans le New Jersey. La personne qui vous répond n'a qu'une très vague idée de l'endroit où se trouve Penang, si tant est qu'elle s'en soucie. Tout le monde vous prend pour un bon-à-rien. Vous ne pouvez dire à personne ce que vous faites vraiment dans la vie. C'est un travail ingrat et anonyme.

Il me versa un verre avant de continuer.

— Il y a un autre inconvénient, bien pire que l'épreuve de la couverture : le risque de vous faire prendre en train de commettre un acte d'espionnage. L'espionnage est illégal dans tous les pays du monde et, dans tous à quelques exceptions près, c'est un crime passible de la peine capitale. Revenons à Tokyo en 1941. Si vous aviez été surpris avec votre agent, vous auriez pu vous estimer heureux de vous en tirer avec de la prison. Et, soit dit en passant, votre agent aurait sûrement été collé contre un mur et passé par les armes. Bien sûr, la CIA aurait fait de son mieux pour essayer de vous sortir de là. Mais elle n'aurait rien pu faire avant la fin de la guerre. Quatre années à pourrir dans un cachot japonais. Il en serait de même à Penang. Dans ce travail, on n'a pas droit à l'erreur.

Un moment, je me demandai si Scott ne tentait pas de me dissuader.

Afin de me donner le temps de réfléchir, il se leva, se dirigea vers la fenêtre et tira le rideau, laissant pénétrer dans la pièce la brillante lumière de midi, comme si elle devait m'aider à prendre une décision.

— Alors que pensez-vous d'une carrière à la DO ?

Je ne répondis pas.

— Eh bien ?

— Naturellement, finis-je par répondre, feignant tout l'enthousiasme dont j'étais encore capable, je serais très intéressé.

Je m'étais peut-être vu côte à côte avec le Président des États-Unis, mais j'étais bien trop immature pour le boulot que Scott venait de me décrire. Je ne parvenais pas non plus à chasser de mon esprit l'image des chaînes à mes pieds, fixées au mur de quelque geôle malaisienne humide et nauséabonde. Mais, plus je ferais durer la procédure de candidature, plus j'en aurais à raconter dans les dîners, et à coup sûr, tôt ou tard, les super limiers de la nation reviendraient à la raison.

Encore une fois, je me trompais. En mars 1976, je fus invité à venir passer d'autres entretiens à Washington et à me soumettre au détecteur de mensonges tant redouté.

Ironiquement, à moins que ce ne fût intentionnel, on me logea dans le Holiday Inn qui faisait face à l'immeuble du Watergate[1], le même Holiday Inn que les cambrioleurs du Watergate, anciens de la CIA, avaient utilisé comme station d'écoute quand ils avaient posé leurs micros au quartier général du Parti démocrate. Je passai coup sur coup une demi-douzaine d'entretiens et d'examens, vis deux ou trois officiers traitants de la DO,

1. Watergate : immeuble qui abritait le siège de la campagne électorale du Parti démocrate, il fut cambriolé par des républicains proches de Richard Nixon, soupçonnés de vouloir y poser des micros. Le scandale provoqua la démission du Président (*N.d.T.*).

un psy et un responsable de la sécurité, et passai un test en français et en allemand. Tous les entretiens eurent lieu dans ma chambre d'hôtel. Je ne fus jamais convoqué dans un bâtiment de la CIA.

La personne la plus impressionnante que je rencontrai était Don Gregg. Don devint conseiller à la sécurité auprès de George Bush quand celui-ci fut nommé vice-président, puis ambassadeur en Corée du Sud quand Bush accéda à la présidence. Mais, à l'époque, il venait juste d'être rappelé de Séoul, où il avait été chef de [redacted]. Il consacra une bonne partie des deux heures que dura notre conversation à me décrire ce que signifie passer une grande part de sa vie d'adulte à l'étranger, l'isolement, loin de sa famille et de son pays, les épreuves physiques... Curieux de mes origines, Gregg me posa une foule de questions sur mes séjours en Europe. Il voulait savoir comment je m'adaptais, si je m'étais fait des amis. Pour la première fois, j'eus le sentiment que mon expérience à l'étranger, passionnant héritage de ma mère, pourrait intéresser la DO.

Le passage au détecteur de mensonges eut lieu l'avant-dernier jour, dans une résidence située à plusieurs pâtés de maisons du Holiday Inn. Dans le répertoire de l'entrée, je trouvai le nom que Scott m'avait donné : Dr Jarmen, troisième étage. Un homme à la calvitie naissante, trente-cinq ans environ, m'accueillit à la porte. Avec sa chemise blanche unie, sa cravate couleur citron vert et son protège-poche pour stylos qui fuient, il avait l'air du parfait comptable. Il m'introduisit dans une pièce qui aurait dû être une chambre à coucher, avec, au milieu, un énorme fauteuil rembourré recouvert de plastique, une table de Formica et, de l'autre côté de la table, face au fauteuil, une chaise à dossier droit. Le Dr Jarmen, puisqu'il se faisait appeler ainsi, me fit asseoir dans le fauteuil et me brancha à trois paires de fils et de capteurs reliés au détecteur. J'avais une électrode métallique sur l'index de la main droite, un respirateur sur la poitrine et un tensiomètre au poignet droit.

— Dites la vérité et votre transpiration, votre

rythme cardiaque et votre respiration resteront près de la normale, me conseilla le bon docteur.

Au début j'étais trop tendu pour qu'on puisse obtenir une lecture satisfaisante, mais, après une pause afin de laisser redescendre les battements de mon cœur, nous pûmes recommencer avec de meilleurs résultats. Les questions arrivaient à cadence régulière, mes réponses par oui et par non aussi. Il m'interrogea sur les drogues, avais-je essayé autre chose que la marijuana ? avais-je eu des relations homosexuelles ? avais-je déjà volé quelque chose ou été en contact avec un gouvernement étranger ? etc.

L'examen dura un peu moins de quatre heures. Après avoir répété trois fois les mêmes questions, Jarmen ramassa ses graphiques et quitta la pièce. Il revint dix minutes plus tard, me dit en me détachant qu'il ne savait pas vraiment si j'avais réussi ou pas. Il fallait qu'il montre les graphiques à son supérieur. La décision pouvait prendre une semaine.

Quand je dis à Scott combien de temps avait duré le passage au détecteur de mensonges, il me fit un signe d'approbation :

— Vous avez réussi.

J'étais plutôt content de ce voyage, jusqu'à ce que, de retour à San Francisco, je découvre un boa constrictor en train de somnoler sur le palier devant la porte.

Ce boa était l'animal de compagnie de mes propriétaires, pas le mien. Au moment de quitter l'appartement de Mike, j'étais allé consulter les annonces à la coopérative étudiante de Berkeley. Deux étudiants, un couple, proposaient une chambre dans un appartement situé à proximité du campus, c'était parfait si je me retrouvais à Berkeley à l'automne. En visitant l'appart, j'avais bien remarqué le boa dans son aquarium — difficile de le manquer —, mais les serpents ne me dérangeaient pas, et le couple avait l'air sympathique. Je n'appris qu'après avoir emménagé que mes propriétaires étaient des anars purs et durs et que, de temps en temps, le boa s'échappait de l'aquarium.

J'avais alors trouvé le tableau plutôt pittoresque. Mais dès lors que je visais le cœur de l'*establishment* américain, l'affaire prenait une importance considérable. Je m'imaginais qu'il suffirait à un limier de la CIA de poser trois ou quatre questions aux voisins pour découvrir à la fois les anarchistes et le boa — preuve chez moi d'un sérieux défaut de jugement. Je pourrais m'estimer heureux si l'Agence ne transmettait pas mon dossier au FBI. En fait, je n'étais même pas encore embauché que je développais déjà des tendances paranoïdes.

Un matin, six semaines environ après mon retour de Washington, on sonna à la porte. J'étais seul dans l'appartement. Un homme grisonnant d'une petite soixantaine, en costume-cravate, se tenait sur le perron, une mallette dans une main, un plan dans l'autre. Je crus qu'il s'agissait d'un de ces missionnaires évangéliques qui tentaient parfois leur chance à Berkeley.

Il me présenta ses excuses pour me déranger de si bonne heure et me demanda si j'étais bien M. Untel. Je me dis : *Ça alors, quelle coïncidence, il cherche un de mes copains de Berkeley*. Je m'apprêtais à lui donner la bonne adresse lorsque je compris qui était mon visiteur. Ce détective de la CIA, chargé d'enquêter sur mes relations, avait confondu mon adresse et celle d'un ami que j'avais cité comme référence ! Il était au milieu d'une phrase, s'excusant de sa méprise, quand je commençai à le pousser dehors. Je ne voulais pas qu'il voie le poster de Mao sur le palier, sous lequel on avait bien proprement inscrit « LE VENT QUI VIENT DE L'EST SOUFFLE EN ROUGE », ni le boa, qui à tout instant pouvait ramper au coin du mur. Certes, si j'avais réfléchi davantage, peut-être aurais-je trouvé improbable qu'un organisme incapable d'envoyer un factotum à la bonne adresse pût déceler des choses aussi subtiles que les convictions anarchistes de mes propriétaires.

Je dormais, le dernier lundi matin de juillet, quand la sonnerie du téléphone retentit, un peu après 8 heures. Il me fallut un moment pour reconnaître la voix de Scott au bout du fil.

— Pouvez-vous être à Washington dans deux semaines ? Vous avez obtenu l'aval de la sécurité, et la Direction des opérations vous offre un poste.

Un poste ? Depuis trois mois je n'avais eu aucun contact avec la CIA. Pour moi, la piste de la DO était dans le lac. La seule chose que j'avais encore vaguement en tête, c'était le chinois, dont j'avais commencé l'étude pendant l'été à Berkeley.

Scott était impatient :

— Si vous ne pouvez pas dans deux semaines, il me faudra peut-être au moins six mois avant d'arriver à vous intégrer dans une autre promotion.

— Vous êtes absolument sûr que la sécurité a donné son aval ?

La CIA n'avait-elle pas recoupé ses renseignements avec le FBI et découvert Ron Kovick ou les voyages à Paris et à Prague ? La traversée en moto de la bibliothèque ? Les anarchistes et le boa ? Je n'arrivais pas à croire qu'ils n'aient pas mis tout cela bout à bout.

— Oui, répondit Scott, en tout cas pour trois ans.

Je jetai un rapide coup d'œil à mon appartement miteux. Je pensai à mon retard en chinois. Je pensai à une autre nuit debout derrière la vitre de mon guichet à la banque. Puis je pensai à une piste de ski, un jour de mes quinze ans. On était six, en train de faire notre dernière descente, quand on était tombés sur deux pisteurs de notre connaissance, sans doute les plus fous d'Aspen. Ils nous avaient proposé de jeter un œil à un nouveau tremplin qu'ils avaient fabriqué. Nous les avions suivis jusqu'à un vieux campement minier à l'abandon. Dans une clairière, trois maisons s'étageaient les unes derrière les autres sur une pente à pic. Leurs toits étaient effondrés. Juste au-dessus de la plus haute, un tremplin de deux mètres de haut environ. L'idée, c'était de prendre assez de vitesse pour sauter les trois maisons d'un coup. Si on n'arrivait pas assez vite, on risquait d'atterrir trop court — au milieu d'une des baraques. L'un des pisteurs démarra, et je le suivis sans me poser de questions. Quand j'aperçus le tremplin entre le bout de mes skis, la rangée de maisons me fit l'effet d'une tour, mais j'éprouvai une sensation d'inéluctable. C'était totalement irrationnel. À tout moment, j'aurais pu tourner et éviter le tremplin. Je ne le fis pas. Je continuai — tout simplement.

À présent, j'avais le même sentiment pour la CIA.

— Bien sûr, Jim. Je peux être là-bas dans quinze jours. Je pourrais même y être la semaine prochaine.

Après avoir raccroché, je me dis : *Après tout, tant pis*. J'allais me débrouiller pour me faire affecter en Suisse, je rencontrerais de temps en temps un de ces agents douteux dont Scott m'avait parlé, je réunirais quelques renseignements qui sauveraient le monde, et le reste du temps je le passerais sur les pistes. Un tour en Suisse, et on n'en parlait plus. Comme ça, je ne risquais pas de m'attirer de gros ennuis...

3

Août 1977. Quelque part sur la côte de Virginie

Accroupi dans l'ouverture du C-46 [1], je ne voyais plus rien. La sensation de scruter un puits sans fond. Lorsque je voulus me pencher en avant pour regarder sous l'avion, je faillis basculer dans le vide — le choc, imaginez qu'on vous balance un sac de ciment de 25 kilos en pleine poitrine, dû aux turbulences des moteurs.

On avait passé plus de trois heures sur le tarmac à attendre Dieu sait quoi, sanglés dans nos parachutes et cuisant à petit feu sur le métal brûlant du plancher de l'avion. Les moustiques des marais transperçaient sans problèmes mon treillis, qui remontait à la guerre de Corée. Au point où j'en étais, j'aurais sauté avec plaisir sur le Pôle Nord juste pour avoir un peu moins chaud !

Allez, Red, balance-moi !

« Red », c'était le rouquin, Winstead, le responsable de saut, tête penchée au-dehors, cheveux roux plaqués sur le front, yeux rivés au sol, quelques kilomètres plus bas. Tous les autres avaient déjà sauté et devaient commencer à atterrir. Red préférait les atterrissages dis-

1. Curtiss C-46, avion utilisé par l'US Air Force pour le transport et le parachutage de troupes (*N.d.T.*).

persés — *en saut opérationnel, pas question de grouper les hommes, sécurité oblige.* Il nous l'avait assez souvent répété pendant l'instruction. Mais j'avais l'impression que le dernier de mes coéquipiers avait sauté depuis une éternité. Si on dépassait la zone de saut, il n'y aurait pas de deuxième chance, j'étais bon pour rentrer à la base avec l'avion.

Vrai bûcheron du Minnesota aux origines viking, Red était un vétéran de presque toutes les opérations clandestines de la CIA. Personne n'avait une expérience aussi poussée des largages par-delà les lignes ennemies. Selon la légende, Red avait mis au point une technique pour parachuter des Tibétains dans l'Himalaya : à une altitude de 25 000 ou 30 000 pieds, les vents de travers pouvaient être fatals. Red entraînait donc « ses » Tibétains à Camp Hale, dans le Colorado, où il les faisait sauter en chute libre — jusqu'au tout dernier moment, ils devaient résister à la tentation de tirer sur la poignée d'ouverture et se laisser tomber comme une pierre, une méthode souveraine contre la violence des vents.

Afin de bien décomposer le mouvement, Red nous avait appris le parachutisme en nous faisant sauter dans une grande fosse remplie de sciure de bois — d'abord la plante des pieds, ensuite les mollets, les cuisses, les hanches et le dos, le tout enchaîné avec un maximum de souplesse. Nous devions répartir l'impact aussi uniformément que possible sur l'ensemble du corps, et Red attendait que ses élèves aient bien assimilé la technique avant de les larguer dans le ciel.

— Tu n'as pas touché les cinq points ! braillait-il quand je me relevais en essuyant sciure et sueur de mon visage.

Pour bien faire entrer le message, Red nous présenta un officier des forces spéciales qui avait survécu à un saut loupé grâce à une technique parfaite : son parachute s'était mis en chandelle et il s'était écrasé à 50 ou 60 kilomètres/heure. Faute d'un enchaînement en cinq points parfaitement exécuté dans sa réception au sol, il aurait dû mourir. Il s'en était tiré — avec une forte claudication. Je retins la leçon. Le soir, on reprenait l'entraînement à l'atterrissage, sous le regard perplexe des jeunes recrues astreintes à l'instruction ordinaire, contrairement aux « paramilitaires » comme nous.

Une fois maîtrisée la technique de la fosse à sciure, on aborda la phase deux, redoutée, dite de la tour. Bien plus ardue qu'un saut d'avion. Sauter de 12 mètres attaché par un harnais à un câble d'acier, allez savoir pourquoi, était beaucoup plus impressionnant que de s'élancer d'une altitude de 3 000 mètres.

— Red, allons-y, on va dépasser la zone !

Sans rien répondre, Red me poussa vigoureusement et je basculai dans le vide. Je sentis mes épaules tirer fort, et puis je flottai dans le silence. Une sensation dont je ne devais jamais me lasser. Le vrombissement des moteurs céda presque aussitôt la place à un extraordinaire silence... mais à 3 000 mètres de hauteur on n'avait guère le temps de savourer son bonheur.

Éviter les zones boisées.

Je jetai un coup d'œil et ce que je vis me rassura. Il faisait trop sombre pour distinguer grand-chose, mais en tirant sur la poignée droite, je décrivis une rotation de 360 degrés qui me permit d'apercevoir la lisière de la forêt, au loin. Je remerciai en silence Red pour la précision de son minutage. Je n'allais pas atterrir au sommet d'un arbre ce soir-là.

Ne jamais regarder en bas.

Red avait martelé la leçon : regardez le sol au moment d'atterrir et vous allez automatiquement bloquer vos genoux et raidir vos jambes ce qui est le meilleur moyen de vous en casser une. Je ralentis au dernier moment, les yeux fixés sur l'horizon et j'atterris en pliant les genoux sur un sol détrempé. J'aurais aussi bien pu me poser debout, tellement l'atterrissage fut aisé. N'empêche, Red aurait été furieux de ma technique. Quoi qu'il en soit, je me relevai et pliai mon parachute en regardant autour de moi pour localiser mes coéquipiers. Je ne distinguais qu'Alan qui, m'ayant aperçu, me fit signe de le retrouver dans un bosquet après avoir enterré mon parachute. Il m'attendait là-bas avec les trois autres, Peter, Curt et Eric. On nous avait prévenus qu'il valait mieux rester à couvert, les « méchants » étant équipés de jumelles à vision nocturne.

Mon équipe était assez représentative de la promotion dans laquelle j'avais fait mes classes : moitié civils, moitié ex-militaires. J'allais passer les deux décennies suivantes à regarder la CIA se muer en une organisation où les intrigues de couloir et la complaisance à l'égard des gouvernements successifs allait supplanter la collecte du renseignement. Mais à l'époque, l'esprit de l'Agence restait celui des pionniers de la Seconde Guerre mondiale, ceux de l'OSS [1]. On était tous des baroudeurs — après tout on avait choisi l'action contre la vie de bureaucrate pépère — mais des baroudeurs en mission : convaincus de la nécessité pour le pays de posséder un solide service de renseignements. Et au service d'une noble cause.

Alan, chef d'équipe pour les opérations de nuit, avait été pilote dans l'armée de l'air. Il malmenait le matériel. Après un énième accident sur un gros appareil, on l'avait rétrogradé sur des Caribous, appareils monomoteurs au remplacement beaucoup moins onéreux. Autre caractéristique importante, les Caribous étaient capables de décoller et d'atterrir dans un mouchoir de poche.

Alan n'évoquait jamais sa guerre du Vietnam, mais j'en avais entendu parler à Fort Bragg, où on avait été formés au maniement d'armes lourdes avec des commandos des Forces Spéciales. Notamment un soir de virée avec deux sous-offs dans un bar de strip-tease miteux de Fayetteville.

— Un des trucs les plus dingues que j'ai vus au Vietnam c'était le camp « A » en bordure du Laos, expliquait un sergent bourru alors que la serveuse nous apportait une troisième tournée de bières. On était cernés et les Viets étaient sur le point de nous submerger. On était à

1. OSS : Office of Strategic Services (*N.d.T.*).

court de tout sauf d'excuses du QG pour non-approvisionnement : il devait nous rester pour vingt-quatre ou quarante-huit heures de munitions au maximum. Les Viets étaient trop près pour qu'un hélico puisse passer. Mais le capitaine croyait qu'un avion volant bas et vite pouvait y arriver. Quand il a expliqué ça au QG on l'a envoyé paître sous prétexte que c'était trop dangereux. Pourtant, nom d'un chien ! deux heures plus tard on a entendu un avion approcher. Un Caribou qui volait au ras des arbres, si bas qu'il déchiquetait les branches. Une putain de tondeuse volante ! C'est le plus beau spectacle que j'ai vu... et quand il s'est posé on a constaté qu'il était plein à craquer de munitions.

Le sergent s'arrêta pour descendre sa chope d'un trait et il poursuivit :

— Mais vous savez ce que ce satané pilote a fait à ce moment-là ? demanda-t-il en nous dévisageant l'un après l'autre.

Silence intrigué.

— Il est descendu de son fichu Caribou et sans rien dire, il a tendu la main derrière son siège et il a sorti une nouvelle hélice pour remplacer celle qu'il venait de bousiller. Et il nous a crié : « Grouillez-vous de décharger ce bastringue parce que j'ai une deuxième livraison à faire aujourd'hui ! » Dès que le Caribou a été déchargé, il est parti, toujours au ras de la cime des arbres. Et il est revenu l'après-midi même comme promis. Avec une autre hélice de rechange. Il a recommencé son manège à raison de deux fois par jour une semaine entière avant qu'on soit réapprovisionnés normalement. C'est le dingue le plus dingue que j'ai jamais vu, conclut le sergent en secouant la tête.

Quand Alan mentionna le nom du camp, le sergent le regarda, stupéfait. Il venait de réaliser que si Alan connaissait ce camp c'était sans doute parce que l'as de la carambole aérienne qui avait réalisé ce tour de force, c'était lui.

Sous les ordres d'Alan, il y avait aussi Peter. Diplômé de Berkeley, Peter avait passé quelques années dans la marine, et il avait aussi fait le Vietnam dans ce corps. Il avait été contraint de démissionner après avoir signé une pétition contre la guerre alors qu'il se trouvait en permission à San Francisco. Si pour la marine, il n'y avait jamais de deuxième chance, la CIA, en revanche, était disposée à pardonner quelques erreurs de jeunesse — comme mon propre cas le prouvait. Peter tenait une forme fantastique, sans doute parce qu'il courait une dizaine de kilomètres chaque jour. C'était aussi un pêcheur surdoué. Je devais le croiser des années plus tard en Afrique de l'Ouest, où il était chef de station dans un petit pays. Il était parvenu à convaincre la CIA d'investir dans un Boston Whaler[1] et il passait le plus clair de son temps à pêcher le barracuda.

Curt, ancien capitaine de marine laissé pour compte au moment des promotions, avait quitté le service actif pour vendre des ordinateurs IBM. Mais il s'était rapidement barbé dans son nouveau job, ce qui l'avait poussé à rejoindre la CIA pour « gagner la guerre froide par d'autres moyens ». Assez régulièrement, je surprenais un sourire de chien fou sur son visage, d'où je conclus qu'il croyait vraiment qu'un jour ou l'autre on le parachuterait pour une opération commando derrière le rideau de fer. Comme on pouvait s'y attendre, Curt se fit assez rapidement éjecter de la Centrale.

Et puis il y avait Eric qui, comme moi, ignorait tout de l'armée. Avant d'intégrer l'Agence, il était prof d'anglais dans un petit lycée de la côte est. Avec ses culs de bouteille sur les yeux et ses manières policées, il donnait toujours l'impression de prêcher du haut de son estrade. Il avait aussi la manie de réciter des passages obscurs de Milton aux moments les plus inattendus.

Un jour que nous faisions la queue au comptoir du mess des officiers de Fort Bragg, Eric se fit remonter les bretelles par un colonel de la 82e division aéroportée qui ne plaisantait pas avec le règlement. Eric arborait une coupe de cheveux parfaitement réglo et un uniforme

1. Petit bateau de pêche à moteur (*N.d.T.*).

bien repassé, mais il n'avait jamais pu se soumettre complètement aux usages militaires et il avait notamment refusé d'abandonner sa pipe. Dès que notre colonel aperçut Eric, la pipe éteinte au bec, il traversa le mess d'un pas vengeur en le fusillant du regard. Stoppant net à trois centimètres de sa cible, il éructa :

— Bon Dieu, soldat, crachez-moi ce gode !

On vit Eric froncer les sourcils mais, juste au moment où il allait envoyer promener le malotru, le capitaine des Forces Spéciales qui nous escortait murmura à l'oreille du colonel « c'est un civil, monsieur... », nous évitant de justesse une algarade qui se serait sans doute assez mal terminée.

Ce soir-là, nous avions été parachutés tous les cinq sur la côte de Virginie pour le test final d'une session d'instruction paramilitaire de quatre mois, dernière phase d'une formation d'un an et probablement l'entraînement le plus intense, le plus exténuant et le plus onéreux proposé par le gouvernement américain, analogue au programme d'entraînement SEAL[1]. La prochaine étape, pour la plupart d'entre nous, consistait en une affectation à l'étranger.

Nous avions pour mission de retrouver un agent en cavale et de l'escorter jusqu'à un bateau qui l'attendait. Le point de rendez-vous ne se trouvait qu'à deux kilomètres de la zone d'atterrissage. Et la crique où attendait le bateau était à moins de deux kilomètres du point de rendez-vous. De plus, nous disposions de douze heures pour accomplir notre mission et si l'agent ne se trouvait pas au rendez-vous à l'heure dite nous n'étions pas censés l'attendre. En somme, une promenade de santé — c'était du moins comme ça qu'on l'imaginait.

Il ne fallut pas plus de cinq minutes à Alan pour nous localiser sur la carte et déterminer un itinéraire.

---

1. Les agents *Sea, Air, Land* (SEALs) servent dans les forces spéciales. Aéroportés et amphibies, ils sont chargés de missions non conventionnelles ou clandestines (*N.d.T.*).

Nous avions étudié le terrain à partir de photos aériennes et satellite. Il n'y avait apparemment pas d'obstacles majeurs. Alan estima qu'il nous faudrait moins d'une heure pour parvenir au point de rendez-vous, mais plutôt que de nous attarder sur la zone d'atterrissage, il jugea prudent de nous rapprocher au maximum de notre destination et d'attendre sur place.

Heureusement que nous partîmes illico ! Nous n'avions pas parcouru 10 mètres dans le bosquet que nous vîmes se dresser un véritable mur de ronces et de plantes grimpantes entremêlées. Nous n'avions qu'une machette pour cinq et l'obstacle à franchir était aussi compact que du ciment. Alan s'attaqua le premier aux broussailles. Au bout d'une demi-heure, il avait les mains en sang et Eric prit le relais. Les autres continuèrent en se relayant pendant deux heures. Autant dire que l'évaluation initiale (une heure pour rallier le point de rendez-vous) n'était déjà plus qu'un réjouissant souvenir ! Une fois franchi ce cauchemar de ronces, nous nous effondrâmes par terre, épuisés mais réconfortés par la découverte du terrain dégagé et apparemment praticable qui s'ouvrait devant nous. Alan nous laissa dix minutes de pause, après quoi, Peter partit en éclaireur, suivi de nous quatre. Tout en avançant, il vérifiait systématiquement la présence de fils de détente en posant le dos de la main au sol et en l'élevant lentement au-dessus de sa tête.

Tout marchait comme sur des roulettes jusqu'au moment où un des marécages les plus putrides que j'aie vus de ma vie stoppa net notre progression. Le fond se composait d'une vase aspirante et la surface était couverte de carex immenses, des herbes effilées comme des rasoirs. Il ne fallait pas songer à le contourner. Trop étendu, nous n'aurions pas pu arriver à temps. Alan sortit sa boussole, désigna un grand arbre de l'autre côté du marécage et s'enfonça dans la vase jusqu'au cou. Nous le suivîmes à la queue leu leu.

Seule pensée agréable concernant ce marécage, on était à peu près sûr que personne ne serait assez dingue pour nous y suivre. Si « l'ennemi » devait nous sauter dessus, ce serait probablement de l'autre côté. Une fois remontés sur la terre ferme, couverts d'estafilades à cause des carex, nous nous accordâmes un deuxième quart d'heure de repos.

Un peu après minuit, le groupe arriva au pied d'une sorte de butte flanquée de gros rochers. Peter, Eric et moi devions rester là, pendant qu'Alan allait récupérer l'agent. Impossible d'être sûr qu'on n'avait pas été repérés : si des « ennemis » s'étaient postés en embuscade, mieux valait ne pas risquer de perdre toute l'équipe.

A 3 h 30 notre petite bande repartit vers l'est, puis le nord, pour croiser la route qu'Alan devait prendre avec l'agent. Au point de ralliement, Eric et Curt attendaient au fond du ravin qu'Alan devait emprunter, tandis que Peter et moi cheminions sur les crêtes des collines pour vérifier que personne ne nous suivait dans les ravines parallèles.

Une heure plus tard, vers 4 h 30, j'entendis une puis deux personnes venir à notre rencontre. C'était l'agent, avec Alan. Personne ne nous avait précisé qu'il était obèse et malade... Il fallut le faire avancer en le soutenant par les bras et même le porter toutes les dix minutes. En arrivant enfin à la route de gravier, j'avais le souffle à peu près aussi court que si je venais d'escalader l'Everest sans bouteille d'oxygène.

Il était un peu moins de 6 heures, le jour allait se lever et il nous restait encore à trouver l'anse où nous attendait le bateau — s'il s'y trouvait encore... Alan partit en avant pour faire le point pendant que nous restions dissimulés dans des buissons qui bordaient la route. Soudain j'entendis des portières claquer : une première, une seconde, un bruit de moteur qui démarrait, le tout à moins d'une centaine de mètres.

Eric et moi attrapâmes l'agent par le bras, le soulevâmes et lui fîmes traverser la route en le traînant à moitié. La voiture fonçait vers nous, on entendait l'embrayage patiner et vrombir aux passages de vitesses. Nous sautâmes dans les buissons de l'autre côté de la route avant de plonger dans l'eau juste au moment où les phares illuminaient les buissons. Ensuite se déclencha un invraisemblable chambard : cris, sirènes, rafales de mitraillettes... On entendait des types courir dans les taillis tout autour, une grenade explosa dans l'eau. Je savais que ce n'était qu'une grenade aveuglante du type *flashbang*, mais dans ce genre de moments, on n'est plus tout à fait sûr de rien. Juste à ce moment, un Boston Whaler surgit de l'obscurité. Alan était debout à l'avant. Il faisait plus clair maintenant et on apercevait distinctement le bateau depuis le rivage. Nous étions cernés de tirs d'armes automatiques et, à cause des algues, le bateau ne pouvait s'approcher qu'à une dizaine de mètres du rivage. Il fallut donc nager en soutenant toujours l'agent qui s'enfonçait en nous entraînant avec lui, mais Alan nous tendit une gaffe en criant « l'agent d'abord ! ». Nous aidâmes l'équipage à le hisser à bord pendant que Peter et moi enjambions le bastingage. Pas trace d'Eric ni de Curt mais le pilote accéléra et fonça vers le large sans demander son reste. Il avait ce qu'il était venu chercher : l'agent en cavale.

La formation avait débuté en mai à la Ferme, le principal camp d'entraînement de la CIA. On avait commencé par apprendre à démonter tous les fusils d'assaut, pistolets, et armes de poing connus de l'homme. Dès que nous fûmes capables de démonter et de remonter un M-16, un AK-47 ou encore une mitraillette Sterling, le tir à la cible commença. Mais nous n'en restâmes pas là. Il fallut tout recommencer (démontage, nettoyage et remontage) les yeux bandés. Ensuite, juste pour être sûr que nous étions parfaitement à l'aise, on nous apprit à tirer d'une voiture en marche, puis les tirs à moyenne portée et de nuit et enfin les tirs après quarante minutes d'entraînement physique afin de simuler l'excitation qui est celle des hommes en situation de combat véritable.

Ensuite commencèrent deux semaines d'entraînement en course d'orientation avec une simple boussole. Toutes les recrues devaient partir d'un piquet numéroté et traverser un bois en se repérant uniquement au moyen de la boussole. Le but était de ressortir de l'autre côté du bois sur l'axe matérialisé par un deuxième piquet portant le même numéro que le premier. Une fois les courses d'orientation de jour maîtrisées, il resta à répéter les mêmes exercices de nuit, puis à travers des marécages, pour finir par traverser des marécages la nuit. On reproduisait toujours le même schéma : d'abord le jour, ensuite la nuit.

Après trois semaines d'entraînement au saut, je partis en Caroline du Nord pour deux semaines de « cours de démolition » intensif. Les deux premiers jours furent consacrés à fixer des détonateurs pour apprendre la bonne technique, à savoir celle qui n'arrache pas la main. Ensuite il fallut apprendre à les fixer de nuit, au feeling. Puis on m'apprit à faire exploser différents objets : autocars, générateurs diesel, clôtures, bunkers. À pulvériser un bus scolaire avec environ 10 kilos de plastic fabriqué aux États-Unis. Suivit une étude comparée du Semtex tchèque et de quelques autres explosifs européens.

J'appris aussi à faire exploser un bus avec trois sacs d'engrais et du fuel, un mélange dénommé ANFO[1] qui causait encore plus de dégâts que le plastic : je vis un bout de châssis s'écraser quelques centaines de mètres plus loin après avoir décrit une splendide courbe dans le ciel — c'était le plus gros morceau qui restait du bus. Nos instructeurs nous enseignèrent également la recette d'un efficace cocktail, le nitrate de méthyle. Il suffirait de donner un coup de marteau sur une seule goutte de ce produit chimique pour que ledit marteau se fende en deux — si, si, je vous assure ! On nous apprit à utiliser des dispositifs vraiment vicelards comme les minuteurs à cellules électrochimiques, à improviser des bombes avec un préservatif et du film alu pour faire exploser des cabines pressurisées d'avion, ou encore à passer en fraude sur un

1. Nitrate d'ammonium et fioul (*N.d.T.*).

vol commercial un pistolet dissimulé dans une coque en composite époxy et graphite. À la fin de la session, j'en savais assez pour former des terroristes de haut niveau.

Changement de décor, la promotion fut transférée en Arizona pour un entraînement à la survie en milieu désertique montagneux. C'est un peu le même topo qui recommençait : course d'orientation à la boussole, randonnées nocturnes, improvisations d'armes avec les moyens du bord... Avec une petite nouveauté cependant, la capture d'un serpent à sonnette avec un branche fourchue. Sans oublier, ensuite, la cuisson sur un feu de camp et la dégustation. Deux semaines plus tard, on rentrait à la Ferme pour apprendre à piloter des hélicos, surtout les techniques de décollage et d'atterrissage sur un bout de terrain à peine plus grand que le dos de ma main. Pas si facile que ça en avait l'air. Une croix rouge sur une carte ne vous aidait pas vraiment à reconnaître une zone de quelques dizaines de mètres au sol — et par mauvais temps, c'était pire. Après ça, je dus passer deux semaines sur l'Atlantique sur différentes petites embarcations à apprendre les astuces de survie indispensables, comme par exemple savoir repérer un sous-marin en plongée à proximité d'une côte au beau milieu de la nuit. Bref, le B.A.-BA...

Et pour finir, vacances au soleil de Floride, dans les Dix Mille Iles, un répugnant mélange de marécages et de forêts de palétuviers. Après quatre jours à barboter dans une eau infestée de mocassins [1] nous avions tous la peau vert laitue. Les quatre jours suivants se passèrent à vivre sur des racines de palétuviers et nos vêtements commencèrent à pourrir. L'exercice final se déroula sur une île déserte du golfe du Mexique. Il consistait à trouver une cache d'armes et à les déterrer. Nous devions ressembler à des figurants maquillés et sapés pour un film de zombies. Juste au moment où j'essuyais la couche de graisse protectrice qui recouvrait les M-16, j'aperçus un hors-bord qui approchait rapidement. Le pilote ne nous vit qu'au dernier moment, alors qu'il se préparait à tirer son bateau

1. Grand serpent venimeux proche des crotales (*N.d.T.*).

au sec. Il fit un demi-tour si rapide qu'il faillit se retourner ! Finalement, je n'eus jamais à déterrer une véritable cache d'armes dans une opération de l'Agence, mais au moins j'avait apporté ma contribution à la guerre contre les trafiquants de drogue.

À l'époque où je suivais cette instruction paramilitaire, je savais que le travail d'un officier traitant ne consistait guère à déterrer des caches d'armes. La formation paramilitaire était un vestige de l'époque de l'OSS et de la Seconde Guerre mondiale. Mais le travail de la Direction des opérations consistait à diriger des agents et non à défendre des lignes de front. Je me dis alors que cette instruction servait avant tout à forger un esprit de corps chez les nouveaux officiers, et à leur rappeler qu'ils n'avaient pas postulé pour un job de ronds-de-cuir du Département d'État en costume à fines rayures.

Les cœurs purs de Washington blêmissent quand on le leur rappelle, mais les officiers traitants ne sont rien d'autre que des monte-en-l'air, des cambrioleurs qui passent leur temps à dérober les secrets d'autres pays. La Direction des opérations est le seul service du gouvernement fédéral voué à la violation systématique des lois — étrangères, certes, mais lois tout de même.

La grande hantise de la DO était alors que ses agents se mettent à faire exploser des coffres-forts en série et à échanger des coups de feu avec des ennemis dans une capitale d'Europe de l'Est. Même autrefois, quand le politiquement correct n'avait pas encore pris le pouvoir à Langley et dans les cercles dirigeants de Washington, la direction était douloureusement consciente que lorsqu'elle faisait parler la poudre, l'Agence se brûlait presque toujours les doigts. Iran [1], Chili [2], Laos et Congo, autant de

1. En août 1953, la CIA fomentait un coup d'État pour renverser le premier ministre iranien de l'époque, le nationaliste Mohamed Mossadegh, dans le but de consolider la mainmise occidentale sur le pétrole iranien (*N.d.T.*).

2. Le 11 septembre 1973, Salvador Allende, président démocratiquement élu du Chili, était renversé par l'armée du général Pinochet avec le soutien actif de la CIA (*N.d.T.*).

pays où l'Agence était accusée d'avoir fomenté ou participé à des coups d'État. Mieux valait agir dans l'ombre et laisser les autres se coltiner le sale boulot. Le mot d'ordre absolu était « pas de vagues », au point qu'un simple entrefilet dans la presse était accueilli par des mines d'enterrement.

Une autre chose que j'appris concernant la DO fut que comme n'importe quelle autre grande organisation criminelle, elle se pliait à un code du secret draconien. Tous les documents produits par la DO étaient classifiés, qu'il s'agisse d'une commande de papier toilette ou même d'invitations à une fête de Noël. Toutes les communications étaient cryptées et sur-cryptées. Les officiers traitants se servaient de pseudonymes au lieu de leurs véritables noms, pseudos à leur tour cryptés. L'Agence n'hésitait même pas à rebaptiser les lieux géographiques. Je fus sidéré de découvrir, par exemple, que la CIA avait produit sa propre carte de la Ferme, avec de faux noms de lieux, y compris pour les rivières et les lacs, copie conforme d'une carte géographique ordinaire. Comme si l'Agence avait recréé tout un univers *pseudo*, qu'elle s'efforçait de faire passer pour le vrai. Avec un succès d'ailleurs inégal.

Avec l'invention de l'ordinateur, l'Agence avait tout de suite compris le danger du stockage de l'information sous forme numérique. Les documents sensibles continuaient d'être dactylographiés sur des machines classiques ou même, dans certains cas, écrits à la main. Quant aux célèbres rapports périodiques sous « bandelette bleue », ils étaient distribués dans la capitale par des coursiers qui attendaient que leurs destinataires les aient lu et les remportaient aussitôt après.

Mon initiation au culte du secret avait commencé avant même mon arrivée à Washington, où devait débuter ma formation. Juste au moment où j'allais quitter San Francisco, Scott m'avait appelé pour m'avertir que personne ne m'attendrait à l'aéroport, pour *raisons de sécurité*.

— Vous résiderez dans un logement sécurisé pendant les deux premières semaines d'orientation.

— Pourquoi pas à l'hôtel ? demandai-je naïvement.

— Raisons de sécurité.

Je n'avais rien répondu. J'étais trop excité par la perspective de ce premier job pour me demander pourquoi, dans mon propre pays, il fallait que je sois claquemuré dans un « logement sécurisé ».

À l'aéroport de Washington, je pris donc un taxi pour l'adresse que Scott m'avait donnée. Une résidence pour étudiants toute neuve dans un de ces complexes anonymes qui poussaient comme des champignons dans les années 70. Une autre recrue, un grand blond filiforme d'environ trente-cinq ans, s'était installé dans le studio mitoyen. Il s'annonça par son prénom, Hank. Et refusa de me donner son nom quand je le lui demandai. « Désolé, je n'ai pas le droit de vous le dire. Ordre de Scott. »

Le lendemain matin à 8 heures tapantes, un type au visage avenant et une femme d'un certain âge aux manières de gentille grand-mère sonnèrent à la porte. Ils étaient envoyés par le bureau central de couverture, le service de la DO qui fabrique de faux papiers d'identité, installe des lignes de téléphone qui échappent à tout contrôle sauf au sien, et, en liaison avec d'autres agences gouvernementales et des entreprises privées, fournit aux agents des pedigrees et des emplois bidons qui leur permettent d'évoluer en toute discrétion aux quatre coins du monde.

La femme nous demanda, à Hank et moi, de lui confier tous nos documents d'identité : permis de conduire, cartes de crédit, cartes de membre de clubs, et en général, tous les papiers sur lesquels apparaissaient nos noms.

— Vous n'en aurez pas besoin, fit-elle en les fourrant dans deux enveloppes sur lesquelles elle inscrivit nos prénoms avant de les refermer.

Je me demandais comment j'allais bien pouvoir faire pour vivre sans aucun papier d'identité mais juste à ce moment, son partenaire nous tendit à Hank et moi des cartes plastifiées sur lesquelles nos photos étaient déjà apposées. C'était bien ma photo, celle que j'avais jointe à mon dossier de candidature. Mais je sursautai en lisant le nom : Robert Endacott.

— Ah, il y a une erreur ! fis-je, en rendant la carte à l'homme.

Il me jeta un regard étonné.

— On ne vous avait pas prévenu que vous changiez de nom ?

Non. Personne n'avait pensé à me signaler ce détail.

Il m'expliqua alors qu'à partir de ce jour, Hank et moi aurions de nouvelles identités, au moins jusqu'à ce que nous soyons affectés à l'étranger. Seule une poignée de gens, au sein de la Centrale, devaient connaître nos véritables noms.

— Et que suis-je censé dire à ma famille ? demandai-je un peu interloqué.

Il sourit et me tendit un numéro de boîte postale dactylographié sur un bristol.

— Nous acheminerons votre courrier une fois par semaine. Vous pouvez écrire toutes les lettres que vous voulez mais pas question d'appeler vos proches de cette résidence ou d'aucun autre bâtiment ou installation de la CIA. Et bien sûr, ils ne doivent pas vous téléphoner.

Je m'attendais à cette consigne. D'ailleurs je n'avais pas été surpris, en décrochant le téléphone de la résidence, de n'entendre aucune tonalité. L'homme et la femme qui nous rebaptisaient s'efforçaient de donner un caractère très anodin à toute cette scène mais la couverture d'un agent de l'Agence n'était pas toujours à toute épreuve. Durant la guerre du Golfe, un officier traitant, de retour à Washington avec un groupe de jeunes recrues arabes, logés au West Park Hotel de Rosslyn, en avait fait l'amère expérience. Vers minuit, le soir de leur arrivée, l'un des Arabes décida qu'il ne supportait pas la solitude. C'était son premier voyage aux États-Unis et il ne parlait pas très bien l'anglais. Il ouvrit l'annuaire lut péniblement « urgences » et composa le 911. Il expliqua au policier de service, dans son anglais approximatif, qu'il avait besoin d'une femme. Le policier lui répondit qu'il n'avait qu'à attendre devant l'hôtel, qu'une femme allait arriver très bientôt. Et effectivement, quand le jeune homme sortit de l'hôtel, un quart d'heure plus tard, il aperçut une femme qui faisait les cent pas dans le parc. Ce qu'il ne vit pas tout de suite c'est qu'il y avait cinq flics cachés dans les buissons. Et que la situation ne les amusait guère.

Aussitôt menotté, le jeune agent persuada les policiers de le ramener à l'hôtel où ils n'auraient qu'à interroger son officier traitant. Ce dernier leur confirmerait qu'il était invité par le gouvernement des États-Unis pour suivre une session de formation — dont il n'avait pas le droit de parler. L'officier traitant confirma le récit du jeune homme, invoqua un problème de traduction, et il invita les policiers à fermer les yeux sur l'incident. Ceux-ci demandèrent à voir ses papiers d'identité. La carte qu'il présenta, fabriquée par le bureau de couverture centrale de l'Agence, sembla apparemment suspecte à ses interlocuteurs qui demandèrent au commissariat de la vérifier. Le policier de service, flairant le pot aux roses, appela la CIA en pleine nuit. Mais voilà, l'agent de garde, conformément aux consignes de silence de l'Agence, nia que l'officier traitant fût employé par la CIA.

Les policiers se préparaient à menotter l'officier traitant qui décida, avec l'accord des policiers, de tomber le masque et d'appeler lui-même.

— Nous ne pouvons confirmer l'appartenance d'agents à la CIA, c'est la règle, répondit de nouveau l'officier de permanence.

L'officier traitant, ex-marine, vit rouge et s'exclama alors : « Écoute-moi, espèce de connard ! Ou bien tu vérifies que mon nom figure sur tes listings et tu le dis aux flics ou bien je viens te briser la nuque dès ma sortie de taule ! »

Quelques autres coups de téléphone furent nécessaires pour résoudre le problème, mais la plupart des officiers de l'Agence passent leur carrière dans la hantise du moment où leur couverture craquera au moment décisif. Si, aux États-Unis, une couverture éventée se solde au pire par une nuit de prison, dans certains pays, les conséquences peuvent être beaucoup plus douloureuses.

Après le départ du couple de la Couverture centrale, deux hommes en noir se pointèrent ; ils appartenaient au bureau de la sécurité, un service de la CIA que j'allais apprendre à très bien connaître au cours des vingt et une années suivantes... La sécurité supervisait à peu près tout, qu'il s'agisse du détecteur de mensonges, des évacuations de sécurité, du contrôle de la fermeture des coffres-forts le soir à Langley ou encore de la surveillance des communications téléphoniques internes. La sécurité avait même un spécialiste, le « tueur », dont le boulot consistait à virer des gens. Pendant qu'il annonçait la mauvaise nouvelle à sa victime, deux lascars de la sécurité fouillaient le coffre du pauvre ex-employé, scannaient le disque dur de son ordinateur et passaient au peigne fin son bureau et ses affaires personnelles, sans oublier les objets les plus innocents en apparence, comme les photos de famille. Et pour finir, une escouade d'agents de sécurité le raccompagnaient jusqu'à la porte.

Les agents de la sécurité nous firent signer une épaisse liasse de formulaires. Le premier d'entre eux était un engagement de confidentialité stipulant que nous n'avions pas le droit d'écrire un livre, article de magazine, scénario de film ni de figurer dans une émission télé sans l'accord de l'Agence. Cette astreinte ne concernait que les sujets liés à la CIA et au monde du renseignement mais quand l'essentiel de votre carrière se déroule dans l'Agence, rien de ce que vous pourriez avoir envie de dire ou d'écrire n'est à l'abri des inquisiteurs.

On nous fit également signer un document en vertu duquel nous nous engagions à ne jamais reconnaître que nous travaillions pour la CIA. Y compris à notre conjoint — sans parler du simple flic qui vous arrêtait pour avoir brûlé un feu en sortant du quartier général de Langley. Le mot d'ordre était simple : il fallait nier, coûte que coûte. Quand nos instructeurs nous martelaient « n'avouez rien, niez tout et contre-attaquez systématiquement », ils ne plaisantaient pas. Pourtant, je découvris que si certains officiers traitants n'avaient jamais avoué à leurs épouses l'identité de leur employeur, la plupart d'entre eux ne tenaient pas parole sur ce point. Trop difficile de justifier toutes les réunions se terminant à des heures indues.

Je dus aussi m'engager à ne rien dévoiler concernant les *mots code*[1] : interception de communications, photos satellite, bombes nucléaires. L'accès aux renseignements « mots code » supposait une habilitation au secret défense. Dont les critères de délivrance sont évidemment draconiens.

En parcourant les formulaires, je butai sur le terme « satyriasis ». L'inculpation de satyriasis pouvait entraîner un retrait immédiat de l'autorisation d'accès aux documents top secret. Pas la moindre idée de ce que signifiait ce terme.

— Satyriasis ? demandai-je, interloqué.

L'un des agents de sécurité répondit sur un ton de conspirateur :

— Un satyre est quelqu'un qui accumule les liaisons féminines. Et le règlement stipule que si on découvre que vous couchez avec plein de femmes différentes, on doit vous sucrer votre autorisation au top secret.

Tout cela peut paraître comique rétrospectivement, mais le sexe était un sujet qui donnait de redoutables migraines à la direction de l'Agence. Pas question de frayer avec l'ennemi, surtout quand il avait la poitrine et les jambes de Pamela Anderson. Et jusqu'à preuve du contraire, tous les étrangers étaient considérés comme des ennemis de l'État, si bien que la sécurité avait établi une règle stricte : les employés devaient faire état d'une « relation intime et prolongée » avec tout ressortissant d'un pays étranger. Question : comment interpréter la

1. a/ Mot auquel on a donné une classification et un sens caché dans le but de protéger les informations relatives à un projet ou une opération classifiée. b/ Mot dont le sens caché sert à identifier des informations classifiées. (*Dictionnaire du renseignement et de l'espionnage*, J.-P. Brunet) (*N.d.T.*).

notion de « relation intime et prolongée » ? Une nuit d'amour torride ? L'envoi de poèmes fiévreux à une dame avec qui le lien était tout platonique ? La sécurité restait dans un flou équivoque. Ce fut mon patron à Khartoum, Milt Bearden, qui me fournit la définition la plus sensée : « Si vous rangez vos pantoufles sous le lit de votre " relation ", c'est qu'elle est " intime et prolongée " ».

Tous les six mois, chaque employé de l'Agence était tenu d'envoyer un [redacted] rapport énumérant ses *contacts intimes et prolongés* ou certifiant qu'il n'en avait aucun. C'était toujours un moment délicat, parce que si un type de la sécurité, dans un mauvais jour, décidait que vos relations intimes et prolongées avec une fille représentaient une menace pour la sécurité nationale, il pouvait vous renvoyer à Washington aussi sec, vous faire passer au détecteur de mensonges et vous faire mettre aux arrêts pour une période indéterminée. Et il va sans dire que si vous cachiez une relation intime et prolongée et que la sécurité le découvrait, les choses pouvaient tourner bien plus mal.

L'un des plus étranges cas de figure dont j'aie entendu parler concernait un employé indien qui dormait avec sa mère et sa sœur. On avait découvert cette habitude un peu particulière lors d'un test de routine au détecteur de mensonges. Le « tueur » de la sécurité était sur le point de le renvoyer quand l'Indien invoqua le Premier Amendement[1]. Il expliqua qu'il s'agissait d'un problème de caste. Il lui était impossible de trouver une femme de sa caste dans la région de Washington. L'affaire fut examinée par le bureau du conseil juridique qui décida de le renvoyer quand même. Un cas extrême ? Sans doute, mais typique des subtiles cogitations aux-

1. Voici le texte du Premier Amendement de la Constitution américaine : « Le Congrès ne fera aucune loi qui touche l'établissement ou interdise le libre exercice d'une religion, ni qui restreigne la liberté de la parole ou de la presse, ou le droit qu'a le peuple de s'assembler pacifiquement et d'adresser des pétitions au Gouvernement » (*N.d.T.*).

quelles les cerbères de l'Agence doivent se livrer pour préserver le sacro-saint secret.

Après deux semaines de réclusion dans mon logement sécurisé, passées à remplir différents formulaires et à écouter des agents du siège me raconter leurs occupations quotidiennes, je sautai de joie en apprenant qu'on me transférait à la Ferme pour l'instruction paramilitaire. Je savais que j'échangeais une prison contre une autre, mais la seconde ressemblait plutôt à un Country club, et au moins j'allais pouvoir faire un peu de sport.

La Ferme a beau avoir été décrite dans nombre de livres et filmée par hélicoptère pour des documentaires télé, l'Agence exige de ses officiers qu'ils ne révèlent ni son emplacement ni son nom officiel. Tout ce que je puis vous dire c'est qu'elle se trouve sur la côte de Virginie [redacted]. C'est en principe une base militaire interdite au public, du moins c'est ce que vous diront les gardes en vous braquant leurs lampes torches dans la figure s'ils vous surprennent à rôder dans les parages.

Une fois le portail passé, la Ferme s'apparentait tout à fait à un Country club : courts de tennis, piscine couverte, petits bateaux de pêche en eau douce, bars... Il y avait même un ball-trap. Les recrues disposaient de chambres individuelles dans des résidences. Ce n'était pas le Ritz mais il y avait tout le confort. Quant aux instructeurs, ils vivaient sur la base dans des petites cabanes blanches en rondins.

Ceux qui avaient conçu l'endroit voulaient sans doute donner l'image d'une sorte d'université champêtre. Drôle d'université, à vrai dire. À peine inscrits sur le registre des entrées, nous fûmes informés qu'un [redacted] était offert le soir même, à l'initiative d'un imaginaire gouvernement étranger. Je ne me rappelle pas le nom du pays en question, seulement celui de sa capitale : Wilton. Nos instructeurs se faisaient passer pour des personnalités locales et les nouvelles recrues pour des expatriés américains. Nous devions inventer une couverture expliquant notre présence dans ce pays. Il s'agissait de nous apprendre à exploiter les événements mondains pour soutirer des informations à nos contacts — la « drague » version CIA, en somme.

Je choisis un petit instructeur chauve, voûté et myope qui donnait l'impression d'avoir pris sa retraite une bonne dizaine d'années auparavant. Comme en plus il avait l'air de picoler assez sec, je m'imaginais qu'il ferait une proie facile.

Je lui tendis la main.

— Comment allez-vous ?

Il garda sa main dans sa poche et se contenta de me regarder.

— Je suis américain et je viens juste d'arriver en ville, poursuivis-je en arborant un grand sourire un peu crispé.

— C'est curieux, fit-il d'une voix défiante, on ne voit pas beaucoup d'Américains par ici... Que faites-vous ?

— Je travaille pour une grande compagnie pétrolière. Nous espérons exploiter de nouveaux gisements dans votre pays.

— Vous êtes géologue ?

— Non.

— Alors, je comprends mieux pourquoi vous ignorez qu'il n'y a pas de gisements de pétrole dans notre pays.

Il proféra cette dernière sentence d'un ton sec avant de tourner les talons.

Une fois de retour dans ma chambre, je consultai le petit topo sur ce pays imaginaire qu'on nous avait remis : on n'y trouvait pas la moindre réserve d'hydrocarbures, c'était écrit noir sur blanc. Le lendemain matin, en retrouvant tous les stagiaires réunis dans l'auditorium, je compris que je n'étais pas le seul à avoir omis d'apprendre ma leçon.

À 8 h 30 pile, un grand malabar entrait dans la salle

d'un pas résolu. Avec son visage hâlé et buriné, comme taillé à la serpe, il donnait l'impression d'avoir passé sa vie dans le désert.

— Je me nomme Joe Lynch. Je suis le coordinateur des cours. Qui a obtenu un second rendez-vous hier soir ?

On aurait pu entendre une mouche voler. Personne ne leva la main.

Lynch s'avança dans la travée centrale et s'arrêta à côté de ma table. Avec ses tableaux noirs, ses bureaux à plateaux de Formica et ses murs vert pomme, cette salle me donnait l'impression d'être revenu à Georgetown — pourtant ce type ressemblait à tout sauf aux profs que j'avais connus.

— L'un de vous a-t-il la moindre idée de la raison pour laquelle nous sommes là ? gronda-t-il en fronçant les sourcils.

Pas moi en tout cas. Je fus soulagé de voir une femme d'âge mûr lever la main. Elle devait appartenir à la maison depuis un certain temps et tenter de se recycler en officier traitant.

— Nous sommes ici pour apprendre à collecter des renseignements, fit-elle.

Lynch fit semblant de ne pas avoir entendu. Il balaya la salle du regard et remonta sur l'estrade.

— Apparemment, personne n'a décroché de second rendez-vous. L'un de vous a-t-il au moins obtenu un numéro de téléphone ?

Environ la moitié des stagiaires levèrent la main. Lynch avisa un étudiant au premier rang.

— Un numéro professionnel ?

L'autre acquiesça.

— Et que comptez-vous dire à la secrétaire quand elle vous demandera qui vous êtes ? Si vous aviez lu le topo qu'on vous a distribué, vous sauriez que Wilton est hostile aux États-Unis. Les fonctionnaires locaux n'ont pas le droit de fréquenter des Américains sans autorisation expresse de leur hiérarchie. En appelant votre contact à son travail, vous allez le griller.

Lynch inspira et retourna derrière son pupitre.

— Pour en revenir à ma question sur ce que vous faites ici, le gouvernement américain dépense des millions de dollars pour faire de vous des loups, des prédateurs. Hier soir, vous étiez censés séparer un agneau du troupeau, celui qui détient des secrets vraiment intéressants et l'entraîner sur la voie de la trahison — de son pays et de tout ce qui lui est cher — mais le tout sans qu'il se rende compte de ce que vous êtes en train de faire. Si vous avez intégré la CIA pour devenir un diplomate lambda, à savoir pour écumer les cocktails, jouer au tennis et faire du tourisme, je vous conseille de retourner au siège et de postuler pour un emploi de rond-de-cuir !

À ce moment-là, je compris que la CIA voulait vraiment m'envoyer faire l'espion au bout du monde et qu'il valait mieux que j'oublie les sports d'hiver aux frais de l'Agence, que ce fût en Suisse ou dans les Carpates.

Les cinq mois suivants, nos instructeurs s'échinèrent à nous transformer en « prédateurs ». Ils nous firent bosser jour et nuit pour nous inculquer les rudiments du métier d'espion : repérer un agent éventuel, l'évaluer, le recruter et le diriger, tout cela dans le contexte hostile de la déprimante Wilton. On pouvait, au départ, avoir l'impression d'un jeu de société un peu bizarre. Mais l'enjeu était décisif. Un échec au stage de la Ferme nous barrait l'accès à la carrière d'officier traitant. Dès lors, plus question d'être envoyé à l'étranger. On était condamné à faire carrière au siège, avec la perspective de végéter dans des postes médiocres ; bref, mieux valait encore démissionner.

L'aspect le plus ardu du travail, c'était le recrutement, le « boniment », comme on l'appelait. Après avoir estimé que votre cible connaissait des secrets intéressant l'Agence (« repérer »), il fallait ensuite essayer de deviner (« évaluer ») les faiblesses qui pourraient le rendre vulnérable à une tentative de recrutement. En règle générale, on se concentrait sur les personnes présentant des faiblesses manifestes : problèmes d'argent, ressentiment notoire contre le régime, dépendance à l'alcool... Mais certains des meilleurs agents recrutés par la CIA n'étaient motivés que par leur amour de l'Amérique. Le tout, et on nous l'avait assez martelé, c'était de connaître les faiblesses de votre proie *avant* de débiter votre boniment. Parce qu'agiter un billet de 100 dollars sous le nez de quelqu'un qui n'en avait rien à cirer ne pouvait que vous attirer des ennuis.

Deux promotions après la mienne, les recrues de l'Agence allaient connaître de première main les conséquences d'un recrutement mal conduit. L'histoire commence à Kaboul (Afghanistan), avec un diplomate soviétique qu'un officier traitant cherche à recruter. Quand arrive, à la fin de son affectation, la nouvelle de sa mutation, l'officier américain n'a toujours pas réussi à repérer la faiblesse du Soviétique qui lui permettra d'avoir barre sur lui. Il le ballade avec des discours sur la nécessité pour les deux pays de mieux se connaître. Quand il annonce son départ, il propose au Russe de lui présenter son remplaçant afin de poursuivre cet enrichissant « échange de points de vue ».

Malheureusement dans son rapport, pêchant par excès d'optimisme, il prétend avoir réussi à recruter le diplomate soviétique et son remplaçant, un certain Bob [redacted], le prend au mot. Dès leur premier rendez-vous, il invite le Soviétique au restaurant et lui demande des documents classifiés. Le Russe s'empourpre, tape du poing sur la table et se met à hurler. Dans le restaurant, personne n'est dupe. L'incident fait tant de bruit dans la capitale afghane, que Bob est aussitôt rapatrié aux États-Unis. On lui propose de devenir prof à la Ferme. Mais, se voyant placardisé et souffrant sans doute de problèmes personnels, Bob met fin à ses jours, le matin de Noël, devant le porche de sa maison, alors que sa femme et ses gosses se trouvent à l'intérieur.

Autre antienne martelée par la Direction des opérations depuis le premier jour : rien n'était plus important que la vie de votre agent. Exactement comme un officier du Secret Service [1] était censé faire bouclier de son corps si on tirait sur le Président, un officier traitant digne de ce nom protégeait la vie de son agent à tout prix : il devait mentir, tricher, voler, ou pire encore. Très peu de « civils » pourraient comprendre la nature exacte du lien entre un officier traitant et un agent, mais pour ramener le problème à une équation simple, si la DO ne protégeait pas les espions de base, qui voudrait encore travailler pour la CIA ?

Il est arrivé qu'une taupe trahisse des agents et anéantisse des réseaux entiers mais il est arrivé plus souvent encore qu'un agent soit grillé parce qu'il était repéré en compagnie de son officier traitant. C'est la raison pour laquelle la DO dépensait des millions de dollars pour former ses officiers à repérer et à déjouer toute surveillance. Pendant notre séjour à la Ferme, nous passâmes presque un tiers du temps à jouer au chat et à la souris, en voiture ou à pied, avec nos instructeurs. Ces filatures se déroulaient généralement à Richmond, Virginie. Parfois c'était les instructeurs qui nous pistaient, parfois on inversait les rôles. Il arrivait aussi que les stagiaires se filent les uns les autres. Cet apprentissage élaboré n'était qu'une préparation au cours d'espionnage supérieur qui nous attendait à Washington, pourvu que nous réussissions le test de la Ferme.

Ce cours était conçu pour des officiers traitants en poste à Moscou et Pékin. Il s'agissait de les mettre à l'épreuve en reproduisant aussi fidèlement que possible les conditions de travail en milieu hostile c'est-à-dire sous la surveillance de plusieurs dizaines d'« ennemis » (jusqu'à 300 !). Supposons que mon instructeur se soit appelée Nathalie. Nathalie était une belle blonde mutine d'environ trente ans qui venait de se faire expulser d'Union soviétique après un rendez-vous avec un agent soviétique. Elle s'était fait piéger par le KGB. Nathalie

1. Service chargé de la protection du Président américain (*N.d.T.*).

était devenue instructrice parce qu'elle avait fait ses preuves dans la rue et tenu le coup dans un interrogatoire assez méchant du KGB. Déjouer une filature adverse, en effet, ne s'apprenait ni dans une salle de classe ni dans un livre.

Le premier jour, elle nous renvoya rapidement :

— Rentrez chez vous, payez vos factures et dites au revoir à votre petite amie parce que dans les six prochaines semaines je ne vous lâche plus d'une semelle.

J'étais encore célibataire et sans attaches, ce fut l'affaire de deux coups de fil. Nathalie ne plaisantait pas : durant ces six semaines à Washington, à raison de seize heures par jour, je vécus dans la rue. À planquer des paquets dans des caches, à dessiner des marques à la craie sur les murs, à emprunter des itinéraires alambiqués pour semer mes pisteurs. Ceux qui nous traquaient étaient de vrais pros. Parfois il pratiquaient ce qu'on appelle la *dolphin surveillance* : ils apparaissaient pour mieux disparaître l'instant suivant. Pendant deux ou trois jours j'en voyais partout, impossible de ne pas les repérer. Et le lendemain, je ne voyais plus personne. À ce régime, au bout d'un moment, on commençe à voir des espions partout...

Parfois j'eus droit à la *waterfall surveillance*, la surveillance en cascade : au lieu de vous suivre, l'équipe adverse marchait droit sur vous. Pour être efficace, une surveillance de ce type exigeait des dizaines, voire des centaines de voitures et d'hommes... Dès qu'un pisteur dépassait sa cible (le « lapin »), il tournait au premier coin de rue, empruntait une rue parallèle et montait dans une camionnette qui le ramenait en avant du « lapin » afin qu'il puisse de nouveau se mêler au flot des pisteurs, souvent après avoir changé de tenue.

La formation continua, sans relâche, jour après jour. Les équipes et les techniques changeaient de manière arbitraire. L'objectif était de nous épuiser et de nous pousser à la faute. Et au moment où, recrus de fatigue, nous étions prêts à capituler, ils accentuaient la pression. Un soir où j'étais à bout, une équipe força la serrure de ma voiture et me vola mes notes. Comme de bien entendu, une autre équipe m'attendait au point de rendez-vous suivant. Inutile de dire que plus jamais je ne devais oublier de dossiers dans ma voiture.

Dans ce cours on apprenait à détecter une surveillance mais aussi et surtout à la déjouer — quand vous vous déplacez, que ce soit à pied dans une ville ou en voiture dans la campagne, il arrive toujours un moment (fourche d'une départementale, angle mort entre deux immeubles), où les « autres » vous perdent de vue. C'est à ce moment précis qu'il faut agir ! Vous n'avez qu'une fraction de seconde et c'est dans ce dixième de seconde que la préparation fait toute la différence.

Vers la fin de la session à la Ferme, nous pressentions quels stagiaires seraient reçus ou recalés. Un soir, Lynch se dégela et il vint nous retrouver au bar réservé aux élèves.

— Je sais que ça a été cinq mois d'enfer. Vous croyez que vous êtes prêts pour le terrain ?

Personne ne dit mot. Lynch sembla apprécier notre prudence.

— Ce qui n'est déjà pas si mal c'est que vous avez compris quelque chose à ce métier, poursuivit-il, vous avez laissé tomber vos idées toutes faites. Mais ce qu'il faut surtout que vous pigiez c'est que les « autres » vous attendent au tournant. Peu importe que ce soit à Moscou ou à Paris, il y aura des centaines de paires d'yeux braquées sur vous qui attendront que vous commettiez une bourde. Quand je suis en poste à l'étranger, vous savez quelle est la première chose que je fais, le matin au réveil ? Je fouille mes poches. Je feuillette les pages du livre que je lisais la veille. Je fouille ma valise, je regarde sous le lit. Bref, je passe la chambre au peigne fin méthodiquement, obsessionnellement. À la recherche du petit bout de papier qui me trahira, de l'indice compromettant quel qu'il soit, numéro de téléphone, adresse, etc., qui pourrait les mettre sur la piste d'un agent. Parce que, dès que je serai parti, les autres rappliqueront et retourneront tout.

Lynch commanda une autre pinte de bière. Deux stagiaires approchèrent des chaises pour écouter.

— Mais laissez-moi vous dire autre chose. Il ne s'agit pas d'apprendre le manuel du parfait espion et de l'appliquer à la lettre. Pas seulement. Si vous vous cantonnez aux règles, vous échouerez. Supposons qu'il est 1 h 30 du matin et que vous en avez fini avec votre agent. Vous êtes crevé et ne songez qu'à une chose, vous pieuter. Vous êtes sur le point de vous arrêter pour déposer l'agent à un endroit convenu quand vous apercevez deux phares dans le rétro. Jusque-là, vous étiez quasiment seul sur la route. Coïncidence ? Peut-être, mais ce n'est pas sûr. Dix minutes plus tard, le véhicule vous suit toujours. Que faites-vous ?

— Je continue à rouler jusqu'à ce qu'il décroche, proposa l'un des stagiaires.

— Admettons. Mais en roulant sans but au milieu de la nuit vous adressez un signal aux autres : vous êtes opérationnel. Autant agiter un chiffon rouge devant un taureau. Ils vont multiplier les équipes et ils ne vous lâcheront plus. C'est là qu'un officier traitant doit improviser et sortir de l'application bornée du manuel.

J'intervins :

— Je ferais allonger l'agent sur le plancher de la voiture, je rentrerais chez moi et il ne sortirait qu'une fois la voiture à l'abri dans le garage. Il pourrait dormir quelques heures à la maison et le lendemain matin je le ferais sortir de la même façon. Ce serait une nouvelle journée — pas de surveillance à craindre — et il ne resterait qu'à le déposer dans un endroit abrité des regards.

Lynch tendit la main vers moi et la serra par-dessus la table.

— Bien vu, mon vieux. Et maintenant voici ce que j'aurais fait, moi. Je me serais préparé à cette éventualité. J'aurais placé une valise dans le coffre de la voiture le matin du rendez-vous. Les autres en auraient conclu que je partais en voyage le jour même. Donc plutôt que de tourner en rond, j'aurais quitté la ville avec l'agent. Les autres, croyant que j'étais parti en voyage, auraient laissé tomber. Et j'aurais déposé mon agent à la gare de la ville la plus proche. Ce qui ne l'aurais sans doute pas enchanté, mais au moins il ne se serait pas fait mettre en taule !

Lynch était un professionnel qui parlait d'expérience, ce qui faisait tout le sel de ses conseils. Comme ma propre carrière devait me le confirmer, le métier d'espion ne s'apprend pas dans les livres ou dans des sessions de formation. C'est en espionnant qu'on devient espion — le tout étant de ne jamais oublier qu'il y a toujours au moins une paire d'yeux braqués sur vous.

4

Août 197[redacted]. Madras, Inde

Mon billet de la Pan Am dit tout : sept heures de vol jusqu'à Francfort, cinq de mieux jusqu'à Téhéran où je fais escale. Encore deux heures jusqu'à New Delhi — seconde escale — et un dernier vol de deux heures pour Madras. Je suis arrivé à l'autre bout du monde mais je ne le réalise qu'en descendant la passerelle, quand je suis assailli par de violents remugles de végétaux en décomposition et d'égouts à ciel ouvert. Il fait noir comme dans un four et il me faut quelques instants pour réaliser que le minable bungalow en tôle, de l'autre côté de la piste d'atterrissage, est le terminal de l'aéroport de Madras.

Déjà dégoulinant de sueur, j'entre dans le bâtiment où j'entends hoqueter les pales des ventilateurs poussifs qui brassent de l'air chaud. Les bagages de Dieu sait combien de vols sont empilés au milieu du grand hall où ils forment une petite colline. Deux porteurs grimpés au sommet de celle-ci se disputent la même valise. Trois autres me suivent en se chamaillant pour porter la mienne. Je leur explique que j'ai l'intention de la porter moi-même, mais c'est peine perdue. Pendant ce temps, un mendiant unijambiste au bras atrophié se traîne derrière moi en s'aidant de son bras et de sa jambe sains. J'ai beau lui jeter un peu de monnaie, il n'en a cure et continue de ramper sur mes talons. Et pour cause, je suis le seul Occidental dans tout l'aéroport.

Je finis par capituler et par donner quelques roupies à l'un des porteurs pour qu'il porte ma valise. Il part la chercher dans le tas et revient au bout de cinq minutes.

— Madras n'est pas Paris, m'avait expliqué le responsable de l'Inde avant que je parte, c'est un trou. Faites vos deux années là-bas sans faire de gaffe et vous aurez une bonne affectation au tour suivant.

En d'autres termes, j'étais à l'essai. J'avais pourtant réussi le test de la Ferme mais la division du Proche-Orient qui m'avait recruté pour Madras avait décidé de m'envoyer dans le bled paumé par excellence pour voir comment je me débrouillerais dans mon nouvel emploi. À l'époque, on affectait les bleus parlant arabe à Sana, au Yémen du Nord, et les autres dans les petites antennes de l'Asie du Sud. On appelait ça le « circuit bouseux ». (Si vous avez déjà vu des Indiens marcher dans un champ en évitant soigneusement de marcher dedans, vous comprendrez ce que je veux dire.) En fait c'était un assez bon départ. À Madras, on distinguait vite ceux qui étaient faits pour ce boulot et les autres. Il y avait les bleus qui tombaient malades, ceux qui ne supportaient pas de vivre loin de chez eux, ceux qui ne s'habituaient pas au boulot. Un ou deux pétaient un câble. Et les autres faisaient de leur mieux, en espérant qu'on ne les oublierait pas.

L'Inde des années 70 était un excellent terrain d'initiation aux ficelles du métier. D'abord on apprenait à tromper une surveillance réelle, vivante. Les services secrets locaux, dont l'objectif principal consistait à surveiller la CIA et les autres ennemis de l'Inde, avaient été créés par les Britanniques, ce qui signifiait qu'on avait affaire à des professionnels aguerris, rigoureux et disciplinés. Les Indiens pouvaient aligner des milliers et des milliers de paires d'yeux sur le terrain. Les piétons étaient quasiment impossibles à repérer parce qu'ils ne se distinguaient en rien, jusque dans leur tenue, des simples badauds qui déambulaient dans les rues. Ils se fondaient totalement dans le décor — à la différence d'un Américain moyen. La surveillance à quatre roues n'était pas beaucoup plus aisée à détecter. Il n'y avait que deux modèles de voitures en Inde à l'époque et, dans le rétroviseur, on les confondait l'un avec l'autre. À mes débuts dans la carrière, exception faite de Moscou ou Pékin, l'Inde était l'un des terrains les coriaces pour un jeune espion.

Quelques années avant que j'arrive, les services secrets indiens avaient surpris un officier de la CIA déposant un agent après un rendez-vous. L'officier traitant avait pourtant cherché, dans son rétro, les phares d'un éventuel suiveur. Quand il décida qu'il pouvait déposer son agent, il prit une petite rue, stoppa afin de redémarrer une fois l'agent parti. Mais, détail qui lui avait échappé, un véhicule de l'IB [1] planquait derrière un rideau d'arbres à une intersection que l'officier venait juste de dépasser. L'équipe de l'IB rattrapa la voiture de l'officier de la CIA juste au moment où l'agent en descendait. S'ensuivit un mémorable désastre. L'agent et, à sa suite, une dizaine de contacts furent arrêtés. L'officier de la CIA et le chef de station furent renvoyés chez eux. La station elle-même cessa de fonctionner pendant presque deux ans.

Aspect positif du poste, l'Inde constituait un extraordinaire réservoir d'informations de premier ordre. Les deux principaux centres d'intérêt de l'Agence, suivis de très près à Washington, étaient le programme nucléaire indien et les manuels sur les matériels militaires soviétiques ou SOVMAT. Dans les années 70, l'Inde était devenue l'un des plus grands acheteurs d'armements soviétiques, qu'il s'agisse des tanks, des avions ou des sous-marins. Comme les Russes n'hésitaient pas à vendre aux Indiens leurs matériels les plus avancés, l'Inde était devenue l'une des meilleures sources d'infor-

1. Services secrets indiens (*N.d.T.*).

mations sur l'armement soviétique. Grâce à ses antennes indiennes, la CIA put décrire assez précisément au Pentagone ce qui risquait d'arriver en cas de conflit indo-pakistanais. En 1974, l'Inde avait expérimenté une bombe nucléaire et la Maison-Blanche voulait être avertie à l'avance de l'explosion de la suivante, surtout si ladite bombe était larguée au-dessus du Pakistan. Après tout, il s'agissait de rien moins que du possible déclenchement de la troisième guerre mondiale.

L'Inde était aussi, pour un jeune officier, le meilleur terrain pour opérer des recrutements. Fondateur du mouvement des non-alignés, New Delhi accueillait des missions diplomatiques d'à peu près tous les pays du monde. À un cocktail, on avait autant de chances de rencontrer un diplomate mongol qu'un représentant de l'ANC, le parti anti-apartheid sud-africain. Mais la réelle attraction, c'était l'impressionnante légion de diplomates, militaires, et techniciens russes. Il y en avait des milliers. Pour en croiser un, il suffisait de s'installer sur le perron de sa maison et d'attendre. Et si vous aviez la chance d'arriver à en recruter un, votre carrière était lancée.

Enfin, l'Inde était une excellente école de mondanités. On y apprenait à gérer un personnel toujours pléthorique, à concocter un Martini dry, à décapiter proprement un cigare, à relancer les conversations interminables et oiseuses des copains du club de cricket. J'ai même connu des officiers traitants qui apprenaient à jouer au polo. En outre, même à Madras, les conditions de vie étaient fort agréables.

Après la chaleur moite de l'aéroport, la morosité qui m'avait gagné fit place à un franc enthousiasme quand le taxi pénétra dans la propriété qui allait être mon havre pendant les deux années suivantes. C'était une maison blanche de deux étages en pierre et stuc qu'ombrageait un énorme banian. Une pergola débordante de jasmin recouvrait sur toute sa longueur l'allée menant à la maison. Mes domestiques — au nombre de sept — m'attendaient alignés sous la véranda. Cuisinier, porteur, femme de chambre, homme de ménage pour la maison, homme de ménage pour l'extérieur, deux jardiniers. Ils m'accueillirent pieds nus mais vêtus, pour les hommes, d'uniformes blancs impeccables et, pour les femmes, de saris aux couleurs vives. Ils s'inclinèrent quand je sortis de la voiture et le porteur m'apporta un verre de jus de mangue frais sur un plateau d'argent. À ce moment, je décidai que mon séjour en Inde ne s'annonçait pas si mal, après tout.

Les agents dont j'héritai à Madras n'étaient pas des stars. Mais j'avais tout le temps nécessaire pour préparer les rendez-vous, emprunter de longs itinéraires de contre-surveillance et peaufiner mes câbles au quartier général de Langley. Un jeune officier traitant qui bossait dans un trou perdu au bout du monde avait intérêt à pondre d'excellents rapports s'il voulait que le QG le remarque.

C'est aussi à Madras que je commis mes premières erreurs. Il valait d'ailleurs mieux que ce fût à Madras. Un soir où je raccompagnais un de mes agents, après une pluie de mousson particulièrement copieuse, je me trompai de route et la voiture tomba en panne dans une impasse inondée menant au bord de mer. Craignant que la police n'arrive d'un instant à l'autre, j'éjectai l'agent de la voiture et il repartit clopin-clopant dans 60 centimètres d'eau, pantalon roulé aux genoux et chaussures à la main. Une autre fois, mon agent ne se présenta pas au rendez-vous ni aux rendez-vous de remplacement non plus, d'ailleurs. J'avais le choix entre attendre qu'il se manifeste et partir à sa recherche. Ignorant les règles — pour la première fois — je me pointai chez lui et toquai à la porte de l'entrée principale. Si l'équipe de l'IB de Madras avait été aussi bonne que celle de Delhi, nous aurions été grillés tous les deux, mais Madras était un bled sans intérêt pour les deux camps.

Le chef d'antenne de Madras, Chris [redacted] était de la vieille école. Fils d'ambassadeur, il avait intégré l'Agence juste après sa sortie de Harvard et fait ses premières armes en Afrique, avant d'atterrir en

Inde. Avant chaque rendez-vous avec un agent, Chris et moi en discutions. Il voulait savoir quel itinéraire de contre-surveillance j'avais prévu, quels papiers j'emporterais sur moi, quel rendez-vous de remplacement était fixé en cas de problème, quelles questions j'avais l'intention de poser à l'agent, etc. Après le rendez-vous, j'exposais à Chris, dans le moindre détail, tout ce qui s'était dit au cours de l'entretien. Après quoi, il relisait mes brouillons de rapport et les annotait avec un gros crayon rouge.

Autre avantage de Madras, je disposais de pas mal de temps libre. Je louai donc au sud de la ville une maison construite sur pilotis et entourée de palmiers, située à 10 mètres de la mer. J'y passais la plupart de mes week-ends à lire et à nager, bref à essayer de tromper l'ennui du sous-continent. Madras était équipée d'excellents courts de tennis en terre battue et je m'initiai sérieusement à ce sport. J'avais dû renoncer au ski mais je tâchais de m'adapter.

Je venais à peine de me caler dans une confortable routine quand un rendez-vous de Chris avec un agent fut éventé par l'IB. Au lieu d'attendre que le gouvernement indien lui adresse une plainte, le bureau de New Delhi le renvoya aussi sec au pays. J'étais désolé de devoir me passer des conseils et de la compagnie de Chris, mais maintenant que j'étais seul, j'avais bien l'intention de montrer au QG et à New Delhi toute l'étendue de mes talents ! En principe, pour limiter au maximum les risques de bavures, l'Agence ne laissait jamais un bleu opérer en solo. Mais j'avais décidé de leur prouver que j'étais l'exception qui confirme la règle.

Peu après le départ du chef, un intermédiaire récemment recruté (ou *access agent*, selon l'expression de la DO) me présenta Sami, un officier arabe en stage dans l'armée indienne. Il était affecté sur une base située à environ dix heures de route de Madras. Les relations entre son pays et les États-Unis, déjà distantes, étaient en train de virer au glacial. Les derniers contacts diplomatiques étaient peu à peu coupés, ce qui signifiait que très bientôt la CIA serait la seule institution américaine à conserver des yeux et des oreilles dans le pays de Sami. Ce qui faisait de ce dernier une cible particulièrement intéressante. De plus, son gouvernement avait acquis beaucoup de matériels militaires soviétiques et nous étions toujours à l'affût des manuels fournis avec ces matériels.

Depuis mon premier cocktail diplomatique à la Ferme, où j'avais vainement essayé de me faire passer pour le cadre supérieur d'une compagnie pétrolière, j'avais gardé un certain trac des premiers contacts. Je savais qu'il fallait appâter le poisson avant de le ferrer. Aussi noyai-je mon interlocuteur sous un déluge de propos insignifiants sans le laisser en placer une, récriminant contre la monotonie de la vie que je menais en Inde, me plaignant de ne pouvoir me faire d'amis, d'être cloîtré par le climat épouvantable qui régnait, etc., etc. Et dans la foulée, avant même qu'il ait eu le temps de réagir, j'évoquai ma maison sur la plage, le vent frais qui y soufflait, l'agrément des week-ends que j'y passais loin de l'agitation de la vie à Madras.

— Quand vous êtes dans le coin, appelez-moi, vous adorerez, lui dis-je.

Sami me fixa une seconde ou deux et décida que l'invitation était innocente.

— Entendu, fit-il, avec plaisir.

Quand Sami prit ma carte et me tendit la sienne en retour, je dus me mordre la lèvre pour ne pas sourire. Ça marchait ! Et ce type, une cible très sérieuse, était mon premier recrutement ! J'étais aussi excité que le jour où j'avais invité mon premier flirt au cinéma.

Quand j'appelai Sami à sa base deux semaines plus tard, il sembla sincèrement heureux de m'entendre. Il s'excusa de ne pas avoir appelé. On allait raccrocher quand il glissa qu'il devait passer à Madras la semaine suivante. Je lui parlai de la maison sur la plage. Il hésita une demi-seconde avant d'accepter. « Je viendrai avec mon épouse », précisa-t-il. *Banco*. Il ne restait plus qu'à ferrer mon poisson.

Préparer la maison pour Sami et sa femme me prit toute la semaine. Je garnis le garde-manger de bouteilles de Johnny Walker, de bonnes bouteilles de vin blanc californien et de produits américains introuvables à Madras. J'apportai aussi ma stéréo pour l'ambiance et j'envoyai le cuisinier sur place, la veille, tout préparer pour notre déjeuner.

Le jour J, il n'y avait pas un nuage dans le ciel. Une brise fraîche balayait le golfe du Bengale, il faisait presque sec. Le matin, après avoir nagé, passé une heure à discuter sur la plage, puis déjeuné à la maison, nous nous installâmes sur la terrasse pour siroter des digestifs. Sami et sa femme étaient totalement en confiance. Il me parla de son enfance, de son père, un bédouin aveugle, il fut aussi question de l'islam.

Tout marchait donc comme sur des roulettes quand, vers 16 heures, la domestique qui nous servait commença à se tordre de douleur en se tenant le ventre. Elle perdait les eaux. Je ne savais même pas qu'elle était enceinte — son mari non plus d'ailleurs. Après avoir fermé la maison et tout remballé dans la voiture, je la conduisis dare-dare à l'hôpital, accompagné de Sami et de sa femme qui insistaient pour venir.

Pendant que l'épouse de Sami assistait la jeune femme, je discutai avec lui sur un banc, dans la cour de l'hôpital. Mon nouvel ami aborda spontanément les questions brûlantes, me confiant qu'il était en service, en 1967, lors de la guerre des Six Jours entre Israël et les pays arabes. Affecté dans une station d'écoute qui interceptait les communications israéliennes, il avait suivi en direct l'attaque par Israël du navire américain *Liberty* qui fit 34 morts côté américain. Jusqu'alors, il avait cru la propagande arabe qui clamait qu'Israël était le pion des États-Unis, mais en écoutant les militaires israéliens discuter ensemble lors de l'assaut contre le navire, il avait réalisé l'énormité de son erreur. « L'Orient et l'Occident doivent s'efforcer de s'entendre, disait-il. Sinon, la paix au Proche-Orient restera une utopie. »

Pendant qu'il parlait, je ne pensais qu'à une chose — *ce type est une proie parfaite*. Non seulement j'avais ferré un poisson intéressant, mais je tenais son point faible. Sami était un idéaliste sincère rêvant d'un dialogue entre Arabes et Américains. Je ne tardai pas à m'engouffrer dans la brèche.

Deux semaines plus tard, de retour à Madras, Sami me passait un coup de fil. J'avais déjà reçu un accord opérationnel provisoire du QG. Ce qui signifiait qu'ils avaient effectué une petite enquête sur Sami et qu'ils n'avaient trouvé aucun élément inquiétant. Ce n'était donc ni un escroc ni un agent double (notoire). Le QG ne se prononçait pas sur le point de savoir si Sami faisait une recrue potable, c'était mon boulot d'en décider. J'avais le feu vert pour ferrer mon poisson.

Sami m'invita à déjeuner. J'acceptai mais en suggérant qu'il passe me prendre à mon bureau. Règle d'or, les instructeurs nous l'avaient souvent répété, afin de mettre toutes les chances de son côté, il fallait réunir des conditions optimales pour débiter son « boniment ».

Sami, qui sirotait une tasse de café dans le bureau en contemplant les quelques photos de famille punaisées au mur, semblait nettement moins bavard que le jour où nous avions discuté à l'hôpital, mais je n'y prêtai pas attention. Je répétais silencieusement le plaidoyer pour l'entente entre les peuples préparé la veille sans oublier le « oui » final sortant de sa bouche.

— Sami (J'espérais qu'il n'avait pas perçu le léger tremblement de ma voix), il faut que je vous pose une question...

Je venais de me jeter à l'eau.

Sami me jeta un regard énigmatique et s'assit dans un fauteuil à l'autre bout de la pièce. J'étais assis à mon bureau.

— Il y a deux semaines, nous avons évoqué la nécessité d'un dialogue entre nos deux pays. Eh bien j'ai pensé que vous pourriez peut-être y contribuer.

Sami m'écouta sans mot dire pendant que je lui débitai mon topo, sans doute l'une des tentatives les plus maladroites d'un officier de la CIA pour recruter un agent. Quand j'en arrivai au point où je lui demandais un silence absolu sur cet arrangement, y compris envers ses supérieurs et son gouvernement, Sami bondit de son fauteuil.

— Vous me demandez d'espionner ? me demanda-t-il d'une voix basse et enrouée.

Quand il jeta sa tasse de café par terre, je compris que le « oui » attendu ne viendrait pas et que l'entente entre l'Occident et l'Orient n'était pas au programme, du moins pas ce jour-là.

Je marmonnai que l'amitié entre les peuples, c'était lui qui en avait parlé. Il se calma un peu mais notre déjeuner fut annulé d'un commun accord. Je le revis à plusieurs reprises par la suite, mais il s'arrangea toujours pour qu'un tiers assiste à la conversation.

5

197[redacted]. New Delhi, Inde

Le lendemain du jour où le câble narrant ma tentative de recrutement loupée arrivait à New Delhi, le chef d'antenne, Bill [redacted] me demandait de prendre le prochain avion pour la capitale indienne.

Bill le dingue, comme on le surnommait affectueusement, était un petit Irlandais râblé et costaud et l'un des meilleurs sinon le meilleur recruteur que j'ai connus. C'est lui qui avait racolé le premier agent nord-coréen, ainsi que des dizaines d'autres cibles. C'était aussi un expert en déguisements et gadgets divers. Selon la légende, il avait improvisé une technique originale pour poser un micro dans une salle de conférence. Bill avait façonné une flèche en glace, à l'intérieur de laquelle se trouvait le micro, flèche censée se ficher dans un faux plafond acoustique — le tout évidemment de nuit, à travers une fenêtre ouverte et depuis la rue. En théorie, la flèche devait fondre, permettant au micro, incrusté dans le plafond, de remplir son office. Je ne sais pas si son truc a fonctionné ou non mais selon la légende, Bill [redacted]. Une autre rumeur courait sur son compte : en poste au Japon, il s'était confectionné lui-même une veste et un chapeau réversibles. Quand les Japonais le filaient, il s'arrangeait pour emprunter une rue piétonne jusqu'au moment où, provisoirement hors de vue, il retournait sa veste, son chapeau et revenait sur ses pas sans être reconnu.

En pénétrant pour la première fois dans le bureau de Bill, j'eus la surprise de découvrir l'ambassadeur américain en Inde, Robert Goheen, penché sur son épaule et fixant quelque chose que je ne distinguai pas tout d'abord. Bill, chaussé de lunettes de bijoutier, tenait une pince à épiler dans une main et dans l'autre une lame de rasoir. En m'approchant, je découvris qu'il découpait, sous le point d'une lettre imprimée, une encoche à microfilm.

Hochant la tête dans ma direction, il maugréa à l'adresse de l'ambassadeur :

— Cette nouvelle génération ne sait même pas ce qu'est un microfilm !

Une fois son travail terminé, Bill échangea sa place avec Goheen et répéta avec lui toutes les étapes de la procédure. L'ambassadeur avait un pedigree d'intellectuel brillant : professeur de lettres classiques, ex-président de l'université de Princeton. Je doute qu'il ait eu le moindre intérêt pour l'espionnage avant de rencontrer Bill, mais il adorait visiblement manipuler des microfilms. Ce genre de scène insolite était fréquent avec Bill, son enthousiasme était contagieux.

Autre caractéristique de Bill, il ne reculait jamais devant le danger. Quand le Pentagone demanda des infos sur le blindage frontal des chars soviétiques T-72, il recruta un sergent de la maintenance qui accepta de le faire entrer de nuit dans un entrepôt. Une équipe technique équipée d'une perceuse de précision à haute vitesse fut introduite sur place pour prélever un échantillon du blindage. Une autre fois, il fit en sorte qu'un officier traitant de Delhi persuade un conducteur de T-72 de passer la frontière pakistanaise au volant de son char. Ces deux opérations échouèrent (la CIA ne m'aurait pas autorisé à en parler si elles avaient réussi), mais Bill ne reculait devant rien pour accomplir ses missions.

En débarquant de l'avion de Madras, je me rendis

tout droit au bureau de Bill. Quand j'entrai, il se leva et ferma la porte.

Oh-oh, pensai-je, nous y voilà, il me renvoie à la maison.

— Eh bien ? demanda Bill.

Je bredouillai une vague excuse au sujet de Sami que j'avais essayé de ferrer trop vite, quand Bill me coupa.

— Écoute-moi, fils, je ne t'ai pas fait venir ici pour t'engueuler parce que tu as loupé un recrutement. Tout ce que je pourrais te reprocher c'est de ne pas avoir retenté le coup, en le poursuivant jusque sur sa base, si besoin était.

Avant que j'aie pu répondre quoi que ce soit, il poursuivit :

— Combien l'Oncle Sam te verse-t-il chaque année ?

— À peu près 26 000 dollars.

— Et ta formation, à combien l'estimes-tu ?

Selon la rumeur que j'avais entendue, elle se montait à 250 000 dollars.

— Très bien. Je termine l'addition, si tu veux bien : voiture de fonction, loyer, électricité, billets d'avion, déménagement, plus les heures de travail de tous ceux qui bossent pour toi au QG. On frôle le demi-million de dollars. D'après toi, l'investissement est-il rentabilisé, à l'heure actuelle ?

Je n'avais jamais réfléchi au problème en ces termes, mais en tout état de cause j'étais loin du compte. Il nous restait à clore la discussion en décidant que je serais rapatrié à Delhi pour commencer à rembourser ma dette. Bill avait apprécié mon initiative avec Sami. En me dirigeant un peu, il pensait pouvoir faire de moi un officier traitant convenable.

Deux mois plus tard, je déménageai donc à New Delhi où on m'attribua un appartement dans un quartier flambant neuf de la banlieue — un splendide F 4 certes, mais rien à voir avec mon manoir de Madras... Je n'avais que deux domestiques et plus de maison sur la plage, mais peu m'importait. Je jouais dans la cour des grands, à présent.

Dès la première semaine, Bill me tendit le dossier d'un agent.

— Tiens, me dit-il, tu vas te faire les dents sur celui-là.

Le type en question était un des meilleurs agents doubles de Delhi. Censé travailler pour le KGB, il avait accepté de retourner sa veste. Il avait fourni à l'Agence une foule d'infos remarquables sur la Centrale russe en Inde : noms des officiers traitants, cibles américaines, et même les noms de quelques agents indiens. Pourtant un doute subsistait : le KGB s'en servait peut-être pour recueillir des renseignements sur nous. Il se pouvait aussi que l'agent double renseigne simultanément les deux services. Le contre-espionnage ressemble souvent à une partie d'échecs les yeux bandés.

En fait la CIA était la cible n° 1 du KGB et les Russes nous harcelaient littéralement. Leurs responsables, exactement comme les nôtres, considéraient l'Inde comme un terrain d'entraînement hors pair. Les Soviétiques nous submergeaient de jeunes officiers ambitieux qui auraient fait n'importe quoi pour recruter un homologue de la CIA. Ils planquaient des micros dans nos appartements, nous surveillaient sans trêve et tentaient parfois un recrutement.

Et il leur arrivait de réussir, comme je devais le découvrir par la suite. Ils avaient notamment recruté un de nos agents des transmissions, le fonctionnaire chargé de faire parvenir nos rapports à Washington. Arrêter ce type aurait compromis notre source, une taupe soviétique, si bien que la CIA le laissa à son poste en le soumettant à une surveillance constante — une tâche assez ardue. Pour leurrer le traître, l'officier en charge de l'affaire devait communiquer avec le QG en utilisant un carnet de cryptage ancien modèle. Une méthode fastidieuse, puisqu'il avait à chiffrer et déchiffrer chaque message manuellement, mais la seule qui permît d'empêcher l'agent de transmission de découvrir le pot aux roses. Dans une autre affaire, une équipe de surveillance avait surpris un officier du KGB déposant un agent de transmission de l'ambassade après un rendez-vous, peu après 4 heures du matin. La seule explication possible, là encore, était un recrutement.

Paul [redacted], l'officier traitant de l'agent double était, à Delhi, le maître d'œuvre des opérations anti-KGB et une véritable mine sur la Centrale russe. Il pouvait vous citer de mémoire le nom du directeur adjoint d'une division du KGB des années 50 et toute une série de patronymes à peu près aussi obscurs sans commettre la moindre erreur.

Quand je demandai à Paul de me présenter son agent, il ouvrit son coffre et en sortit une demi-douzaine d'épais dossiers. Dix kilos de renseignements sur le type en question.

— Lisez-moi ça et revenez dans deux semaines !

C'était une des proses les plus assommantes que j'aie jamais examinées. Des centaines de rapports de l'agent double mêlés à des comptes rendus presque littéraux des rendez-vous avec celui-ci. Chaque rapport commençait par une synthèse du rendez-vous précédent, passait en revue avec un luxe de détails insupportable les personnes qu'avait rencontrées l'agent double. Quant aux discussions avec son officier traitant du KGB elles étaient retranscrites quasi littéralement. Cette minutie avait pour but de prendre l'agent double en flagrant délit de mensonge ou, au contraire, de confirmer sa bonne foi, mais l'épaisseur du dossier aurait découragé les meilleures volontés. Je me mis donc à le parcourir.

Quand je revins une semaine plus tard, les dossiers sous le bras, Paul me jeta un coup d'œil défiant.

— Vous avez remarqué que le « double » ne mentionne le nom d'Oleg Ivanovitch qu'une fois ? me lança-t-il avant même que je sois assis. Nous savons qu'Oleg est un prodige, le plus doué de leurs agents locaux. Pourquoi notre agent fait-il l'impasse sur lui ?

Je ne me souvenais même pas avoir lu le nom

d'Oleg. Paul me désigna la porte du doigt et je partis comme j'étais entré, serrant ma pile de dossiers contre moi.

Cette fois, je les dévorai. Un mois plus tard, je connaissais par cœur les prénoms, noms patronymiques et noms de famille de tous les agents soviétiques en poste à Delhi. J'avais même mémorisé leurs dates et lieux de naissance ainsi que les noms de leurs épouses. Bref, je n'ignorais plus rien de leur CV. J'avais attentivement regardé leurs photos. J'aurais pu les désigner sans hésiter dans une séance d'identification. Paul essaya de me piéger avec une autre question à tiroir. Mais je sus répondre. J'étais prêt à prendre le relais. Paul me félicita et il m'engagea à réclamer son aide chaque fois que j'en aurais besoin.

Je rencontrais le double deux fois par mois, en général après minuit, dans la vieille ville. À cette heure où les rues sont désertes, on repérait aisément un guetteur de l'IB qu'il fût en *dhoti*[1] ou en costume trois pièces. Et les voitures de surveillance de l'IB pouvaient difficilement se cacher. Je roulais pendant environ deux heures tout en interrogeant l'agent. De temps à autre, je m'arrêtais pour prendre des notes. Après le rendez-vous, je rentrais chez moi dormir quelques heures. Le lendemain matin, je me mettais à ma machine à écrire et je tapais un rapport aussi détaillé et fastidieux que tous les précédents. J'ai dû ajouter environ deux volumes au dossier de l'agent double.

Mais une fois le rapport écrit, le travail n'était pas terminé pour autant. Il fallait encore recouper les informations fournies. Un jour, je demandai à l'agent de me fournir les coordonnées d'Oleg Ivanovitch et il revint avec l'adresse personnelle dudit Oleg et le numéro de sa plaque minéralogique. Le matin suivant, très tôt, longeant l'immeuble en voiture, je constatai qu'une voiture portant le bon numéro de plaque était garée devant. Je

1. Pièce d'étoffe blanche drapée autour des hanches et repliée entre les jambes, le dhoti est le pagne traditionnel des Indiens pauvres (*N.d.T.*).

repassai quatre ou cinq fois pour m'assurer qu'il ne s'agissait pas d'une coïncidence. Une autre fois, quand le double me dit qu'Oleg était rentré à Moscou, je contactai un de nos agents de l'aéroport pour qu'il pointe la liste des passagers Aéroflot de ce jour. Le nom d'Oleg n'y figurait pas. Je demandai à l'agent de vérifier les vols Air India pour Moscou. Chou blanc. À ce point j'avais le choix entre deux hypothèses : ou bien Oleg avait voyagé sous un nom d'emprunt, ou l'agent double m'avait menti. Nous devions découvrir, plus tard, que cet agent était bien un sous-marin du KGB et non l'inverse et qu'il avait transmis à la Centrale russe des informations sur nos officiers.

Il existait une expression technique pour le travail que j'effectuais : « construction de matrices », formule absconse désignant un élémentaire travail de détective. Il s'agissait simplement de passer au crible les suppositions, on-dit, informations peu sûres et autres intuitions pour dégager les faits, rien que les faits. Si ténus fussent-ils, c'étaient les seules bases sur lesquelles s'appuyer — un rappel indispensable pour qui entend travailler aujourd'hui dans un service de renseignements comme la CIA.

Je dirigeais l'agent double du KGB et quelques autres agents, mais je voulais toujours recruter un agent par moi-même pour commencer à rembourser ma dette.

Je décidai donc de racoler un officier de l'armée indienne. La dernière guerre indo-pakistanaise remontait à huit ans et un autre conflit menaçait d'éclater à tout moment. Qui pouvait dégénérer en conflagration nucléaire. Un officier indien devait pouvoir nous aider à anticiper.

Mais comment s'approcher assez près du troupeau pour dévoyer l'agneau ? Les officiers indiens formaient une catégorie à part. Il leur était interdit de se rendre dans les cocktails ou de s'inscrire dans des clubs fréquentés par des étrangers. Et quand ils rencontraient tout de même des étrangers, ils devaient en référer aussitôt à leur hiérarchie. La bureaucratie indienne n'était pas toujours d'une grande efficacité, mais le cloisonnement imposé par le gouvernement entre ses officiers et les étrangers était assez étanche. Je découvris cependant assez vite qu'il y avait une brèche exploitable dans cet ostracisme : les officiers indiens adoraient la chasse. Nombre d'entre eux passaient leurs week-ends et leurs vacances au Pendjab à chasser la perdrix et parfois un grand cerf indien, le nilgaut. Si je me transformais en chasseur impénitent, j'avais donc de bonnes chance de ramener quelques perdrix et, pourquoi pas ? un officier indien.

Je profitai de mon premier voyage aux États-Unis pour en rapporter un Browning calibre 12 à deux canons superposés et une caisse de cartouches. Pour ne pas me faire trop remarquer, je fis l'acquisition, dès mon retour, d'une Jeep de surplus fabriquée en Inde. C'était une copie conforme de la Willys de 1942, la star de la Seconde Guerre mondiale. Elle était dans un état exceptionnel, avec sa peinture de camouflage d'origine. Le propriétaire eut beau m'expliquer qu'elle avait été retirée de la circulation après la guerre indo-pakistanaise de 1971, je ne pus m'empêcher de la trouver très neuve d'aspect. Régler les problèmes d'immatriculation prit une éternité, mais je m'obstinai et finis par faire apposer des plaques civiles[1] sur la Jeep en me disant que personne ne les remarquerait. Et je m'arrangeai pour me faire inviter à une partie de chasse à la perdrix.

À 9 heures du matin le soleil était déjà haut dans le ciel et l'herbe bien sèche. Pour faire envoler les perdrix des blés mûrs où elles nichaient, des rabatteurs avançaient en rang dans les champs et cinglaient les tiges avec de longues verges en criant « *Titah, titah* », « perdrix » en hindi. En milieu d'après-midi on en avait déjà tiré une bonne centaine. Et le soir, assis autour d'un bon

1. Non diplomatiques (*N.d.T.*).

feu de camp dans le jardin de la propriété, le cuisinier nous en a rôti une douzaine pour le dîner.

Lors de mon quatrième voyage au Pendjab, je fis la rencontre d'un Sikh âgé d'environ trente-cinq ans, le commandant Singh. C'était le cousin du propriétaire du domaine. Estimant qu'il valait mieux m'en tenir pour le moment à la chasse, j'évitai d'aborder des sujets délicats et je ne lui proposai pas non plus de second rendez-vous. Après tout, il me suffirait de revenir à la ferme pour le rencontrer.

Le samedi suivant, je m'inscrivis donc à une nouvelle partie de chasse. Comme je m'y attendais, Singh était là. À l'instar de la plupart des officiers indiens, c'était un tireur hors pair. Je ne me souviens pas l'avoir vu manquer une seule cible. À la fin de la journée, quand on était à court de munitions, il ne tirait que s'il avait une chance de toucher deux oiseaux se croisant. Même dans ce cas, il loupait rarement son coup. Ce soir-là, autour du feu, nous parlâmes plusieurs heures de l'Inde et des États-Unis. Singh adorait l'Amérique. Il était d'ailleurs convaincu que l'Inde avait fait fausse route en s'alliant avec l'URSS. Cette position tenait à des raisons idéologiques et à la piètre estime qu'il nourrissait pour les matériels militaires soviétiques, très inférieurs aux nôtres. Son désir secret, m'avoua-t-il, était d'intégrer l'École supérieure de guerre américaine. Nous discutâmes, Singh et moi, jusqu'à une heure avancée de la nuit. Cet automne, il ne se passa presque pas de week-end sans que nous chassions ensemble. Il me parut donc assez naturel, pour sceller notre nouvelle amitié, de lui acheter un fusil italien, à l'occasion d'un voyage à l'étranger, une arme magnifique introuvable en Inde. Quand je lui apportai, quelques semaines plus tard, il me serra dans ses bras. À notre rendez-vous suivant, il fit mine de me rembourser, mais je refusai en lui expliquant que c'était un cadeau et que je ne pouvais pas accepter d'argent. Il renâcla un peu avant de se laisser finalement convaincre. J'avais ferré mon poisson.

Mais je le voyais souvent et je ne voulais surtout

pas éveiller les soupçons. Aussi décidai-je de l'emmener chasser en semaine — on trouvait aussi de bonnes chasses à proximité de Delhi.

Un soir que nous rentrions d'une partie de chasse par une petite route de campagne, pour éviter les bouchons de l'autoroute qui relie Calcutta à Delhi (et se poursuit jusqu'à Kaboul...), Singh me cria soudain « Stop ! ». Je pensai d'abord à un obstacle que je n'avais pas vu, sur la route, mais à peine avais-je arrêté la voiture que mon ami se précipitait dehors, traversait la route en courant, armait son fusil tout neuf, et sautait par-dessus un muret de pierre. Deux minutes plus tard, j'entendis un coup de feu. Et quelques instants plus tard, je vis Singh jeter un paon mort par-dessus le muret. Il se préparait à sauter lui-même ledit muret quand une demi-douzaine de gardes équipés d'armes automatiques se rua sur lui.

Je restai dans la voiture pendant que Singh entama une discussion animée avec eux. Ils jetaient de temps à autre des coups d'œil vers la voiture et j'étais dans mes petits souliers à l'idée qu'ils demandent à voir mes papiers. D'autant que, depuis quelques semaines, je soupçonnais que la Jeep avait été volée, auquel cas Singh et moi aurions été arrêtés sur-le-champ. Heureusement il faisait trop noir pour qu'ils découvrent que je n'étais pas indien ou que les plaques de la Jeep n'étaient ni militaires ni diplomatiques. Comme Singh portait son uniforme de colonel, ils devaient penser que nous appartenions tous deux à l'armée.

Singh tendit finalement le paon à l'un des hommes armés et revint sur ses pas en souriant d'un air penaud.

— Ce domaine appartient à Indira Gandhi ! s'exclama-t-il alors que nous démarrions.

Non seulement Singh s'était aventuré sur le domaine du Premier ministre de l'époque, mais il avait tué un oiseau national indien — une infraction au moins aussi grave. Quant à moi, on ne m'avait pas appris à gérer ce genre de situations inattendues à la Ferme.

Plus je voyais Singh, plus j'avais l'impression qu'il

était prêt à changer de camp. Un week-end, je persuadai Bill de m'accompagner à la chasse, histoire d'avoir son opinion sur la question.

Bill et Singh s'entendirent comme larrons en foire. Et le lendemain, Bill me convainquit qu'il était temps d'abattre mes cartes. Je lui demandai d'être présent au rendez-vous crucial.

Dès qu'il entra dans la pièce, Singh comprit qu'il y avait anguille sous roche. Mais il garda son éternel sourire. Nous étions tous amis, après tout. Je lui apportai une bière et lui servit un boniment qui ressemblait beaucoup à celui auquel Sami avait eu droit. Il y était beaucoup question de la vieille amitié américano-indienne.

Bill me coupa.

— Commandant, pas la peine de tourner autour du pot. Bob et moi travaillons pour la CIA.

Maintenant que la grenade était dégoupillée, c'était à moi de poursuivre. Je demandai à Singh s'il accepterait de travailler pour l'Agence. Il blêmit. Je crus pendant quelques instants qu'il allait se lever et partir. Mais il se ravisa ; sans doute s'était-il rappelé qu'il avait enfreint le règlement en n'avouant pas à sa hiérarchie qu'il fréquentait un étranger, lequel, circonstance aggravante, lui avait fait cadeau d'un fusil de prix : il était déjà mouillé jusqu'au cou. Après m'avoir laissé finir mon speech, il hésita et demanda un délai de réflexion.

Le commandant Singh déclina finalement notre proposition, mais cette tentative de recrutement m'encouragea beaucoup à persévérer. Lui et moi restâmes d'ailleurs bons amis. Et bientôt, le recrutement d'agents devint pour moi un acte aussi anodin que de commander une pizza par téléphone.

En la matière, l'essentiel est d'être à l'écoute des problèmes de votre interlocuteur. Il a des soucis d'argent, un patron épouvantable, des désirs secrets, des affinités idéologiques que vous n'aviez pas soupçonnées au départ... autant de failles qui amènent de petites compromissions, lesquelles en entraînent à leur tour de plus grandes. Il me fallut un certain temps, mais le prédateur en moi apprit à scruter les recoins obscurs de l'âme humaine et à se servir de ce qu'il entrevoyait pour éloigner du troupeau les agneaux qu'il avait ciblés. Petit à petit. Vers la fin de ma carrière, je ne ratais jamais un recrutement.

Pendant l'essentiel de mon séjour à Delhi j'eus la chance d'échapper à la surveillance de l'IB qui ne s'intéressait à moi que sporadiquement. Cette négligence était un atout précieux parce qu'en plus de la taupe dont j'avais hérité et de mes efforts pour recruter Singh, j'avais cinq autres agents à diriger. J'en rencontrais un tous les deux ou trois soirs, un rythme élevé dans un environnement hostile comme celui de l'Inde prosoviétique.

Un soir d'août, ma baraka faillit bien m'abandonner. Après une semaine de mousson, les routes de Delhi, complètement inondées, étaient impraticables et la météo semblait avoir décidé de contrarier l'organisation de mes rendez-vous. Au moins, depuis ma mésaventure de Madras, avais-je appris à éviter les zones basses. De plus, ce soir-là, l'entrevue devait être brève. Quelques mots à échanger contre quelques billets de banque, après quoi il ne me resterait qu'à déposer mon contact dans la première ruelle obscure venue. Tel était *grosso modo* mon programme.

En l'apercevant au coin de rue où je devais le prendre, je remarquai aussitôt l'épais sac de toile qu'il portait en bandoulière. Il monta dans la voiture et je démarrai illico. Il respirait bruyamment, comme s'il avait couru.

— Les manuels du char T-72 ! fit-il en montrant le sac.

— Quoi ? m'exclamai-je, presque certain d'avoir mal entendu.

Il répéta la phrase magique, le visage fendu d'un sourire triomphant.

Les manuels du T-72 étaient, à l'époque, un peu le Saint Graal de la CIA. Nous courions après depuis des années comme s'ils devaient nous ouvrir les portes du royaume de la connaissance. Mon cœur se mit à cogner très fort, surtout quand l'agent ajouta que nous devions les avoir rapportés d'ici deux heures. Le sergent qui les avait empruntés devait les rendre avant la fin de son service. On n'avait pas le temps de passer les copier au bureau et de prévoir un itinéraire de contre-surveillance sûr. En plus, à cette heure, New Delhi grouillait d'agents de l'IB. Mais c'était ce soir ou jamais.

Je n'avais pas le choix. Je pilai et j'éjectai l'agent hors de la voiture en lui fixant rendez-vous deux heures plus tard au Delhi's Gymkhana Club derrière la maison d'hôtes numéro 3. L'agent me jeta un regard hébété. Je lui criai : *Ou bien tu me retrouves dans les buissons derrière cette foutue maison d'hôtes numéro 3 ou tu ne reverras pas tes manuels !* et j'appuyai sur le champignon, l'arrosant de gravillons au passage.

En arrivant au bureau, j'appelai le technicien. Il s'attela à une photocopieuse et moi à l'autre. Comme de juste, nous eûmes droit aux bourrages à répétition et à l'inévitable panne de toner. Bien entendu, les recharges étaient enfermées dans un placard dont ni lui ni moi n'avions la clé. Bref, le technicien dut forer la serrure pour l'ouvrir. Une fois fini notre boulot, il me restait exactement dix-sept minutes pour arriver au Gymkhana Club.

En traversant le premier rond-point, j'aperçus une voiture allumer ses phares et démarrer derrière moi. Bientôt suivie d'une seconde. Un coup d'œil à ma montre m'apprit qu'il me restait six minutes avant mon rendez-vous. En temps normal, je m'en serais débarrassé par quelques manœuvres adéquates dans les rues de la ville. Tôt ou tard, ils se seraient trahis. Mais je n'avais pas une seconde à perdre.

Je pris donc la grande avenue, laquelle était complètement embouteillée. Impossible de dire si les deux voitures me suivaient encore ou non. Trop de points lumineux dans le rétroviseur.

À environ 800 mètres du Gymkhana, je coupai par un raccourci que j'avais déjà pratiqué des centaines de fois — une rue que très peu de voitures empruntaient le soir. J'accélérai à fond après avoir tourné le coin. Personne ne conduisait aussi vite dans les ruelles de Delhi. Mes pisteurs allaient devoir se trahir. Je gardais les yeux rivés au rétro.

Soudain, en regardant de nouveau devant moi, j'aperçus une énorme vache au milieu de la chaussée. Je compris aussitôt que si j'appuyais sur les freins, j'allais déraper et la heurter. Il ne me restait qu'à la contourner. Il faut savoir qu'en Inde les vaches sacrées sont complètement imprévisibles ; quand elles paniquent, elles peuvent partir droit devant ou au contraire se retourner et foncer dans l'autre sens. Jouant le tout pour le tout, je choisis de passer derrière la vache. Je dus la frôler à environ cinq centimètres. La roue avant droite rebondit dans un nid de poule inondé et j'entendis l'essieu racler le macadam. La voiture partit en tête-à-queue, je ne sais par quel miracle elle ne se retourna pas. Une fois arrêté, je jetai un nouveau coup d'œil dans le rétro. La vache s'était enfuie mais il y avait maintenant au moins trois paires de phares. Ce ne pouvait être que les types de l'IB. Et ils gagnaient du terrain.

Je savais que j'avais enfreint toutes les règles. La dernière chose à faire quand vous faites l'objet d'une surveillance c'est d'aiguiser la curiosité de l'adversaire. Mais je n'avais pas le choix. Soit je rendais les manuels, et il ne me restait plus que trois minutes. Soit je renonçais avec double conséquence que le sergent à qui je devais ce scoop était arrêté et que mon réseau d'informateurs risquait d'en pâtir sérieusement.

En arrivant à la hauteur des portes du club, je comptai cinq paires de phares dans le rétro. Ils me suivirent à la queue leu leu dans l'allée principale. Le plus proche n'était qu'à trois mètres derrière moi. L'allée s'interrompait assez vite mais je continuai à rouler sur un chemin couvert de graviers entre deux courts de tennis. Comme je le prévoyais, ils n'hésitèrent pas longtemps à me suivre. Les cinq véhicules stoppèrent devant le bâtiment principal du club et les agents de l'IB me pistèrent au pas de course. Je pilai, fourrai le sac de toile contenant les manuels dans un sac de sport, et plongeai entre deux tamariniers. J'entendis des bruits de pas précipités derrière moi. En arrivant à la haie qui bordait la maison d'hôtes numéro 3, j'aperçus une silhouette derrière un buisson. C'était mon agent, à l'emplacement exact où je lui avais demandé de m'attendre. Sans m'arrêter, je sortis le sac de toile du sac de sport et je le projetai, en un éclair, en direction de la haie. Je vis, du coin de l'œil, l'agent ramasser le sac et s'éclipser.

Ce ne fut qu'en arrivant au bar du club que je ralentis l'allure. L'endroit était vide, hormis un gentleman indien distingué en costume trois pièces assis sur un tabouret, absorbé dans la lecture de son journal. Je m'assis sur le tabouret voisin. Sans dire un mot, je hélai un serveur et commandai deux doubles scotches secs sans glaçons pour mon voisin et moi. Et quand, pour tromper mes poursuivants, je m'adressai à lui avec une familiarité forcée, le vieux gentleman me répondit comme s'il avait passé la soirée à m'attendre !

Un coup d'œil vers la porte du fond m'avertit que deux de mes surveillants étaient arrivés. Ils examinaient alternativement mon sac de sport, le vieux gentleman et moi. En fait, très vite leur intérêt se concentra sur mon voisin de bar. Pourquoi étais-je donc si pressé de le retrouver ? Quand ils se décidèrent à l'interroger, l'agent avait vidé les lieux depuis un bon moment et le manuel devait avoir été rendu au sergent.

Rien de plus exaltant que de gagner un pari perdu d'avance ! Du coup, je commandai un second whisky pour mon nouvel ami.

Après trois ans passés en Inde, je me faisais l'effet d'un artisan finissant son apprentissage ; au fait des outils et tours de main de mon métier, j'étais devenu capable de me débrouiller seul. Il me restait encore à acquérir une spécialisation. Je demandai à étudier le mandarin mais avant même de recevoir une réponse de la division Extrême-Orient, la division Proche-Orient me proposa de suivre son cours d'arabe de deux ans. J'ignorais presque tout de cette région, ce qui ne m'empêcha pas d'accepter sans hésitation. Après avoir fait mes premières armes sur un bon terrain de manœuvres, j'avais envie de flirter avec la vraie guerre.

Deuxième partie

Sur le terrain

6

L'épreuve du feu. 18 avril 1983. Beyrouth, Liban

Une camionnette pick-up GMC, d'un modèle récent mais la suspension fatiguée, s'arrêta sur le bord de la route en corniche qui longe Beyrouth, juste après la carcasse calcinée de l'Hôtel Saint-Georges. Le chauffeur laissa tourner le moteur en surveillant les voitures qui arrivaient en face.

Personne ne faisait attention à ce pick-up cabossé. Pour la majorité des Libanais, la guerre civile était terminée. L'armée israélienne, qui avait envahi le Liban pour en chasser les groupes palestiniens, s'était déjà retirée largement au sud de la capitale et se préparait à descendre encore plus bas. Et les Palestiniens, qui avaient pris possession des rues de Beyrouth dès le début de la guerre en avril 1975, avaient évacué la ville pour s'installer à Tripoli, au nord du pays. C'étaient maintenant les troupes américaines, britanniques et françaises de la Force multinationale qui patrouillaient à leur place. Et les Libanais, pourtant méfiants à l'égard des étrangers qu'ils rendaient responsables de tous leurs problèmes, ne cachaient pas leur soulagement de voir les blindés français sillonner Hamra, le quartier d'affaires du centre de Beyrouth. Tout en refusant de l'admettre, ils n'étaient pas mécontents non plus des marines américains qui gardaient l'aéroport, en gilet pare-balles et M-16 en bandoulière. Si ce n'était pas encore la paix véritable, du moins les Libanais ne l'avaient-ils jamais sentie aussi proche.

Tout respirait un optimisme neuf. Ceux qui avaient fui la guerre civile commençaient à rentrer au pays, de l'argent plein les poches, prêts à reconstruire leur capitale, autrefois la plus européenne et la plus moderne des villes arabes. Six mois après l'invasion israélienne, Beyrouth était devenu un immense chantier montant à l'assaut des montagnes environnantes. Les immeubles qui ne pouvaient être repeints ou rafistolés étaient démolis puis entièrement reconstruits. Presque toutes les rues étaient encombrées de grues, d'échafaudages, de marteaux-piqueurs et d'ouvriers travaillant jour et nuit. Si bien qu'un pick-up mal garé n'avait rien qui pût attirer l'attention des automobilistes ou des promeneurs du quartier.

À 12 h 43, le chauffeur de la camionnette aperçut en face de la mosquée d'Aïn El-Mreissé une vieille Mercedes verte qui débouchait d'un virage et slalomait entre les files de voitures. Il reconnut les deux hommes assis à l'avant ; il les avait quittés quelques heures plus tôt, après une dernière réunion de mise au point. Il attendit les trois appels de phares — signal que le site de l'opération était dégagé — et démarra en trombe, en tâchant de se frayer un passage dans la circulation. Il évita de justesse un tombereau d'ordures et enfila la corniche en direction d'Aïn El-Mreissé. Sur sa droite, les promeneurs flânaient sur l'esplanade qui surplombe la mer d'un bleu métallique sous le soleil de midi. Mais le chauffeur ne la regardait pas plus que les immeubles de luxe qui s'étageaient à flanc de colline sur sa gauche. Son regard restait rivé sur la voiture qui le précédait. Le groupe n'avait commis qu'une erreur. Il avait oublié les embouteillages, pourtant habituels à l'heure du déjeuner.

En approchant de l'ambassade des États-Unis, il

ralentit, à l'affût d'une brèche dans la file de voitures qui roulaient en sens inverse. Derrière lui, un furieux concert de klaxons le sommait d'accélérer. Il repéra un intervalle suffisant entre deux voitures et braqua brusquement sur la gauche, évitant de justesse la voiture d'une jeune femme qui ramenait ses deux enfants de l'école.

Pied au plancher, il lança sa camionnette en direction de l'allée couverte en demi-lune qui conduisait à l'entrée de l'ambassade. Il y pénétra à une telle vitesse que les gardes n'eurent pas le temps de faire feu. Ils avaient si souvent assisté à des scènes semblables qu'ils comprirent aussitôt ce qui se passait et se jetèrent à plat ventre par terre en recommandant leur âme à Dieu.

Le pick-up heurta au passage l'un des bâtiments latéraux, mais il continua de foncer et escalada en trombe l'escalier menant au hall d'entrée. L'explosion se produisit à l'instant précis où la camionnette s'écrasa contre la porte, très exactement à 13 h 03, heure locale, d'après la déclaration officielle du Département d'État. Le souffle fut gigantesque, même à l'échelle de ce que Beyrouth avait déjà connu, et les vitres de tous les immeubles furent brisées à des kilomètres à la ronde. L'onde de choc atteignit même le croiseur américain *Guadalcanal*, qui mouillait à 8 kilomètres de la côte. Quant à l'immeuble de l'ambassade, ses sept étages furent projetés à plus de 100 mètres au-dessus du sol avant de retomber en un énorme nuage où se mêlaient corps, gravats, débris de mobilier et papiers déchirés. Le rez-de-chaussée fut réduit en poussière. L'épaisse vitre de Plexiglas qui protégeait le premier poste de garde implosa sous le souffle qui se propageait à plus de 800 mètres/seconde et le jeune marine qu'il abritait fut totalement désintégré. On ne retrouva que les boutons de cuivre fondus de son uniforme.

63 personnes, dont 17 Américains, périrent dans cet attentat, le plus meurtrier perpétré contre les États-Unis à cette date, mais ce fut la CIA qui paya le plus lourd tribut : six officiers, le chef de station, son adjoint et la

femme de ce dernier, dont c'était le premier jour d'entrée en fonction, furent tués. Bob Aimes, responsable du Proche-Orient au siège de Langley, en visite à Beyrouth pour quelques jours, disparut également. On retrouva une de ses mains, identifiée par son alliance, flottant sur les vagues à plus d'un kilomètre au large. La CIA ne devait jamais se remettre tout à fait de cette tragédie.

Vingt-quatre heures plus tard, Beyrouth grouillait d'enquêteurs de la CIA et du FBI. Le problème était qu'il ne restait à peu près rien à examiner. Le corps du chauffeur du pick-up avait été entièrement désintégré par l'explosion. On ne trouva aucune trace du détonateur, d'où l'hypothèse qu'il contenait lui-même une petite quantité d'explosif destiné à sa propre destruction. Dans les attentats terroristes, les détonateurs ont souvent valeur de signature.

Le mystère s'épaissit encore lorsque les experts s'avérèrent incapables de prélever la moindre trace d'explosif dans les décombres de l'ambassade. Semtex[1], RDX[2], ou C-4[3] ? Ils finirent par déceler quelques traces de PETN[4], mais comme la plupart des explosifs militaires en contiennent, cela ne leur donna aucun renseignement sur la composition de la bombe. Ils forgèrent alors une explication plausible : l'explosif principal avait été enveloppé de réservoirs d'acétylène à moitié pleins, qui n'avaient pas seulement servi à augmenter la force de la charge — par effet de fragmentation — mais aussi à faire totalement disparaître le dispositif, ainsi que le corps du chauffeur kamikaze. Quant au pick-up, le FBI finit par retrouver un morceau du châssis, avec son

---

1. Semtex : Plastic fabriqué en Tchécoslovaquie, pratiquement indétectable, explosif favori des terroristes (*N.d.T.*).
2. RDX : Initiales de Research Department Explosive, c'est-à-dire Cyclotriméthylène (*N.d.T.*).
3. C-4 : Plastic fabriqué aux États-Unis, équivalent du Semtex (*N.d.T.*).
4. PETN : Tétranite de pentaérythrol (*N.d.T.*).

numéro de série. On identifia le premier acheteur, un Texan. Par la suite, quelqu'un avait fait expédier la camionnette par bateau jusque dans le Golfe, mais la piste s'arrêtait là. Impossible de savoir qui l'avait acheminée à Beyrouth, ni comment.

Les recherches des services de renseignements libanais et celles de la CIA s'avérèrent tout aussi infructueuses. Les enquêteurs locaux conclurent que le chauffeur appartenait à la communauté chiite, traditionnellement plus disposée aux attentats suicide. Les agents libanais écumèrent les banlieues sud de Beyrouth et la vallée de la Bekaa, où se concentraient les éléments les plus radicaux de cette communauté, mais ils n'y trouvèrent ni la moindre piste ni la moindre rumeur. Ceux de la CIA n'eurent pas plus de chance.

L'attentat fut revendiqué par trois groupes terroristes, dont même la CIA n'était pas certaine qu'ils existaient réellement. Les trois appels téléphoniques pouvaient d'ailleurs très bien être des leurres. Les Libanais procédèrent à une dizaine d'arrestations, qui ressemblaient fort à une rafle des « suspects habituels », destinée à donner l'impression que c'étaient eux qui menaient l'enquête.

Les terroristes avaient frappé un coup de maître.

J'étais à l'époque en stage à Tunis, où j'apprenais l'arabe. La nouvelle de l'attentat me fit l'effet d'une détonation supersonique. Professeurs ou étudiants, nous connaissions tous quelqu'un à l'ambassade de Beyrouth. Je n'oublierai jamais les sanglots incontrôlables de Khaldiyah, une femme qui y avait travaillé de nombreuses années.

Je pensais que c'était l'œuvre d'un groupe de Palestiniens radicaux, et qu'on mettrait la main sur eux en quelques semaines ; j'avais tort. Je ne pouvais imaginer que le mystère ne serait jamais éclairci, ni qu'il deviendrait pour moi une véritable obsession — mais le ver était déjà dans le fruit.

J'étais allé à Beyrouth quelques mois avant l'attentat. J'avais discuté avec la plupart de nos agents sur place, et en particulier avec le directeur et son adjoint. Je les revois encore aujourd'hui, assis devant leur bureau, et je les imagine en train de se désagréger. Je reste hanté par le mystère de l'identité des assassins et par le souvenir de leurs victimes. (Je dois ici préciser que mon compte rendu de l'attentat résulte de faits, de rumeurs qui ont couru à l'époque, de bribes de renseignements rassemblées depuis, et de spéculations issues de vingt années de recherches).

Quatre mois après l'attentat, j'avais terminé mes deux années de formation en arabe et je quittai Tunis pour [redacted], un poste du Proche-Orient relativement petit mais d'un grand intérêt pour l'Agence, et dont les rapports étaient suivis de très près par Washington. Je bénéficiais sur place d'un agent hors pair, qui nous fournissait de nombreux renseignements de première main. Les cibles étaient de première importance et la surveillance des services de renseignements locaux, surtout après mon entraînement intensif de New Delhi, était facile à déjouer. J'étais ravi de retrouver le travail de terrain et de gestion des agents, et de pouvoir pratiquer l'arabe, ce dont j'avais grandement besoin. Après deux ans d'apprentissage, j'étais encore loin de parler la langue avec aisance. Il me faudrait encore des années de pratique pour la maîtriser.

Avec mon chef, John [redacted], les choses démarrèrent assez bien, mais je ne fus pas long à déchanter. Rien à voir avec Bill. Maigre, affligé de tics nerveux, il ne quittait jamais son costume bien repassé, ni ses Richelieu toujours impeccablement astiquées, en semaine comme le week-end. Je me serais accommodé sans problème de son déguisement de haut fonctionnaire des Affaires étrangères, mais je trouvais plus difficile à digérer la mentalité de petit comptable frileux qui allait avec. Il refusait systématiquement de prendre le moindre risque, estimant que ce qui pouvait arriver de pire à un officier traitant, c'était de se faire prendre en train de recruter un agent.

Fort peu soucieux du renseignement lui-même, John se montrait en revanche d'une ponctualité imbattable dans l'expédition de ses rapports d'étapes au siège de l'Agence. L'approche de ces échéances le plongeait dans une fébrilité risible. Chaque fois que Langley demandait un rapport, fût-ce le plus insignifiant, il nous faisait interrompre nos activités pour pouvoir l'envoyer une semaine à l'avance et devancer ainsi tous les autres bureaux de la région. Il se mettait en rage lorsque je lui rendais mes comptes rendus avec un retard que j'estimais justifié par celui qu'il mettait à me verser mon salaire. Nous allions tout droit vers un affrontement ouvert, qui éclata le jour où je projetai d'installer des micros dans une cache de terroristes que je venais de repérer.

Lorsque j'avais commencé à apprendre l'arabe à Washington, j'avais sympathisé avec un étudiant palestinien qui, bien sûr, ignorait que je travaillais pour la CIA. Il m'aidait dans sa langue et moi dans la mienne. Nous écumions ensemble les bars de Georgetown et il m'initiait à la cuisine arabe. Ma contribution à la rédaction du mémoire qui lui permit d'obtenir une bourse de fin d'études scella notre amitié pour de bon. En apprenant ma nouvelle nomination, il m'avait confié qu'un de ses frères — appelons-le Khaled — habitait la ville où je devais séjourner. Il m'avait donné son adresse et son numéro de téléphone, ajoutant d'un air sibyllin qu'il pourrait m'aider si j'avais des problèmes de « sécurité ».

Peu après mon arrivée, j'appelai Khaled qui accepta aussitôt de me rencontrer. Je compris assez vite qu'il appartenait à un groupe terroriste palestinien. Il savait aussi bien que moi qu'il risquait sa peau s'il se faisait surprendre en compagnie d'un officier de la CIA, mais la loyauté envers son frère était la plus forte. C'est une des premières leçons que j'appris sur le Proche-Orient : on ne recrute pas un individu, mais une famille, un clan, une tribu.

Un soir que nous roulions en voiture — nos rencontres étaient devenues clandestines —, je trouvai Khaled particulièrement silencieux, malgré le large sourire dont il ne se défaisait jamais. Incapable de se contenir plus longtemps, il finit par lâcher son info. Il venait de découvrir en ville le bureau secret d'Abou Nidal qui préparait, selon lui, des opérations terroristes.

Son excitation était bien compréhensible. Abou Nidal figurait au hit-parade des cibles de la CIA. Ce tueur impitoyable était responsable de l'assassinat de l'ambassadeur israélien à Londres, qui avait provoqué l'invasion du Liban par Israël le 6 juin 1982, manquant faire basculer tout le Proche-Orient dans la guerre. Nous savions tous qu'il était prêt à recommencer à la première occasion.

En descendant de ma voiture, Khaled me tendit un bout de papier où figurait l'adresse du bureau clandestin d'Abou Nidal. Dès le lendemain, sans en souffler mot à John, j'allai me promener dans le quartier pour vérifier. Dans le hall d'entrée sombre d'un immeuble anonyme de trois étages, un garde était posté, pistolet-mitrailleur à l'épaule, à peine visible de la rue. Comme rien ne signalait qu'il s'agissait d'un bâtiment officiel, ce qui aurait justifié la présence d'un garde, je me dis qu'il y avait de bonnes chances pour que Khaled ne m'ait pas raconté d'histoires.

L'immeuble était flanqué de deux bâtiments semblables. Si l'on pouvait pénétrer dans un appartement situé dans l'un des deux, au même étage que le bureau d'Abou Nidal, il suffirait de percer un trou dans le mur mitoyen avec une perceuse silencieuse, et d'insérer un micro dans le trou en question. En veillant à ce que le trou ne soit pas assez profond pour être visible de l'autre côté, l'opération paraissait extrêmement simple. À la limite, on aurait même pu écouter ce qui se disait avec un accéléromètre ou un micro collé au mur.

John écarquilla les yeux en m'entendant lui décrire mon plan. Il ne me laissa même pas terminer :

— Le Département d'État ne donnera jamais son accord !

— Mais en quoi cela les regarde-t-il ? répondis-je, pensant qu'il n'avait pas bien compris. On demande à un agent de louer un appartement dans l'un des deux immeubles mitoyens, et on envoie une équipe de techniciens qui percent le trou et posent le micro. Ensuite, on croise les doigts jusqu'à ce qu'on ait nos infos.

— Mon pauvre Bob, nous avançons en terrain miné. Ce pays représente pour les États-Unis un gros enjeu, qu'il n'est pas question de mettre en péril par une entreprise hasardeuse. Un seul faux-pas de notre part, et le processus de paix tombe à l'eau.

Il estimait visiblement que je devais être capable de comprendre tout seul les nuances politiques de la situation. J'étais à deux doigts de laisser tomber, lorsqu'il commit l'erreur de chercher à m'amadouer avec une des niaiseries dont il avait le secret :

— Vous savez, Bob, il y a de quoi faire du très bon boulot avec des cibles moins chaudes. C'est bientôt la fête nationale australienne. Pourquoi n'essayeriez-vous pas de vous dégotter une invitation ?

— Vous vous fichez de moi ? Qui voulez-vous que je rencontre d'intéressant à l'ambassade d'Australie ?

Il se pencha vers le tiroir de son bureau, en sortit un chiffon et entreprit de faire reluire ses chères Richelieu. Je savais que ce rituel obsessionnel signalait la fin de notre entretien.

Si j'avais compris à ce moment-là que John symbolisait le service de renseignements sourd, aveugle et impuissant que Washington était en train de nous concocter, est-ce que j'aurais demandé tout de suite ma mutation ? Je ne crois pas. Et d'abord parce que l'attentat contre l'ambassade de Beyrouth n'avait pas fini de m'intriguer.

Officiellement, l'enquête suivait son cours. Officieusement, elle était enterrée. Aucun nouvel indice n'avait fait surface depuis les arrestations fantoches de la police libanaise. Les experts avaient scellé leurs sachets de pièces à conviction, et ratissé sans résultat les principales pistes — notamment celle du pick-up. Ils étaient rentrés aux États-Unis rédiger leurs rapports, laissant le département d'État et la CIA poursuivre les recherches sur le terrain. L'Agence enregistra un sérieux revers lorsque les enquêteurs libanais battirent à mort un de leurs suspects. Le bruit courut qu'un officier de la CIA avait assisté à l'interrogatoire sans rien faire pour arrêter la torture. Vraie ou fausse, cette rumeur mit fin à la coopération libano-américaine.

Les Libanais continuèrent seuls, mais ils ne parvinrent pas plus que le FBI à identifier le chauffeur de la camionnette, ni la nature des explosifs. Six mois après l'attentat, ils publièrent un rapport ni fait ni à faire, un ramassis d'accusations aux motivations purement politiques, qui mettait dans le même sac tous les ennemis du président Amine Gemayel : la Syrie, l'Iran, le Fatah de Yasser Arafat et trois autres groupes palestiniens. On essayait même d'y compromettre l'un des rivaux chrétiens de Gemayel, le tout sans aucune preuve pour étayer ces conclusions. Personne, d'ailleurs, ne prêta la moindre attention à ce rapport.

La Maison-Blanche et le Département d'État avaient, au Liban, d'autres sujets de préoccupation. Ni le retrait des troupes israéliennes de Beyrouth en 1982, ni l'arrivée de la Force multinationale sous commandement américain quelques mois après — ni même l'accord de paix négocié par Washington et signé le 17 mai 1983 par le Liban et Israël —, rien de tout cela ne levait un obstacle fondamental : le Liban n'avait pas de gouvernement digne de ce nom. Après le départ des Israéliens et l'arrivée des Syriens, les derniers vestiges de l'autorité centrale avaient achevé de fondre comme neige au soleil. On courait à la catastrophe.

Les soldats de la Force multinationale étaient victimes d'attaques de plus en plus fréquentes. Il ne s'agissait au début que d'embuscades et d'actes de francs-tireurs isolés, jusqu'à ce que le 23 octobre 1983 — six mois et cinq jours après l'attentat —, les États-Unis essuient la plus grosse perte militaire jamais enregistrée en temps de paix. Un camion suicide bourré d'explosifs était allé s'écraser contre un bâtiment converti en caserne par les marines, tuant 241 hommes. Un attentat du même type avait fait 58 victimes chez les soldats français. L'administration Reagan transféra ses troupes sur les navires américains mouillant au large des côtes libanaises, avant de les rapatrier. En décembre 1983, les États-Unis ne faisaient même plus semblant de chercher à faire respecter l'accord du 17 mai. Cette situation trouva son dénouement logique le 6 février 1984, avec l'effondrement du gouvernement libanais et la prise de Beyrouth-Ouest par une coalition disparate de milices musulmanes. La moitié de la capitale était devenue une terre de non-droit. Et Beyrouth — comme d'ailleurs le Liban tout entier — allait devenir un lieu de séjour très dangereux.

À Washington, l'entourage de Reagan reconnaissait tacitement qu'il ne servait à rien de demander aux Libanais de rouvrir l'enquête. Près d'un an après, on n'en savait toujours pas plus sur les auteurs de l'attentat, qui semblaient s'être volatilisés pour de bon.

Assis à mon bureau, quatre jours après l'explosion de la caserne américaine, je regardais par la fenêtre en pensant à tout cela. Les enquêtes officielles ne donnaient guère plus de résultats que pour l'attentat contre l'ambassade, mais dans les milieux du renseignement, le bouche-à-oreille allait bon train, faisant courir toutes sortes de rumeurs sur les deux attentats.

À 13 heures, il faisait anormalement chaud pour la saison. Les gens avaient déserté les rues pour déjeuner et faire une sieste. Ils ne ressortiraient qu'en fin d'après-midi, à la fraîche. Le seul signe de vie venait d'une petite mosquée sur la colline d'en face, où des vieux s'étaient rassemblés devant l'arcade d'entrée de la cour intérieure. L'appel à la prière retentit. Je regardai ma montre. Trop tôt pour la prière habituelle. Enterrement ? Commémoration ? Impossible de le savoir.

Au Proche-Orient, la vie se déroule derrière de hauts murs, à l'abri du regard des inconnus et *a fortiori* des étrangers. Et il ne s'agit pas seulement de murs de pierre. Dans cette région, tout est fait pour masquer la vérité. La télévision et les journaux ne donnent pas d'informations, mais se contentent de répercuter la propagande officielle ; le journalisme d'investigation n'existe pas ; les ouvrages politiques et sociologiques sont dénués d'intérêt ; les scandales n'éclatent qu'au gré de la volonté du gouvernement. Il en va de même au niveau individuel. Les gens pensent que moins ils se livrent, mieux cela vaut. Ils ne parlent de politique qu'en termes très généraux, et n'envisagent pas que l'on puisse même évoquer le terrorisme. C'est une question qui ne concerne que l'État : exprimer une opinion ne sert qu'à vous faire mettre en prison.

Il n'était pas nécessaire d'habiter Beyrouth pour savoir quel était l'endroit le plus secret de tout le Proche-Orient ; Baalbek était devenu le chaudron infernal du terrorisme. Tous les radicaux, tous les cinglés qui pensaient pouvoir chasser Israël du Liban avaient, depuis un certain temps, ouvert boutique à Baalbek. Mais le tournant décisif avait été marqué le 21 novembre 1982. Ce jour-là, Hussein El-Moussaoui, chef du groupe islamiste Amal, s'était emparé, avec son clan, de la caserne de gendarmerie Cheikh Abdallâh. Agissant de toute évidence sur ordre de Téhéran, il avait remis les lieux aux mains des Gardiens de la révolution, les Pasdarans iraniens. L'armée syrienne, qui occupait la vallée de la Bekaa depuis 1976, n'avait pas levé le petit doigt. Le gouvernement libanais ne pouvait — ou ne voulait — rien faire non plus. Les Iraniens régnaient désormais en maîtres sur Baalbek, délivrant des sauf-conduits sans lesquels il ne fallait pas songer à entrer dans ce morceau de territoire libanais. Toutes nos sources indiquaient que les Pasdarans préparait un *Djihad* contre l'Occident.

En fait, le premier acte de guerre avait déjà eu lieu. Le 19 juillet 1982, David Dodge, président de l'université américaine de Beyrouth, avait été enlevé, séquestré et transporté par camion jusqu'à l'aéroport de Damas, où il avait été embarqué à bord d'un appareil d'Iran Air. Toute l'opération avait été orchestrée depuis Baalbek par les Pasdarans iraniens. Dodge avait passé six mois à Téhéran, avant que la Syrie — plus proche allié de l'Iran à l'époque — obtienne sa libération.

En juin 1983, deux mois avant la libération de Dodge, une de nos meilleures sources nous indiquait que l'Iran se préparait à capturer de nouveaux otages. Le chef du renseignement des Pasdarans pour le Liban, confortablement installé dans la caserne Cheikh Abdallâh, avait convoqué d'urgence un de ses contacts libanais. Il l'avait emmené dehors, à l'abri d'éventuelles écoutes, pour lui confier que l'opération Dodge était un fiasco. En faisant sortir l'otage du Liban, on avait permis aux Américains de le localiser. Pire encore, en le retenant à Téhéran, le gouvernement iranien s'était ouvertement impliqué dans le kidnapping, et n'avait maintenant plus d'autre choix que de le libérer. Mais les Iraniens n'avaient pas pour autant l'intention d'interrompre leurs enlèvements en territoire libanais. Il faudrait seulement prendre de plus grandes précautions, et opérer avec un professionnalisme qui les rende insoupçonnables. Ils demandaient aux agents libanais d'appliquer ces consignes. Le contact de Beyrouth donna son accord, et le chef des Pasdarans lui expliqua comment s'organiser — équipes de surveillance, caches pour les otages, voitures non identifiables. L'Iran se bornerait à sélectionner les victimes, à payer la facture, et à fournir son assistance par l'intermédiaire des Pasdarans de la Bekaa.

Malgré la fiabilité de ses sources dans la région, la CIA n'avait pu obtenir aucune information sur les nouvelles opérations commanditées par Téhéran. Pour savoir ce qui se passait à Baalbek, nous devions nous contenter des photos satellite en noir et blanc sur papier glacé fournies par Langley. On y voyait les bâtiments de la caserne Cheikh Abdallâh, des voitures et des camions garés dans l'enceinte, des gardes faisant les cent pas dehors, et parfois une ou deux formations militaires. Pour le reste, ce n'était qu'un gaspillage de beau papier. Comment distinguer un uniforme d'un autre à plus de 13 000 mètres d'altitude ? Sans la presse locale, nous n'aurions jamais su que les Pasdarans iraniens s'étaient emparés de la caserne.

Et surtout, jamais les photos satellite ne pourraient nous renseigner sur ce qui se passait à l'intérieur des bâtiments, et *a fortiori* dans la tête de leurs occupants. Seuls le pouvaient les témoignages des agents. Et j'étais convaincu que la seule façon d'obtenir ce type d'informations était de sortir de ce bureau où je perdais mon temps à spéculer sur ce qui se passait derrière des murs dressés pour nous cacher la vérité. Il fallait que je me rende au Liban, dans la vallée de la Bekaa, et que je me débrouille pour en approcher les habitants.

John sursauta quand je pénétrai dans son bureau. Depuis l'engueulade au sujet du bureau d'Abou Nidal, nos relations n'avaient fait qu'empirer. Je lui parlais le plus rarement possible, et seulement lorsque je tombais sur un truc intéressant. J'attaquai bille en tête :

— Et si je partais faire un tour dans la Bekaa ?

La peau de chamois sortit du tiroir. J'attendis patiemment que les chaussures resplendissent et que le chiffon retourne d'où il était venu. Enfin, la riposte :

— Tu sais que ce n'est pas notre secteur. Ça ne va pas plaire à ceux de Beyrouth.

C'était possible en effet, mais il savait aussi bien que moi que le bureau de Beyrouth n'avait plus de terrain d'action. Le personnel était muté tous les deux ou trois mois, et les officiers s'aventuraient rarement au-delà du pâté de maisons où la nouvelle ambassade avait élu domicile. Personne ne restait assez longtemps en poste pour s'offusquer qu'on piétine ses plates-bandes.

Plus John réfléchissait, plus il se rendait compte que mon idée n'était pas si mauvaise. Si je me faisais prendre, je serais expulsé, et ce n'était pas son problème. Et si j'étais expulsé suffisamment loin de lui, il n'aurait plus de problème du tout. Malgré sa pusillanimité, il réalisait que ma présence dans la Bekaa ne pourrait compromettre des relations de toute façon inexistantes entre le Liban et les États-Unis. Il finit par tomber d'accord sur un court séjour à Chtaura, petite ville située à 60 kilomètres au sud de Baalbek, sur la route reliant Beyrouth à Damas. Ce n'était pas Baalbek, mais cela me permettrait peut-être d'en approcher d'assez près. Et même, avec un peu de chance, d'y pénétrer.

Chtaura était un gros bourg commercial, sorte de pays de cocagne relativement préservé par la guerre. L'élite syrienne, les fonctionnaires de l'ONU, les diplomates du Liban et de la Syrie venaient y faire leurs courses. On y trouvait de tout, du détergent américain au chocolat suisse ou aux cigares cubains, tout cela dix fois moins cher qu'en détaxe à l'aéroport. Les banques y changeaient n'importe quelle devise, à des taux bien plus intéressants que ceux de Zurich. À Chtaura, n'importe qui pouvait acheter toutes les armes disponibles sur le marché — pistolets, fusils d'assaut, lance-roquettes — et tous les produits de contrebande imaginables. Pour se procurer un kilo de cocaïne ou d'héroïne pures d'excellente qualité, il suffisait de s'adresser au gardien du Park Hotel.

Mais derrière ses boutiques, Chtaura ressemblait au reste de la vallée. Le jour de mon arrivée, je longeai à pied les ruines encore chaudes d'un camp d'entraînement du FPLP à la sortie de la ville, qui avait été anéanti la veille par un raid de F-16 israéliens. J'interrogeai le patron du plus gros supermarché de l'endroit, un certain Ghazali ; avait-il été choqué par le bombardement ? Il me répondit en haussant les épaules :

— Nous, ici, tant qu'on peut travailler... Qu'est-ce que vous voulez qu'on fasse ?

Une réponse pleine de bon sens. Que pouvaient en effet les Libanais de la Bekaa contre le voisinage de groupes aussi disparates que le Hezbollah, l'Armée rouge japonaise, la bande à Baader, le Sentier lumineux, le FPLP, Abou Nidal, l'ASALA et une autre demi-douzaine de mouvements terroristes sanguinaires et suicidaires ? Du moment que les chasseurs israéliens continuaient à bombarder juste, les Libanais pouvaient vaquer à leurs affaires et se remplir les poches, à condition d'assurer eux-mêmes leur sécurité. Les employés de Ghazali portaient à l'épaule des semi-automatiques calibre 9 mm, et sur le bureau de son adjoint, derrière une vitre pare-balles, visibles au premier coup d'œil, étaient exposés un AK-47 et son chargeur.

Ce jour-là, je parcourus la petite ville à pied, avant de monter en voiture sur les montagnes environnantes, où je m'attablai dans un restaurant qui dominait toute la vallée. On devinait Baalbek au loin dans la brume. Au moment où le serveur m'apportait un plateau de *mezze*, tout le restaurant se mit à trembler. Les fenêtres vibraient, les assiettes et les verres tressautaient sur les tables. Le garçon détourna les yeux, comme s'il n'avait rien entendu. Puis devant mon regard interrogateur :

— Ça, c'est votre *New Jersey*, murmura-t-il entre les dents.

Le *New Jersey* était un vieux navire de la Seconde Guerre mondiale, renfloué par la marine américaine et ancré au large de Beyrouth, qui tirait périodiquement sur les montagnes avoisinantes des obus gros comme des voitures. L'idée de Washington, c'était que si le *New Jersey* avait fait peur aux Japonais pendant sa période de gloire, il arriverait peut-être à intimider les Libanais, qui refusaient toujours de respecter l'accord du 17 mai.

Après le déjeuner, je décidai qu'il était temps d'attaquer ma tournée des gens du coin. Je partis pour Barilyas, un village situé à quelques kilomètres de Chtaura, où je m'arrêtai devant deux policiers en faction au coin d'une rue. Je me présentai comme un archéologue américain venu visiter les ruines romaines de la Bekaa et ils me dévisagèrent comme si j'étais un ovni. Mais ils me dirigèrent tout de même vers le bureau de la Sûreté générale libanaise à Masna, le dernier village avant la frontière syrienne.

Le bâtiment de la Sûreté avait été bombardé plusieurs fois en 1982. Le toit de tuiles avait été arraché et toutes les fenêtres cassées. On apercevait, sur le parking, quelques carcasses calcinées de voitures. Le sergent Ali, posté à l'entrée, prenait le soleil en fumant une cigarette. Avec sa barbe de deux jours, sa tunique ouverte et son AK-47 en bandoulière, il était parfaitement assorti au décor.

J'engageai la conversation de mon air le plus innocent, en lui demandant comment me rendre à Aanjar, un village au pied de la montagne, qui abritait les ruines d'un ancien comptoir commercial romain. La question ne devait pas sembler trop bizarre de la part d'un Occidental, car je savais qu'il y restait des vestiges intéressants. Il se trouve qu'Aanjar était aussi l'un des rares villages non occupés par des groupes terroristes anti-Américains. Il y avait bien un camp d'entraînement de l'organisation terroriste arménienne ASALA, qui avait attaqué le comptoir de Turkish Air à l'aéroport d'Orly en juillet 1983, mais ces gens-là n'avaient pas de compte à régler avec les États-Unis. Certains de leurs membres étaient même des citoyens américains. Ma manœuvre était adaptée à la région : au Proche-Orient, il vaut toujours mieux avancer en crabe.

Ali me fit entrer dans son bureau où il m'offrit un verre de sucre arrosé d'un peu de thé. Il était content de pouvoir parler des États-Unis, car il avait des cousins dans le Michigan et le New Jersey. Lui-même aurait aimé pouvoir y partir, mais il craignait de ne pas obtenir de visa. Remettant l'archéologie à plus tard, je le laissai conduire la conversation. Dès que j'eus l'impression qu'il commençait à avoir des fourmis dans les jambes, je me levai pour partir. En prenant congé sur le parking, je lui promis de passer le voir à l'occasion. Il m'indiqua les jours où il était de garde.

La fois suivante, je lui apportai quelques brochures touristiques américaines et un formulaire de demande de visa. Je ne lui promis pas de l'aider à l'obtenir, mais la proposition était implicite. Nous restâmes plus d'une heure à discuter de l'Amérique et du Proche-Orient. Il ne souffla mot de Baalbek ni des Iraniens. Moi non plus. Quand je le quittai, il me tendit une feuille de papier sur laquelle il avait noté son nom et son numéro de téléphone privé. Je m'aperçus alors qu'il était de la famille de Hussein El-Moussaoui, l'agent des Pasdarans iraniens qui s'était emparé de la caserne Cheikh Abdallâh.

Je continuai à lui rendre visite toutes les deux ou trois semaines. Il était content d'avoir un ami américain, et envisageait sérieusement de rendre visite à ses cousins. Il posait discrètement des jalons pour savoir si je lui obtiendrais un visa, et je lui dis que je verrais ce que je pouvais faire.

Nos conversations ne commencèrent à porter leurs fruits qu'au mois de janvier. Dès le premier verre de thé, j'annonçai à Ali qu'on m'avait proposé une visite des temples de Baalbek la semaine suivante. C'était faux, bien sûr, mais il était grand temps que j'évoque enfin le but de mon voyage. Je lui demandai s'il pensait que je courais des risques. Sans dire un mot, il me prit par le bras pour m'entraîner dehors, dans un enclos encombré de gravats.

— Monsieur Bob, vous ne pouvez pas aller à Baalbek ! me chuchota-t-il, l'air grave.

— Ah bon ?

— Oubliez vos ruines romaines pour le moment.

— Et pourquoi ?

Il lui fallait visiblement se forcer pour s'expliquer.

— Ils ont l'intention de kidnapper un Américain au Liban, fini-t-il par lâcher. Un officiel.

Je savais qu'il était inutile de lui demander qui, où et quand. On lisait sur son visage qu'il m'avait dit tout ce qu'il avait à me dire. Mais quelle révélation ! Du moins était-ce ce que je croyais.

— Pures foutaises ! déclara immédiatement John.

— Mais c'est un Moussaoui ! De Baalbek. Il est tout à fait possible qu'il ait vraiment appris quelque chose là-bas. On ne peut pas rejeter l'information d'emblée. Il faut envoyer un rapport !

— Écoutez, ce type n'a pas de dossier chez nous, pas d'AOP [1], il n'a même pas été recruté. Vous ne savez rien de lui, même pas sa date de naissance. Vous ne croyez pas que je vais transmettre comme renseignement une ineptie pareille ! Retournez le voir, envoyez-moi sa bio. Faites un peu de paperasse, même si vous détestez ça, et on verra ensuite.

Je ne pouvais rien dire ni rien faire. Ali n'avait absolument pas l'intention de travailler pour nous. Il pouvait me lâcher un tuyau de temps en temps à condition de ne pas remettre en question sa loyauté envers son clan. Ce qui ne signifiait pas que ses informations seraient fausses. Je transmis l'avertissement d'Ali à un ami de l'ambassade de Beyrouth, qui le fit parvenir à la CIA par l'intermédiaire du Département d'État. Les Affaires consulaires le classèrent dans un dossier secret, sur lequel je devais tomber des années plus tard. C'était la première pièce de l'énorme dossier des otages constitué par l'Agence.

Le mardi 16 mars, à 10 h 38, j'étais encore tranquillement chez moi, devant ma troisième tasse de café et une semaine entière de *Herald Tribune*, lorsque mon talkie-walkie se mit à grésiller. La voix de John retentit, encore plus fébrile que d'habitude :

1. Approbation opérationnelle provisoire (*N.d.T.*).

— Viens au bureau le plus vite possible !

Je me suis précipité, il était vert de panique.

— Buckley a été enlevé ! m'annonça-t-il en me tendant un câble.

Le chef de la CIA à Beyrouth avait été cueilli le matin même à la sortie de son immeuble, assommé et jeté dans une voiture. On n'avait aucune description des kidnappeurs, personne n'avait relevé le numéro d'immatriculation de la voiture. L'enlèvement fut revendiqué par l'IJO [1], l'un des groupes qui avaient téléphoné après l'attentat de l'ambassade, mais cela ne nous avança guère. On ne savait rien à l'époque sur ce groupe terroriste.

Buckley était le quatrième Américain enlevé depuis l'invasion israélienne de 1982. Après David Dodge, il y avait eu Frank Regier, professeur d'ingénierie électrique à l'Université américaine, et, un mois après, Jeremy Levin, le directeur de CNN à Beyrouth. Mais les trois précédents étaient des civils. Buckley faisait partie de la famille, il connaissait tous les secrets de la Maison.

— Il faut que je retourne dans la Bekaa discuter avec Ali, proposai-je aussitôt.

John me regarda comme si j'étais devenu fou. Mais je ne lui laissai pas le temps de répliquer :

— On ne peut tout de même pas rester là à ne rien faire ! J'ai vu de mes propres yeux comment les Syriens gouvernent la Bekaa. Ils ne laisseront pas malmener ou kidnapper un étranger là-bas. C'est à Beyrouth que Buckley et les autres ont été enlevés, là où il n'y a pas de troupes syriennes. Il faut absolument que tu me laisses partir...

— Pas question ! Il suffirait que je fasse la demande pour que Washington me rapatrie en camisole de force.

Tournant les talons je sortis sans ajouter un mot. Lui rappeler qu'Ali m'avait averti de l'imminence d'un enlèvement n'aurait servi à rien. De plus, John avait raison, le QG ne pouvait cautionner une telle mission. Son seul souci était de se retirer du jeu sans faire de vagues.

1. Islamic Jihad Organisation : Organisation du *Djihad* islamique (*N.d.T.*).

Pendant sept mois, il fut impossible d'obtenir la moindre information sur Buckley. Nous ignorions par qui il avait été enlevé, et nous n'étions même pas certains qu'il fût encore au Liban. La CIA contacta tous les gouvernements et toutes les sources privées possibles mais elle ne glana même pas une rumeur plausible. De mon côté, j'étais convaincu que Baalbek valait toujours une excursion et, plus je réfléchissais, plus je pensais que je pouvais m'y rendre — et en repartir — sans encombre. Et la curiosité finit par l'emporter.

La première chose que je fis, c'est d'aller voir [redacted] un conseiller de [redacted]. Une partie de sa famille s'était installée dans la Bekaa, où elle vivait en bonne intelligence avec ses voisins chiites, dont les Moussaoui. J'étais persuadé que personne, même les Pasdarans, n'oserait s'en prendre à moi, si j'étais patronné par [redacted]. Lorsque je lui confiai mon projet, il appela un de ses cousins, capitaine dans l'armée libanaise. Je devais le retrouver à Chtaura pour qu'il m'emmène en voiture à Baalbek. Je dois préciser que le cousin en question n'avait aucune idée de mes fonctions ni du but de ma visite.

L'arrivée à Baalbek ressemblait à une descente aux enfers. Plusieurs kilomètres avant la ville, les murs des bâtiments bombardés étaient bariolés d'énormes peintures, toutes plus menaçantes les unes que les autres. L'une d'elles représentait la mosquée du Dôme du Rocher à Jérusalem, le troisième lieu saint de l'islam, jaillissant au milieu d'un drapeau américain déchiré. Une autre montrait l'ayatollah Khomeyni à la tête d'une manifestation devant l'ambassade américaine de Téhéran. Une autre encore un drapeau américain éclaboussé de sang. Et dans Baalbek même, de grandes banderoles tendues en travers des rues proclamaient « Mort à l'Amérique ! » en arabe et en farsi.

Le capitaine me proposa d'aller déjeuner chez un de ses amis. Une idée plutôt rassurante *a priori*, mais à peine avions-nous franchi la porte d'entrée qu'il me glissa, le plus naturellement du monde, que le maître de maison était un cousin d'Hussein El-Moussaoui.

La dizaine de convives assis en tailleur sur le tapis du salon m'examinèrent avec circonspection. J'étais probablement le premier Occidental qu'ils voyaient depuis des mois. Après une tasse de thé, on nous apporta un plat de poireaux et de fèves avec du pain.

Tout allait pour le mieux jusqu'à ce que l'un des invités commence à s'intéresser à moi. Il me mettait mal à l'aise avec sa longue barbe sale et son brassard sur lequel on lisait : « Nous voulons être martyrs. » Après m'avoir regardé fixement plusieurs minutes, il me demanda enfin :

— Et qu'est-ce qui vous amène à Baalbek ?

J'oubliai ma récente passion pour l'archéologie, improvisant un mensonge nettement plus scabreux.

— Je suis belge. Je travaille pour une ONG.

Je tendis le dos, espérant que personne ne parlait français — le mien était très rouillé — ou pire, flamand, dont je ne connaissais pas un traître mot.

— On peut vous demander votre nom ?

— Euh... Rémi.

— C'est votre nom de famille ?

J'ai répondu sans réfléchir :

— Non, c'est Martin.

On trouvait évidemment du cognac Rémy Martin au Liban... Heureusement, le type se remit à manger sans sourciller.

Après le repas, le capitaine me conduisit sur le site antique. Nous étions attendus par deux gardes, des Pasdarans iraniens en uniforme vert olive, absolument ravis de nous accompagner dans notre visite.

En quittant la ville en voiture, je demandai d'un air dégagé à mon compagnon ce qu'étaient ces bâtiments sur la colline à notre gauche. Je savais qu'il s'agissait de l'ancienne caserne Cheikh Abdallâh. Il se gara sur le bord de la route et je pus observer un peu le site, le temps de constater que les photos satellite en donnaient une image très différente de la réalité.

J'étais intrigué par l'un des bâtiments, gardé par deux Pasdarans, et dont toutes les vitres étaient obturées de l'intérieur par des cartons ou des couvertures. Une pancarte au-dessus de la porte indiquait qu'il s'agissait des logements des officiers mariés.

Je devais apprendre, plusieurs années après, que Buckley était détenu là, les yeux bandés, attaché à un radiateur, en compagnie de cinq autres otages occidentaux. Je ne savais pas non plus que cette caserne était une piste clé pour élucider l'attentat contre l'ambassade américaine de Beyrouth. Pourtant, aucune des deux révélations ne m'étonna véritablement. Au Proche-Orient, il suffit presque toujours de commencer à tirer sur un fil pour que les autres se dénouent. Une piste conduit à des dizaines d'autres, qui valent toujours la peine d'être suivies.

Mais ces renseignements, on ne les obtient que par les contacts humains — agents, intermédiaires, traîtres et espions à la solde d'officiers traitants. Encore faut-il que ces derniers aient la volonté et surtout la capacité de constituer et de diriger de tels réseaux. Aucune photo aérienne n'aurait jamais pu faire le lien entre les fenêtres calfeutrées et les gardes postés devant la porte. Aucune interception électronique n'aurait pu remplacer l'observation attentive à l'œil nu de la colline de Baalbek ce jour-là. Pour collecter des renseignements, il fallait d'abord apprendre à mouiller sa chemise. Je crois que la CIA en était consciente à l'époque, que l'esprit de ses fondateurs y était encore vivant. Mais l'Agence n'allait pas tarder à foncer tête baissée dans la direction opposée, avec des conséquences désastreuses pour le Proche-Orient et, finalement, pour l'Amérique elle-même.

Mon incursion à Baalbek représentait une grave infraction au règlement. Elle me permit de comprendre la réalité de la situation bien mieux que n'auraient pu le faire tous les livres et toutes les vidéos du monde. Il reste toutefois que cette échappée était très risquée, et qu'elle ne servit à rien pour Buckley ni pour les autres otages.

Peu après, je fus transféré à Khartoum. Même sans rien savoir de mon excursion dans la Bekaa — et il n'en sut jamais rien —, John en avait assez de moi.

7

Janvier 1986. Langley, Virginie

Le couloir G, au sixième étage, ressemblait à un chantier de construction. Boîtes vides, meubles de bureau, fils de téléphone et ordures étaient empilés un peu partout. Les bureaux, de chaque côté du couloir, grouillaient d'électriciens et de peintres. Des équipes arrachaient les moquettes, abattaient les cloisons, en montaient de nouvelles. Personne n'avait la moindre idée de l'endroit où se trouvait le bureau du nouveau chef de l'anti-terrorisme. Je dus parcourir un à un tous les bureaux pour le découvrir. Et quand j'y arrivai enfin, je compris que je ne pouvais pas le manquer.

Un épais nuage de fumée de cigare flottait dans la pièce. Au point que je me demandais comment les détecteurs de fumée ne s'étaient pas déclenchés. Deuxième détail inattendu, la grande table ronde entourée de douze fauteuils. Duane Dewey Clarridge, contrairement à la plupart de ses collègues, ne croyait pas qu'on travaille bien dans un bureau. Il préférait une atmosphère informelle qui incitait, selon lui, les jeunes officiers à entrer bavarder. Il était persuadé que les meilleures idées viennent de la base et non du sommet.

Mais au fond, Dewey n'avait pas vraiment à se soucier de l'aménagement de son bureau, car, contrairement à la plupart de ses collègues, il était détaché à la

Maison-Blanche. En tant que chef de la division Amérique latine, il avait su aider les Contras si chers à Ronald Reagan. Pour faire bonne mesure, en novembre 1985, c'est également lui qui avait expédié les premières cargaisons d'armes vers l'Iran[1]. Dewey était le genre d'espion qu'appréciait la Maison-Blanche. Et personne ne fut surpris quand, après les attentats de Noël 1985 perpétrés par le groupe d'Abou Nidal dans les aéroports de Vienne et Rome, la Maison-Blanche le chargea de diriger une nouvelle unité anti-terroriste de la CIA — capable d'en découdre.

Dès qu'il me vit sur le seuil de son bureau, Dewey me fit signe d'entrer et de m'asseoir à côté de lui. J'en avais assez entendu sur son compte pour savoir qu'il ne servait à rien de tourner autour du pot.

— Je veux travailler dans votre unité, M. Clarridge. J'accepterai n'importe quel boulot.

La vérité, bien que je fusse effectivement intéressé par la lutte anti-terroriste, c'est que je m'ennuyais dans mon travail. Apprenant que les Libyens avaient décidé de m'éliminer, le QG m'avait fait partir de Khartoum, au bout de quatre mois seulement, pour me confier un travail de rond-de-cuir dans la division Afrique. Je parlai aussi à Dewey de ma recherche... et de mes démêlés avec John.

— Ce connard travaille toujours sur le terrain ? fut le seul commentaire de Dewey.

Avant même que j'aie pu répondre il enchaîna

— Quel est votre niveau en arabe ?

Après trois ans au Proche-Orient, je commençais à me débrouiller assez bien.

— Vous êtes prêt à vous rendre n'importe où n'importe quand ?

— Je prends l'avion aujourd'hui si vous le souhaitez.

1. Pour obtenir la libération des otages américains de Beyrouth, les États-Unis ont vendu secrètement et illégalement des armes à l'Iran, les bénéfices de ces ventes ayant été reversés à l'opposition (la « Contra ») au régime socialiste nicaraguayen de l'époque (*N.d.T.*).

C'est tout ce que Dewey avait besoin de savoir. Il ne consulta même pas mon dossier. Je lui demandai si je devais parler de ce nouveau travail à mes supérieurs de la division Proche-Orient, entre autres, à laquelle j'appartenais toujours.

— Ne faites rien, me répondit-il en me renvoyant du bout de son cigare. Retournez dans votre bureau et attendez que je vous appelle.

Deux semaines plus tard, j'étais versé dans la nouvelle unité de Dewey. Le centre anti-terroriste ou CTC.

Mes premiers mois de fantassin dans la guerre antiterroriste de Dewey furent passionnants. J'avais rencontré le diable en personne dans la vallée de la Bekaa et j'étais à la fois fasciné et écœuré par ce que j'avais découvert. Je voulais aussi reprendre mon enquête personnelle pour découvrir qui était derrière l'attentat contre l'ambassade. Le CTC semblait un tremplin idéal pour ces deux projets. Dewey jouissait de prérogatives très étendues, par la grâce du Président en personne, et le directeur de la CIA, Bill Casey, lui avait donné carte blanche. Le CTC disposait d'un budget et d'une marge de manœuvre illimités. Il pouvait débaucher à volonté au sein de la Direction des opérations et de la Direction du renseignement pour former son équipe. Il avait même recruté quelques agents de la police de Los Angeles en prévision des arrestations de terroristes — les ex-policiers devaient les ramener menottés aux États-Unis.

Au moment où j'ai pris mon poste, les nouveaux bureaux du CTC étaient finis et l'équipe tournait déjà à plein régime. On baignait dans une ambiance frénétique. Tout le service était regroupé sur un immense plateau, les téléphones sonnaient sans arrêt, les imprimantes cliquetaient, les piles de dossiers s'entassaient un peu partout. Les télés fixées au plafond par des bras articulés diffusaient CNN en continu, des centaines de personnes s'agitaient ou pianotaient sur leur clavier d'ordinateur — on se serait cru dans un QG militaire. Je pensais tout le temps aux films de propagande de la Seconde Guerre mondiale où l'on voyait le bunker souterrain de Churchill pendant la bataille d'Angleterre.

On attendait beaucoup du CTC. Tout le monde était au courant de l'opération anti-terroriste réussie de Dewey quand il dirigeait la division Europe. L'une de ses antennes était parvenue à infiltrer un agent dans l'Organisation du 15 mai, redoutable groupe terroriste palestinien spécialisé dans les attentats aériens. Les tuyaux de cet agent, une véritable mine d'or, avaient permis de déjouer deux attentats. Dewey ne voulait donc le perdre à aucun prix. Quand le chef de l'Organisation du 15 mai demanda à cet agent d'attaquer une cible américaine, Dewey imagina de faire exploser un véhicule dans une ambassade américaine de telle façon que l'agent puisse revendiquer cette action. Il fit exécuter l'opération par une équipe technique *ad hoc*. Il n'y eut pas un seul tué, mais le chef terroriste fut convaincu que l'agent avait fait de son mieux et ce dernier, jouissant d'une crédibilité renforcée, put continuer à nous fournir des informations exceptionnelles.

Toutes les nouvelles recrues pensaient que ce genre d'opérations serait le modèle de l'action du CTC, mais la politique du renseignement ne tarda pas à miner tout ce qu'entreprenait Dewey. Certes, le CTC avait tout du poste de commandement high-tech mais, sur le terrain, Dewey n'avait personne à qui donner ses ordres. En dépit des promesses de Bill Casey, les bureaux de la CIA à l'étranger obéissaient toujours à leurs chefs de division, basés au QG, et ces responsables firent clairement savoir qu'ils n'avaient nullement l'intention de s'associer à la croisade anti-terroriste de Dewey. Trop risqué. Réussie ou avortée, une opération dans un pays étranger ami ne manquerait pas d'exaspérer son gouvernement. Aucun chef de station n'avait envie de perdre son boulot pépère pour être renvoyé chez lui. En outre, il n'était pas question que des officiers de renseignements se fassent tuer. Dewey eut beau brandir le décret de création du CTC revêtu de la signature de Reagan, les chefs de division refusèrent comme un seul homme que des ex-flics de LA puissent venir semer la chienlit dans leur arrière-cour.

On demanda au bureau de Paris de faire surveiller par une équipe l'appartement d'un terroriste présumé mais ils refusèrent au motif que les services de renseignements locaux s'en apercevraient. On suggéra à celui de Bonn de recruter quelques Arabes et des Iraniens pour collecter des informations dans la communauté immigrée d'Allemagne de l'Ouest. Les responsables locaux nous répondirent qu'ils n'avaient pas assez d'officiers. On demanda au bureau de Beyrouth d'organiser un rendez-vous avec un agent voyageant au Liban. Les collègues refusèrent en invoquant je ne sais quelle « problème de sécurité ». Mais à Beyrouth, par définition, la sécurité ne pouvait de toute façon jamais être garantie ! Si bien qu'au lieu de combattre les terroristes, nous nous épuisions en vaines démarches contre l'inertie bureaucratique — un ennemi tout aussi implacable.

Dewey ne parvenait même pas à recruter les gens qu'on lui avait promis. Au bout de six mois, il n'avait pu engager que deux officiers parlant arabe, dont moi. Mais comme l'autre dirigeait un service, il ne pouvait compter que sur moi pour voyager et rencontrer des agents. Cela ne faisait pas lourd étant donné que 80 % des cibles du CTC parlaient arabe. Nous n'avions par ailleurs aucun officier parlant le farsi, le pachtoun ou le turc.

Je fus affecté dans un service chargé de retrouver les otages du Liban, mais j'étais le seul à avoir une certaine expérience du Proche-Orient. Le chef du service n'avait jamais mis les pieds dans la région, et encore moins au Liban. Pas étonnant qu'il ait appuyé l'achat des cartes du réseau souterrain d'égouts de la banlieue sud de Beyrouth, alors que celle-ci, construite illégalement, ne disposait pas d'un tel réseau ! Dans les autres services, c'était encore pire. Les analystes tenaient le gouvernail, ce qui est complètement absurde : des gens qui n'avaient jamais rencontré un agent de leur vie et ne quittaient Washington que pour rejoindre leur pavillon de banlieue, qui ignoraient tout du travail de terrain, nous expliquaient comment gérer les dossiers. Un peu comme si le directeur administratif d'un hôpital s'était mis en tête de diriger une équipe chirurgicale !

Mon premier contact avec la réalité du terrain eut lieu environ un mois après mon parachutage au CTC.

Le bureau de Bonn nous câbla qu'un dirigeant des Frères musulmans de Syrie résidant en Allemagne voulait rencontrer un officier de la CIA. Le chef de station refusait d'envoyer un de ses hommes, de peur d'irriter le gouvernement ouest-allemand, mais il accepta, à contrecœur, de laisser quelqu'un du CTC rencontrer le personnage en question.

C'est moi qui remit le câble à Dewey.

— Qu'est-ce que ça va nous apporter ? demanda-t-il.

Bonne question. Le mouvement des Frères musulmans était une organisation protéiforme, dangereuse, imprévisible, qui faisait trembler tous les gouvernements du Proche-Orient. Fondé par un Égyptien, Hasan al-Banna, en 1929, celui-ci se proposait d'instaurer le Royaume de Dieu sur terre. Les Frères musulmans d'Égypte avaient fomenté une tentative d'assassinat manquée contre le président égyptien Nasser. La branche syrienne avait de son côté tenté de supprimer le président syrien Hafez el-Assad une ou deux fois. En 1982, ses adeptes s'étaient emparés de Hama, une ville ancienne du centre de la Syrie, déclenchant une répression féroce d'Assad qui avait pratiquement rasé la ville et liquidé une grande partie de sa population.

Les Frères musulmans étaient aussi les cousins éloignés des Wahhabites d'Arabie Saoudite, une des communautés les plus intégristes de l'islam. Appuyés financièrement par la famille royale saoudienne, les Wahhabites allaient inspirer Oussama Ben Laden, le mouvement des Talibans afghans ainsi que d'autres groupes extrémistes sunnites. Pour beaucoup de musulmans, les Waḥhabites étaient dangereux parce qu'ils adhéraient à la doctrine d'Ibn Taymiyah, un érudit islamique du XIVe siècle qui admettait l'assassinat politique. Les fondamentalistes égyptiens responsables de l'assassinat d'Anouar el-Sadate avaient invoqué Ibn Taymiyah pour justifier leur geste.

J'avais eu un contact avec les Frères musulmans pendant mon bref séjour à Khartoum. Un de mes boulots, là-bas, consistait à [redacted] contre Kadhafi. Un soir, peu de temps après mon arrivée à Khartoum, j'invitai deux dissidents libyens, un politicien et un officier, à prendre le thé chez moi. Comme d'habitude, l'électricité était coupée pour cause de tempête de sable. Nous restâmes assis dans le noir à transpirer et à évoquer les sujets de la vie quotidienne qu'affectionnent les Libyens : le mariage, les enfants, le prix du pain... Le militaire aborda finalement les questions politiques. Il expliqua, en passant, qu'après avoir fomenté l'attentat manqué contre la résidence de Kadhafi en mai 1984, il avait rapidement reconstruit le groupe des cadres militaires en Libye, bien que la plupart des assaillants aient été tués.

Je demandai à cet officier comment il avait pensé pouvoir atteindre Kadhafi dans un endroit si bien protégé.

— Dieu nous l'a ordonné.

— Dieu ?

— Oui.

Il ajouta sans la moindre nuance d'humour :

— Il nous a même indiqué le jour et l'heure.

Cette phrase déclencha un petit signal d'alarme dans ma tête. Ces dissidents libyens n'avaient pas été étiquetés Frères musulmans à Washington, mais en les entendant affirmer que Dieu leur avait ordonné de tirer, je compris que leur profil idéologique était similaire.

Ma curiosité avait été éveillée et il y avait un moyen assez simple d'en avoir le cœur net. Quand j'étudiais l'arabe à Washington, j'avais rencontré un étudiant soudanais qui travaillait comme gardien de nuit dans la résidence où j'habitais. Exactement comme avec l'étudiant palestinien un peu auparavant, je passais des soirées à apprendre l'arabe avec lui et, en échange, je lui apprenais l'anglais. Un soir, dans une conversation à cœur ouvert, il m'avait confié qu'il appartenait à l'organisation des Frères musulmans. Il m'avait expliqué l'idéologie du groupe, notamment sa volonté d'en finir avec tous les dirigeants musulmans qui avaient failli à leur tâche.

Il affirmait que le meurtre d'Anouar el-Sadate par le *Djihad* égyptien, une « filiale » des Frères musulmans, était légitime. Sadate était un apostat et le Coran, m'expliqua-t-il, autorisait le meurtre des apostats. Mon ami était retourné au Soudan à peu près au moment où j'y arrivai moi-même et nous avions renoué. Quand je l'interrogeai sur les dissidents libyens, il me confirma qu'ils appartenaient aux Frères musulmans, précisant même que sa propre organisation les soutenait sans réserve.

Je confiai mes soupçons sur les Libyens à Milt Bearden, l'armoire à glace qui dirigeait [redacted] de Khartoum. Le même qui avait défini une « relation intime et prolongée » par la présence de vos pantoufles sous le lit de la dame avec qui vous dormez... Bearden était un chef très estimé. Les officiers traitants l'appelaient Oncle Milty.

Il m'écouta sans broncher et me répondit :

— Et alors ?

Je me rabattis sur une position de bon sens. Kadhafi était complètement dingue, mais les Frères musulmans au pouvoir à Tripoli, ce serait bien pire. La Libye sombrant dans l'intégrisme islamiste, cela signifiait une déstabilisation en chaîne des voisins, à commencer par l'Algérie et l'Égypte.

— Vous savez comment ils surnomment Kadhafi à la Maison-Blanche ?

— Non.

— Le chien fou du Proche-Orient. Écoutez-moi, Baer, si Gengis Khan sortait de sa tombe et déclarait qu'il veut supprimer Kadhafi, le gouvernement américain le soutiendrait. Alors oubliez tout ça.

Bearden avait beaucoup de flair politique, je me le tins donc pour dit. En plus, le Soudan était en train d'imploser. Le pays était au bord de la faillite et le président Jafar Numeiri, mentalement instable, semblait incapable de le faire sortir de la crise. Des manifestations quotidiennes aux objectifs politiques flous avaient entraîné la chute du gouvernement. Seul officier arabophone du bureau de Khartoum, je me portai volontaire pour me mêler à la foule afin de savoir si les manifestants étaient ou non anti-américains et je me fis passer pour un journaliste libanais. Quand les cortèges approchaient de l'ambassade ou de résidences américaines, je prévenais nos cerbères au moyen d'un émetteur dissimulé sur moi.

Les deux Libyens qui avaient disparu pendant la crise réapparurent de manière inattendue deux ou trois jours après la chute du régime Numeiri. Ils avaient apparemment entendu dire que des agents libyens infiltrés à Khartoum paraissaient décidés à profiter de la situation pour éliminer quelques opposants et ils espéraient que je pourrais les exfiltrer discrètement. Malheureusement, le soir où ils me cherchaient, je n'étais pas à la maison. Et dans leur agitation, les dissidents libyens se trompèrent de porte. Ils frappèrent à celle de ma voisine, une employée de l'ambassade dont c'était la première affectation à l'étranger. Déjà passablement apeurée par la situation chaotique qui régnait, elle faillit tomber à la renverse en découvrant, à travers le judas, deux fanatiques barbus armés de fusils d'assaut. Quand ils se mirent à frapper sur la porte à grands coups de crosses, elle perdit définitivement les pédales, et sortit en courant par la porte de derrière, vêtue de sa chemise de nuit, pour traverser Khartoum à toutes jambes jusqu'à la maison de son chef. Le lendemain, l'ambassade l'envoyait se reposer en Allemagne.

Je savais qu'entretenir des rapports avec les Frères musulmans revenait à jouer avec le feu. Ces types étaient de redoutables fanatiques. Pourtant, si le gouvernement Reagan était vraiment décidé à en découdre avec nos ennemis en Syrie et au Liban, on ne pouvait espérer meilleurs « sous-traitants ». Mais étaient-ils prêts à collaborer avec nous ? Un seul moyen de le savoir : leur poser la question.

Dewey approuva le principe d'une prise de contact et le lendemain, je prenais le premier avion pour Francfort, puis sans prévenir mes collègues de Bonn, le train pour Dortmund. Je devais attendre mes interlocuteurs devant un kiosque de la gare où un émissaire du mouvement viendrait me retrouver. Ce n'était certes pas le plan idéal, mais comme je savais que nos officiers locaux auraient refusé leur appui, je n'avais guère le choix.

À 14 heures un barbu rondouillard d'environ quarante-cinq ans s'approcha du kiosque et, sans mot dire, me fit signe de le suivre. Il se dirigea vers une sortie latérale, mais, au moment où nous passions devant un bureau de réclamations pour les bagages, me tira subitement par le bras dans cette petite pièce. Le préposé, visiblement un Oriental, hocha la tête et nous fit signe de le suivre entre les râteliers à bagages jusqu'à une porte de derrière qui donnait sur un quai de chargement. Deux Mercedes anthracite aux vitres fumées nous attendaient. Nous nous assîmes à l'arrière de la première.

Après une rapide traversée de Dortmund, les deux Mercedes empruntèrent l'autoroute et les chauffeurs appuyèrent sur l'accélérateur. Les deux limousines ne quittèrent pas la voie de gauche, qui, en Allemagne, est réservée aux chauffeurs qui ne roulent pas à moins de 180 kilomètres/heure. Quand une voiture ne se rangeait pas à notre approche, le chauffeur lui lançait des appels de phares frénétiques. Et la deuxième Mercedes nous collait au train, comme il se doit.

Trente kilomètres plus loin, le chauffeur obliqua subitement vers la droite, traversant l'autoroute sur toute sa largeur sans ralentir, et s'engagea sur une bretelle de sortie que je n'avais même pas remarquée. La seconde Mercedes suivit, mais en ralentissant, visiblement pour empêcher toute filature. *Ces types-là ne plaisantent pas*, me dis-je en moi-même.

La Mercedes prit ensuite une petite voie qui desservait une zone pavillonnaire, modeste mais proprette, typiquement allemande. C'était le début de l'après-midi, la rue était déserte. Subitement, la voiture s'engagea dans l'allée d'une maison identique à toutes les autres. La porte du garage se referma derrière nous sitôt la voiture garée. J'aurais été bien incapable de retrouver ce pavillon si on me l'avait demandé.

Dans l'étroit bureau qui jouxtait le garage, un petit homme élégant à la barbe bien taillée nous accueillit. Âgé d'un peu moins de soixante ans, il portait un complet de flanelle grise et une chemise blanche amidonnée à col cassé. Son calme et sa concentration étaient impressionnants. Le qualificatif qui me vint à l'esprit pour décrire cet homme fut « béat » — sans la connotation péjorative qui s'attache à ce terme. Faisant signe aux autres de nous laisser, il referma la porte.

Durant l'heure qui suivit, ce haut responsable des Frères musulmans critiqua violemment le régime de Damas. Il stigmatisa la sauvagerie de Hafez el-Assad, incarnation, selon lui, du mal absolu. Il le couvrit d'insultes que même les contempteurs américains du président syrien n'auraient pas risquées et pourtant Dieu sait qu'il n'était pas en odeur de sainteté à Washington. Il me montra ensuite un album de photos de Hama après le bombardement, où l'on voyait des gens écrasés, brûlés, à demi enfouis sous les décombres. Des familles entières avaient été alignées contre les murs de leur maison et fusillées.

Je finis par l'interrompre pour lui demander ce qu'on pouvait faire.

Il sourit.

— Nous sommes prêts à marcher main dans la main avec les États-Unis pour supprimer ce kyste cancéreux qui est une insulte à Dieu.

— Comment ? demandai-je, m'attendant au pire.

— Nous avons enterré un missile SA-7 à Ghuta,

près de l'aéroport de Damas, répondit-il d'une voix impassible, comme s'il me parlait de la plate-bande de géraniums qu'il venait de planter. Tout ce qu'il nous faut pour en finir avec lui, c'est un signal qui nous avertisse du moment précis où l'avion d'Assad décollera.

Ma première pensée en tant qu'officier traitant fut : *Nom de Dieu, voilà un renseignement digne de ce nom !* La qualité de la source était exceptionnelle puisque j'avais affaire à un chef des Frères musulmans syriens. Et qui projetait d'abattre Hafez el-Assad, le plus grand obstacle sur le chemin de la paix dans la région. Je lui répondis qu'il fallait que je rende compte à mes chefs. Le hic était que l'assassinat envisagé par mon nouvel ami était prohibé par le décret 12333. Il fallait donc que je prévienne Dewey, mais j'espérais que nous pourrions garder le contact avec ce personnage, quitte à collaborer sur d'autres types d'actions. Après tout, nous pouvions avoir besoin des Frères musulmans un jour ou l'autre.

Dewey écouta attentivement mon résumé de l'entrevue.

— Écrivez-moi tout ça noir sur blanc, me répondit-il. Attendez ! poursuivit-il alors que je me dirigeais vers la porte. Pas sur un ordinateur, sur une machine à écrire. Ensuite, détruisez le ruban. Pas de copie. Je veux que tout ça reste entre Ollie, vous et moi.

Ollie, c'était Oliver North, membre du Conseil National de Sécurité et bouc émissaire dans l'affaire Iran-Contra. Les Frères musulmans n'avaient certes rien à voir avec le dossier Iran-Contra, mais c'était tout à fait le rayon d'Ollie.

Comme il me l'avait demandé, je donnai à Dewey l'unique copie de mon compte rendu de contact. Et ce fut la dernière fois que j'en entendis parler.

Les collègues de Bonn ne réagirent pas au câble que je leur envoyai à propos de cette entrevue (je ne mentionnais pas le missile SA-7) et s'accrochèrent à leur position initiale : pas question de rencontrer des Frères musulmans syriens. Pourtant, le Frère que j'avais connu dans cette paisible banlieue de Dortmund devait resurgir dans ma vie les jours suivant le 11 septembre 2001, quand un coup de fil du FBI m'informa qu'un membre de l'organisation syrienne appartenait au réseau impliqué dans les attentats contre le World Trade Center et le Pentagone.

Les vrais méchants, ceux qui pouvaient frapper vraiment fort suivant les injonctions de Dieu reçues ce jour-là, ne renonçaient jamais. Il aurait mieux valu ne pas couper les ponts, même si cela impliquait de se salir un peu les mains. Rien ne garantissait que ce contact avec le Syrien rencontré en 1986 nous aurait permis de remonter à Mohammed Atta ou à l'une des cellules allemandes d'Al Qaïda. Mais le refus de frayer avec ces gens-là était le meilleur moyen d'être sûrs qu'ils ne nous fourniraient jamais aucune information. Pour le bureau de Bonn comme pour leurs supérieurs de Langley, cette fin de non-recevoir reste une faute impardonnable.

La Maison-Blanche harcelait toujours Dewey pour qu'il règle le sort des otages et lui, bien entendu, attendait de ses petits soldats du contre-terrorisme qu'ils lui livrent sur un plateau la riposte idéale.

J'étais rentré d'Allemagne depuis une semaine quand Dewey me convoqua dans son bureau, un matin.

— Vous avez un excellent instinct, m'a-t-il lancé, trouvez-moi le plan le plus dingue possible pour libérer les otages...

Pour beaucoup de raisons, répondre à cette demande revenait à trouver la quadrature du cercle. Jusqu'en 1986, la communauté du renseignement resta divisée sur la question des vrais responsables de la séquestration des otages. La CIA estimait plus que probable qu'ils fussent détenus par le *Djihad* islamique — une organisation sur laquelle l'Agence ne savait à peu près rien et dont les machinations échappaient à tout contrôle étatique. La CIA admettait que ce mouvement avait des liens avec la Syrie et l'Iran, mais elle estimait pratiquement nulle l'influence de ces deux pays sur les activités du *Djihad* islamique. D'autres analystes de Washington, surtout au Pentagone, estimaient au contraire que le *Djihad* islamique n'était qu'une couverture des Pasdarans iraniens.

La CIA ne disposait d'aucune preuve absolue à l'appui de son hypothèse, mais celle-ci était si profondément ancrée dans les esprits qu'il était difficile d'en faire abstraction. Un an après le kidnapping de Buckley, l'Agence ne possédait toujours pas le plus petit indice sur son auteur ni sur les ravisseurs de Jeremy Levin, de CNN, ou des pasteurs Weir et Jenco. Ce fut finalement l'Algérie qui nous permit de faire un progrès décisif, quand elle nous informa qu'un jeune musulman chiite du nom de Moughniyah détenait les otages. Avant 1982, nous expliquèrent les Algériens, Moughniyah avait travaillé pour Yasser Arafat. Maintenant, il était à son propre compte. Selon cette source, Moughniyah cherchait à échanger ses étrangers contre 17 prisonniers détenus au Koweït pour avoir participé aux attentats contre les ambassades française et américaine du 12 décembre 1983. L'un des 17, Moustafa Badr-al-Din, était le beau-frère de Moughniyah.

On n'entendit plus parler de Moughniyah jusqu'au 14 juin 1985, quand le vol 847 de la TWA à destination d'Athènes fut détourné vers Beyrouth. Trois jours plus tard, les pirates de l'air tuaient un jeune plongeur de la marine et jetaient son corps sur la piste. Finalement, les otages furent remis à Amal, une milice chiite libanaise, et dispersés dans la banlieue sud de Beyrouth, mais quatre d'entre eux restaient entre les mains du *Djihad* islamique. Un agent bien placé identifia Moughniyah comme le maître d'œuvre du détournement d'avion, corroborant les informations des Algériens selon lesquelles il travaillait en solitaire. Le ministère de la Justice estima le témoignage de cet agent assez probant pour inculper de détournement Moughniyah et trois de ses complices, et lancer un avis de recherche contre eux.

C'était à tout cela que je songeais, tandis que Dewey attendait ma réponse en tirant sur son cigare.

— Je pense à quelque chose, mais...

— Dites toujours.

— Il faut atteindre Moughniyah là où ça fait mal. Frapper sa famille.

Dewey ne voyait pas bien où je voulais en venir.

— Écoutez Dewey, voici nos trois propositions de départ : Moughniyah a la haute main sur les otages, il est entièrement dévoué à sa famille, comme la plupart des Proches-Orientaux, et enfin le gouvernement américain est prêt à tout pour récupérer les otages. Si ces axiomes sont exacts, pourquoi ne pas enlever des membres de la famille de Moughniyah pour les échanger contre des otages ?

Méthodes de gangsters ? Sûrement, mais à l'époque l'Agence opérait en marge de la loi et elle montait des opérations qu'aucune autre institution américaine n'aurait été capable d'endosser. Un instructeur de la Ferme nous avait raconté une histoire éloquente à ce sujet. Après la guerre des Six Jours entre Arabes et Israéliens, les têtes chercheuses de l'Agence avaient suggéré de dérober un avion de fret aux Russes, avec Aéroflot bien visible en caractères cyrilliques sur la carlingue, de le remplir de porcs vivants et de le faire se crasher sur La Mecque, lieu saint par excellence du monde musulman. C'était une réponse certes loufoque à la question : comment mettre le feu au Proche-Orient en dirigeant la vindicte des Arabes vers l'Union soviétique pour contrer son influence croissante dans la région ? Comparée à cette idée, la proposition que je venais de faire à Dewey semblait presque sage.

— Bon. Trouvez-moi la famille de ce dingo.

Dewey avait cependant omis un détail. Il allait devoir obtenir le feu vert d'Oliver North ou d'un autre membre du Conseil National de Sécurité. Je décidai de ne pas bouger en attendant la confirmation de ma mission. Et, n'en entendant plus parler, j'oubliai mon projet. Je n'ai appris qu'ensuite, lors du déclenchement de l'affaire Iran-Contra, que North avait répercuté mon idée aux conseillers du Président dans un de ces messages envoyé sur PROF, le système de messagerie électronique interne de la Maison-Blanche, qui furent par la suite utilisés contre lui.

Dewey devait me reparler une dernière fois de l'affaire des otages et, cette fois, je pus me montrer un peu plus sûr de moi en ce qui concernait son issue.

Durant mon voyage à Baalbeck, en octobre 1984, j'avais constaté de mes propres yeux que la Syrie n'était pas précisément ravie d'avoir vu sa chasse gardée envahie par les Pasdarans. Autre sujet d'agacement pour les généraux de Damas : les Iraniens soutenaient à peu près tous les groupes terroristes islamiques du Proche-Orient sauf les Frères musulmans syriens. Hafez el-Assad, à qui l'amalgame entre politique et religion donnait de l'urticaire, redoutait par-dessus tout la contagion du fondamentalisme iranien. Je décidai donc d'essayer de lui faire avaler un bobard assez plausible : l'Iran avait décidé de déstabiliser son régime. Si ça marchait, le président syrien, réagissant avec son impétuosité habituelle, liquiderait les Pasdarans et leur filiale, le Hezbollah. Même si le *Djihad* islamique était bien une organisation indépendante, la suppression de ses alliés idéologiques ne pouvait que lui nuire.

Le plan que j'avais concocté n'était pas conventionnel, mais il devait immanquablement attirer l'attention d'Assad. Mon objectif était d'effrayer des diplomates syriens en Europe, de leur faire croire qu'ils étaient les cibles d'attaques terroristes du Hezbollah. Comment ? Très simple. Une nuit, une demi-douzaine de techniciens de l'Agence planqueraient sous des véhicules de diplomates proches-orientaux des explosifs de faible puissance reliés au démarreur. Le lendemain matin, au moment du démarrage, faible détonation et « fizz », soit un effet de long feu. (Les explosifs auxquels je songeais brûlent au lieu d'exploser, mais leur composition chimique est identique à celle des produits utilisés par les terroristes. Je pensais que la police conclurait que ces artificiers du dimanche s'étaient fait refiler un mauvais lot de pains de plastic.) Ensuite, nous aurions diffusé un faux communiqué revendiquant les attentats au nom du Hezbollah et Assad aurait exterminé les militants fondamentalistes à peu près comme il avait liquidé les Frères musulmans au moment de l'insurrection d'Hama. Du moins, tel était mon plan. Je le décrivis dans un câble envoyé à tous nos bureaux européens.

— Ollie va devenir fou ! fit Dewey après l'avoir parcouru. Il se précipita dans le bureau de Clair George, le directeur des opérations.

Cinq minutes plus tard, Dewey était de retour, le câble à la main, l'air sombre.

— Clair ne veut pas en entendre parler. Non, soyons franc : Clair m'a hurlé qu'il ne voulait pas en entendre parler. Il a même ajouté qu'il faudrait lui passer sur le corps avant que des officiers de la CIA posent des bombes en Europe de l'Ouest. Il vous reste à trouver quelque chose d'aussi efficace, mais sans le plastic !

Nous avons fini par monter une opération à la mode bureaucratique. L'Agence m'a demandé de ne pas la décrire. Je suis cependant autorisé à dire que si elle a irrité Assad — un bon coup de sang oublié dès le lendemain matin —, il n'a hélas pas décidé pour autant d'éliminer le Hezbollah.

Je ne sais si Dewey a parlé à la Maison-Blanche de cette dernière opération, mais s'il l'avait fait, je doute que ces messieurs en auraient été impressionnés. La Maison-Blanche ne voulait pas entendre parler de manœuvres de coulisses, elle voulait la libération des otages. Mais encore une fois, je n'ai compris à quel point le gouvernement était aux abois et à quel point j'avais failli être happé dans un engrenage infernal qu'au moment du déclenchement de l'affaire Iran-Contra.

Un matin d'avril 1986, je trouvai Dewey dans mon bureau. Il faisait chaud, mon supérieur avait revêtu un costume croisé en lin et il arborait un énorme œillet à la boutonnière. Il tenait un cigare éteint à demi consumé dans la main droite et le dossier d'un agent dans l'autre.

— Lisez ça, me dit-il en jetant le dossier sur mon bureau. Vous et Cave partez en vacances !

George Cave était l'expert légendaire de la CIA sur l'Iran. Il parlait couramment le farsi, assez bien l'arabe et c'était sans doute le meilleur connaisseur de l'Agence sur le Proche-Orient. Si bon qu'on lui avait demandé de revenir alors qu'il était à la retraite. À l'époque, les experts de l'Agence sur cette région n'étaient pas légion. Et personne n'avait songé à en former d'autres...

Quand Dewey sortit de mon bureau, je remarquai le cryptonyme ou nom de code sur la chemise du dossier : [redacted]

1/ les deux premières lettres indiquaient que l'agent était iranien ou rapportait sur l'Iran. J'étudiai le premier document sur lequel on lisait le véritable nom de l'agent en question : Manucher Ghorbanifar. Ce nom n'évoquait rien pour moi, mais sur le côté gauche du dossier, je découvris une note demandant aux officiers de rester à l'écart de l'agent en question. Quand la DO avait eu une expérience douloureuse avec un agent, elle envoyait une note de ce genre à tous les bureaux de l'Agence dans le monde. Le plus souvent, l'excommunié était un bonhomme qui avait fabriqué de fausses informations auxquelles la CIA avait cru, ce qui, une fois leur fausseté avérée, ternissait le crédit de la Maison dans les médias ou à la Maison-Blanche. Ghorbanifar avait prétendu, le 17 mars 1984, qu'un extrémiste iranien, Mehdi Karrubbi, projetait d'assassiner le président Reagan. Le lendemain, Ghorbanifar passait au détecteur de mensonges et avouait qu'il avait inventé l'histoire pour se faire un peu d'argent, mais le Secret Service avait déjà été placé en alerte maximale.

J'interrompis donc ma lecture sur la foi de la petite note. Une fois un faussaire démasqué, on ne traitait plus jamais avec lui. Je posai le dossier de Ghorbanifar sur une pile d'autres dossiers que je ne lirais jamais.

Dewey revint me voir deux semaines plus tard.

— Alors, est-ce que vous l'avez lu ?

Je lui répondit que non. Il reprit le dossier et, peu de temps après, je quittai le CTC et partit pour Beyrouth. Sans que Dewey ait rien pu faire. La division Proche-Orient n'avait trouvé personne d'autre. Non seulement c'était dangereux, mais une telle affectation était considérée comme nuisible pour la carrière. Je m'en fichais parce que je savais que le seul endroit où l'on pouvait apprendre ce qu'était le terrorisme, c'était le terrain.

George Cave accepta les « vacances » que lui proposait Dewey à Téhéran et faillit se faire inculper dans le scandale Iran-Contra. Dewey, lui, s'en tira moins bien. Il fut inculpé avant d'être finalement dédouané. Si j'avais lu le dossier Ghorbanifar comme on me l'avait demandé, j'aurais vraisemblablement été envoyé à Téhéran et, presque à coup sûr, inculpé de « complicité de conspiration » dans l'affaire Iran-Contra. C'est l'un des exemples d'affaires où je me félicite de ne pas avoir obéi aux ordres.

J'ai souvent repensé à la façon dont les conseillers de Reagan s'étaient laissé embringuer dans l'affaire Iran-Contra. Il est clair aujourd'hui que Téhéran a pris les Américains pour des pigeons. Dès que les Iraniens reçurent leur premier chargement d'armes en échange d'un otage, ils se lancèrent à fond dans le business des otages et se dépêchèrent d'en kidnapper des dizaines d'autres. Mais il y a plus ; en employant Ghorbanifar, un escroc notoire, pour gérer une des affaires diplomatiques les plus délicates de l'histoire américaine, la Maison-Blanche scellait son échec. Un peu comme si elle avait demandé au marchand de journaux du coin de gérer ses investissements en Bourse.

Non, en fait c'était pire.

Il me semble qu'il y avait deux enjeux. D'abord, après l'attentat à la bombe contre les bâtiments des marines, à Beyrouth, en 1983, l'option d'une libération des otages par des soldats américains fut définitivement écartée. Le Pentagone ne voulait pas envoyer de troupes à moins d'envisager une invasion pure et simple : l'option tout ou rien. Les militaires refusèrent même d'envoyer un détachement de forces Delta, les unités d'élite anti-terroristes de l'armée, à moins qu'un commando Delta prenne position sur place et puisse surveiller les otages au moins vingt-quatre heures à l'avance — une condition impossible à remplir.

Il ne restait donc que le canal diplomatique. Léger problème, personne parmi les hauts responsables de la sécurité nationale n'avait le moindre lien avec l'*establishment* iranien, seul pays crédité de quelque influence sur les ravisseurs. Le Département d'État tenta d'utiliser la diplomatie suisse, mais l'affaire était trop brûlante pour que les Suisses et le ministre iranien des Affaires étrangères veuillent s'engager. La CIA elle-même n'avait aucun contact dans la haute politique iranienne. Sous l'ancien régime, la Maison-Blanche avait été formelle dans ses directives à l'Agence : aucun contact avec l'opposition iranienne pour ne pas irriter le Chah. L'Agence avait même évité l'ayatollah Khomeyni et son entourage à l'époque de son exil dans la banlieue parisienne. Si bien que, lorsque la révolution iranienne avait éclaté en 1979, la CIA était, du fait des stratèges washingtoniens, devenue sourde et aveugle en Iran.

Une fois écartées les solutions diplomatique et militaire, la Maison-Blanche dut accepter la médiation Ghorbanifar quand un responsable israélien la sortit de sa manche. Mais le plus étonnant pour moi, c'est que quand la Maison-Blanche comprit qu'elle avait été bernée par ce charlatan, elle se tourna vers Albert Hakim, un intermédiaire américano-iranien assez douteux. Hakim, le joker des Américains n'avait qu'une motivation : l'argent. Pourtant, à la différence de Ghorbanifar, Hakim pouvait court-circuiter tous les autres intermédiaires. Il avait un accès direct aux véritables décideurs dans la question des otages, les Pasdarans iraniens. Son principal contact était Ali Hashemi Bahramani, officier des Pasdarans et neveu d'Ali Hashemi Rafsandjani, le président du parlement iranien.

8

Avril 1986. Washington DC

Avant d'être envoyé à Beyrouth, j'avais eu le temps de prendre des cours accélérés d'initiation au terrorisme. Il n'existait pas de meilleur endroit que le CTC pour apprendre : j'avais un accès intégral à tous les dossiers et toutes les bases de données de la CIA sur le terrorisme. Autrement dit, j'étais comme un gosse dans une confiserie.

Le premier dossier sur lequel je me penchai, inévitablement, fut l'attentat contre notre ambassade. Le mystère restait toujours aussi épais et il suffisait de jeter un coup d'œil sur la mince chemise vert pomme pour deviner que les pièces qu'elle contenait ne m'en apprendraient pas très long. L'information la plus récente remontait à deux ans. Non seulement les effectifs de la CIA à Beyrouth avaient été décimés par l'attentat contre l'ambassade, mais en déménageant dans le quartier chrétien de la ville, nous avions aussi perdu la plupart de nos meilleurs agents musulmans. Peu d'entre eux pouvaient franchir la « ligne verte », la ligne de démarcation séparant les quartiers chrétiens et musulmans de la ville.

La réouverture de ce dossier ne s'annonçait donc pas facile. Était-elle seulement possible ? Le président libanais Amine Gemayel avait discrètement relâché tous les suspects arrêtés après l'attentat. Nous le soupçonnions de corruption mais, arrangement occulte ou pas, une fois les principaux suspects évanouis dans la nature, nous étions revenus à la case départ. Il ne nous restait que les trois revendications parues dans la presse le jour de l'attentat. Seule différence, nous pouvions maintenant associer un nom, celui d'Imad Moughniyah à l'un des groupes qui les avaient signées, le *Djihad* islamique. C'était un point de départ qui en valait un autre.

Imad Fayez Moughniyah était une énigme. Selon sa demande de passeport, il était né en 1962 à Tayr Dibba, un village misérable du sud du Liban, mais nous n'étions même pas sûrs de cette simple donnée. Il arrivait souvent que les chiites libanais pauvres mentionnent le village familial comme lieu de leur naissance pour dissimuler une résidence illégale — le plus souvent dans les quartiers sud de Beyrouth. Moughniyah, nous le savions, avait grandi à Aïn al-Dilbah, un des quartiers les plus pauvres de la capitale libanaise. La maison des Moughniyah était une simple bâtisse de parpaings sans eau courante située en bordure de l'aéroport dans un quartier que les avions survolaient donc à très basse altitude. Pendant la guerre civile, ce quartier était traversé par la fameuse ligne verte. Encore adolescent, Moughniyah était souvent réveillé par le fracas des obusiers et des mitraillettes. Éclats d'obus ou balles perdues venaient régulièrement ricocher contre sa maison.

Nous avons reconstitué son itinéraire grâce à nos agents mais aucun officier de la CIA, quelle que fût son origine ethnique, ne put aller les vérifier sur place, à Aïn al-Dilbah. Ce quartier était en effet une forteresse impénétrable. Tous les habitants se connaissaient et si un étranger avait le malheur de s'aventurer dans le coin sans être capable d'expliquer ce qu'il faisait là, il devait s'estimer heureux si, pour toute sanction, on le chassait sans ménagement. Même les autorités libanaises avaient renoncé à intervenir à Aïn al-Dilbah.

Moughniyah avait rejoint très jeune, sans doute dès quatorze ou quinze ans, la Force 17, la garde prétorienne de Yasser Arafat. Mais ce n'était qu'un homme de main de seconde zone, un sniper parmi des dizaines d'autres, qui passait ses jours et ses nuits à « allumer » des chrétiens, de l'autre côté de la ligne verte. Il prétendait avoir passé un an à l'université américaine de Beyrouth mais son dossier scolaire démentait cette affirmation. Il comptait parmi ses ancêtres un érudit islamique, mais dans ses propres études n'apparaissait aucune trace de véritable formation musulmane.

C'était tout ce que nous savions, mais le Moughniyah d'autrefois ne concordait pas avec celui que nous recherchions. Comment un pauvre garçon d'Aïn al-Dilbah avait-il pu renaître sur les cendres de l'invasion israélienne de 1982 et, en moins d'un an, mettre sur pied l'organisation terroriste la plus meurtrière et la plus riche du monde ? Était-ce là l'homme qui avait organisé l'enlèvement et la séquestration de dizaines d'otages étrangers ? Celui qui avait pulvérisé l'ambassade américaine en avril 1983 et si bien brouillé les pistes qu'on ne disposait d'aucun indice permettant de remonter jusqu'à lui ? Plus je creusais le dossier, plus j'étais convaincu que les Algériens avaient eu tort à propos de Moughniyah ; il ne pouvait avoir agi seul.

Je passai deux mois à fouiner, au sein du CTC et partout où je pouvais, pour dénicher des informations qui ne figuraient pas dans le dossier. J'arrivais souvent à 6 heures du matin devant la porte du siège de la CIA, sur la route 123. Parfois, je devais frapper à la guérite vitrée du garde pour qu'il jette un coup d'œil sur mon badge et me laisse passer. Vers 19 ou 20 heures, je finissais par remarquer que presque tous mes collègues du CTC étaient partis, mais je passais encore une ou deux heures à lire dans mon coin. La montagne de dossiers et de papiers accumulés sur et autour de mon bureau était un inépuisable sujet de plaisanteries pour le service.

Mais je n'avais toujours pas réussi à réunir assez d'informations pour parvenir à une conclusion formelle concernant le rôle joué par Moughniyah dans l'attentat.

Pourtant, en épluchant le dossier des otages kidnappés au Proche-Orient, j'étais de plus en plus convaincu qu'au-delà de la large responsabilité de ce dernier, les Pasdarans et le gouvernement iranien avaient joué un rôle décisif quoique souterrain.

Nous savions par exemple, de source sûre, que c'étaient les Pasdarans qui avaient enlevé David Dodge. Nous savions aussi qu'en 1983, un officier Pasdaran de la Bekaa avait imaginé tout un plan d'enlèvement d'étrangers. Il nous semblait donc plausible que la vague de kidnappings récents ait découlé de ce plan plutôt que de la vindicte anti-occidentale d'un sans-grade obscur comme Moughniyah. Et puis, il y avait les circonstances de la mort de Bill Buckley, décédé, selon nos informations, en juillet 1985. Bien qu'incapables de déterminer à quel moment s'était située cette scène, nous avions appris de manière quasi certaine que le chef suprême des Pasdarans, le commandant Ali Saleh Shamkhani — qui se trouve être, au moment où j'écris ces lignes, ministre de la Défense d'Iran —, était entré dans une fureur noire et avait vertement tancé ses subordonnés pour avoir laissé mourir un otage par pure négligence. Il avait ordonné que l'unité Pasdaran stationnée à Cheik Abdallâh fasse examiner par un médecin tous les autres otages malades. C'était à la suite de ce rapport qu'un pédiatre juif libanais, Elie Hallak, lui-même prisonnier du Hezbollah, avait été conduit auprès de Michel Seurat, chercheur français enlevé par le *Djihad* islamique. Hallak n'avait rien pu faire pour Seurat, qui devait décéder l'année suivante, probablement d'un cancer. Hallak ne put pas non plus grand-chose pour lui-même ; il fut exécuté dès que le *Djihad* islamique dénicha un autre médecin qui acceptait de soigner les captifs.

Restait le cas un peu particulier de Jeremy Levin, journaliste de CNN. Le *Djihad* islamique l'avait enlevé à Beyrouth le 7 mars 1984. On n'entendit plus parler de lui pendant presque un an, jusqu'au 14 février 1985, jour de la Saint-Valentin, où il se présenta à un poste de contrôle de l'armée syrienne, à proximité de Baalbek.

Levin expliqua qu'à son réveil, ce matin-là, il avait découvert que les chaînes qui l'entravaient était détachées. Il avait noué ensemble deux couvertures qu'il avait attachées à la fenêtre de sa prison et il avait joué la fille de l'air. Une évasion facile, si facile qu'il se demandait dans quelle mesure elle n'avait pas été arrangée par ses gardiens. D'après sa description des lieux, il apparaissait que Levin avait été lui aussi détenu dans un bâtiment de la caserne Cheik Abdallâh. Si tel était le cas, il y avait fort à parier que le journaliste de CNN avait été l'otage des Pasdarans, même si le *Djihad* islamique était responsable de son enlèvement.

Un matin, dans mon bureau du CTC, alors que je retournais toutes ces considérations pour la millième fois dans ma tête, le téléphone sonna. C'était Fred Turco, l'adjoint de Dewey. « Jenco a été libéré », m'annonça-t-il. Fred semblait épuisé, comme s'il n'avait pas dormi de la nuit. « Il est en route pour Wiesbaden. Fais tes valises et prends le premier avion. Je veux que tu lui parles. »

Le père Lawrence Martin Jenco avait été enlevé à Beyrouth le 8 janvier 1985. Comme pour Levin, nous n'avions plus entendu parler de lui jusqu'à sa libération intervenue le 26 juillet 1986. Un autre otage, le révérend Benjamin Weir, relâché un peu plus tôt, avait refusé de parler au FBI comme à la CIA. Nous espérions que Jenco nous aiderait à remplir les blancs. Que s'était-il passé entre l'évasion de Levin et sa propre libération ?

Si je voulais arriver à temps à la base aérienne Andrews, je n'avais plus le temps d'enfourcher mon vélo pour passer chez moi. Fred me ramena donc à la maison dans sa Chevrolet blindée, je fourrai quelques vêtements dans un sac et repartis avec lui vers Andrews. J'y retrouvai une équipe de debriefing qui devait compter une vingtaine de personnes. Nous étions sur le point d'embarquer dans le C-141 à destination de Wiesbaden quand un colonel de l'armée de l'air informa l'ambassadeur Bob Oakley que le vol était retardé. Deux tempêtes convergeaient au-dessus de l'Atlantique et la FAA[1] donnait une stricte priorité aux vols entrants, dont certains avaient déjà été retardés deux heures et risquaient de se trouver à court de carburant. La FAA se souciait comme d'une guigne de l'urgence de notre mission et nous allions devoir attendre.

Oakley ne se laissa pas impressionner. Il fit appeler Oliver North à la Maison-Blanche et deux minutes plus tard il revenait en clamant : « On y va ! » Oakley nous expliqua ce qui s'était passé alors que l'avion s'ébranlait sur la piste. North avait appelé le président de la FAA et lui avait ordonné, au nom du Président, de nous autoriser à décoller immédiatement. Il fut aussitôt obéi. Je compris ce jour-là que personne ne se risquait jamais à contrarier un proche conseiller du Président — ou supposé tel.

Jenco ne fut pas le filon que nous espérions. Il avait pourtant une mémoire remarquable. Mais voilà, il avait passé l'essentiel de sa captivité enchaîné à un mur avec un bandeau sur les yeux. Les quelques conversations qu'il avait eues avec ses gardiens ne nous apprirent rien d'intéressant. Sur les photos que nous lui présentâmes, Jenco ne reconnut pas Moughniyah, ni aucun autre militant.

Je commençais à me dire que ce voyage n'avait servi à rien quand Jenco se mit à parler de Jeremy Levin. Quand les gardiens avaient appris son évasion, leur premier réflexe avait été de disperser en toute hâte les otages chez des sympathisants, dans la plaine de la Bekaa, ou dans la banlieue sud de Beyrouth, secteurs où les Syriens ne pouvaient intervenir. Cette réaction dénotait un mélange apparemment authentique de surprise, de colère et de panique. Déduction n° 1 : Levin s'était donc bien échappé contre la volonté de ses ravisseurs. Déduction n° 2 : ces derniers voulaient éviter une confrontation avec la Syrie.

1. Federal Aviation Administration : Administration fédérale de l'aviation, ce service est chargé de contrôler la sécurité et la régularité des transports aériens sur le territoire américain (*N.d.T.*).

Mais la vraie bonne surprise se produisit quand nous montrâmes à Jenco la photo satellite de la caserne Cheik Abdallâh. Ses ravisseurs avaient commis une grave erreur : ils n'avaient pas complètement bouché la vue des toilettes que Jenco utilisait. À travers une fente minuscule, le pasteur américain avait, à plusieurs reprises, aperçu des Pasdarans iraniens en uniforme transportant de la nourriture entre un mess d'officiers et l'immeuble d'appartements où lui et les autres otages étaient détenus. Jenco parvint à identifier le grand mess d'après photo et, mieux encore, reconnut l'immeuble qui abritait les officiers mariés — le même que celui que j'avais aperçu, escorté par les Pasdarans, pendant mon incursion d'octobre 1984 dans la Bekaa — comme étant celui dans lequel il avait été détenu.

Comme tant d'autres choses au Proche-Orient, l'histoire Moughniyah se compliquait à mesure qu'on l'examinait, mais la découverte que je fis ensuite me laissa dans le brouillard le plus épais, du moins au début.

Le 30 septembre 1985, un groupe se faisant appeler Organisation de libération islamique enlevait quatre diplomates soviétiques à Beyrouth. Au cours du kidnapping, l'un des Soviétiques fut si grièvement blessé qu'il devait mourir en captivité peu après. Personne n'avait jamais entendu parler de cette organisation, mais la nature de sa revendication (que les Syriens cessent de s'en prendre aux fondamentalistes à Tripoli) nous convainquit qu'il s'agissait en fait des Frères musulmans dissimulés sous un nom d'emprunt, le mouvement étant à l'époque obligé de se terrer à Tripoli. Quelque temps après, un Palestinien inconnu du nom de Khudur Salamah était arrêté, avouait le kidnapping et était échangé contre les diplomates soviétiques survivants. (La confession de Salamah n'était peut-être pas tout à fait spontanée : la rumeur courut que ses interrogateurs lui avaient coupé les testicules pour le faire parler.)

Fiction ou réalité ? Nous ne savions que croire : l'histoire Salamah pouvait relever de l'une comme de l'autre. À Beyrouth, la seconde passait souvent la première. C'était bien Imad Moughniyah qui avait arrangé la libération des Soviétiques. Nous savions qu'il avait pris l'avion pour Tunis et qu'il avait négocié avec Yasser Arafat en personne, lequel avait accepté de servir d'intermédiaire entre les preneurs d'otages et les Soviétiques. Moughniyah devait, selon nous, avoir reçu l'assurance d'Arafat que les Russes ne chercheraient pas à se venger des ravisseurs. Pour arrondir les angles, Arafat avait ordonné au chef de la sécurité de l'OLP de virer 200 000 dollars sur le compte de Moughniyah. Les Soviétiques respectèrent leur part du contrat. Ils ne cherchèrent pas à se venger de Moughniyah ou de l'Organisation de libération islamique. Ces enlèvements restèrent d'ailleurs la seule et unique manifestation de l'existence de la mystérieuse OLI.

Après cette opération, Moughniyah nous apparut sous un tout autre éclairage. Il avait effectivement appartenu à la Force 17 d'Arafat, mais les Algériens, en nous expliquant qu'il avait coupé les ponts avec l'OLP, se leurraient ; il mangeait pour le moins à plusieurs râteliers, dont celui de l'OLP.

Cependant l'histoire se corsa un peu plus quand l'enquête mit en lumière la véritable personnalité de Khudur Salamah, de son vrai nom Ali Dib. Chiite libanais né en 1957, il avait rejoint tout jeune le Fatah où il avait été versé dans les services de renseignements. En 1975, au début de la guerre civile libanaise, il avait été nommé commandant de secteur à Aïn al-Dilbah, ce qui signifiait qu'il était à l'époque le patron de Moughniyah. Après l'invasion israélienne, Dib avait été mêlé, semblait-il, à des affaires de terrorisme international ; on retrouva son nom dans le carnet d'adresses d'un terroriste du Hezbollah arrêté à Ladispoli (Italie) en 1984.

Dib nous mena à un autre espion du Fatah — Abd al-Latif Salah, né en Jordanie en 1950. Après avoir obtenu son diplôme de l'université américaine de Beyrouth, ce dernier avait épousé la fille d'un important politicien chiite. Vers la même époque, il avait rejoint les services de renseignement du Fatah. En 1982, quand l'organisation d'Arafat avait dû évacuer Beyrouth, Salah avait intégré une cellule clandestine restée sur place pour combattre les Israéliens. Il n'avait pas refait surface, en tout cas pour nous, jusqu'à l'arrestation d'Ali Dib (alias Khudur Salamah) qui servait de trait d'union avec Moughniyah. Et puis, le 17 décembre 1985, il avait été arrêté à l'aéroport de Chypre avec un complice, en possession d'un pistolet caché dans une bouteille. (Le verre était censé tromper le scanner du portique de sécurité ; cette technique avait déjà été utilisée par les pirates du vol TWA-847 pour passer leurs armes en fraude.) Mais Salah émargeait toujours sur les registres de l'organisation d'Arafat. De plus, on apprit par la suite qu'Arafat envoyait régulièrement des subsides à Moughniyah et au Hezbollah par le truchement de Salah.

La piste Arafat me fit envisager l'attentat contre l'ambassade américaine d'un autre œil. L'un des suspects arrêtés après l'attentat, Mohammed Na'if Jada, était, après tout, un membre du Fatah. C'était le seul prisonnier dont le témoignage paraissait digne de foi et il avait fourni des renseignements d'une importance cruciale.

Jada, un Palestinien, avait été engagé par l'ambassade comme garde quelques mois avant l'attentat. Interrogé après celui-ci, il confirma aussitôt sa participation, avouant même qu'il était un militant actif du Fatah avec le grade de lieutenant. À l'automne 1982, son supérieur hiérarchique, Azmi Sughayr, lui avait ordonné de faire en sorte d'obtenir un emploi à l'ambassade. Sans poser de questions, Jada avait obtenu la concession d'un étal sur la corniche faisant face à la chancellerie et avait noué des relations amicales avec les marines qui la gardaient. Après quoi, il avait été engagé dans le bâtiment des marines, puis directement comme gardien de l'ambassade. Quelques semaines avant l'attentat, deux lieutenants de Sughayr avaient demandé à Jada de noter les allées et venues de l'ambassadeur John Habib, que sa participation active aux négociations qui devaient aboutir à l'accord du 17 mai contraignait à s'absenter régulièrement de Beyrouth. Jada avait accepté sans poser de questions. Mais, deux jours avant l'attentat, les lieutenants de Sughayr avaient de nouveau appelé Jada pour lui demander son aide dans une opération visant à « effrayer » Habib. Il devait noter le moment où l'ambassadeur serait présent dans le bâtiment officiel américain et l'accès dégagé, et en informer un véhicule effectuant des allers et retours sur l'avenue qui longeait l'ambassade. Le matin du 18 avril 1983, un garde apprit par erreur à Jada qu'Habib se trouvait à l'intérieur de l'ambassade. Voyant l'allée dégagée, Jada sortit prévenir la Mercedes verte qui attendait son signal. La dernière chose qu'il se rappelait ensuite, c'était un éclair, puis une avalanche de gravats pleuvant sur lui. En fait, c'était un miracle que Jada ait survécu à l'explosion et ce miracle ne faisait sûrement pas partie du plan. La CIA fit passer Jada au détecteur de mensonges après son arrestation. Il répondit la vérité à toutes les questions. Mais après le décès dramatique d'un suspect torturé à mort par les policiers libanais, l'Agence fut évincée de l'enquête. Si bien qu'aucun de nous n'entendit plus jamais parler de Jada. En 1986, nous n'avions pas la moindre idée de l'endroit où il pouvait se trouver.

Quand j'eus fini de compulser les dossiers du siège et d'absorber tous les éléments disponibles sur le *Djihad* islamique et Moughniyah, il était temps pour moi de repartir pour Beyrouth. J'avais la quasi-certitude que les Pasdarans iraniens avaient la haute main sur les otages, que Moughniyah était l'auteur du détournement du vol TWA-847, que c'était un proche d'Arafat et du Fatah, et qu'un réseau du Fatah était très certainement impliqué dans l'attentat contre l'ambassade américaine de Beyrouth. Le moment était venu de commencer à relier tous ces fils entre eux par une enquête de terrain.

9

Août 1986. Larnaca, Chypre

Le chauffeur avait plus de quarante minutes de retard. Si l'hélico quittait Larnaca sans moi, j'allais devoir attendre trois jours le suivant. Une perspective qui ne me souriait guère. Je ne pouvais à aucun prix manquer les rendez-vous pris avec mon agent à Beyrouth. Pour la plupart, il aurait alors fallu les reporter d'au moins un mois. J'attendais dans une cafétéria presque déserte de l'aéroport en regardant sans cesse ma montre.

Je faillis appeler Nicosie pour vérifier l'heure du rendez-vous, mais les instructions du siège étaient très claires — pas un mot des horaires de vol de l'hélico au téléphone. Il ne restait qu'une solution : prendre un taxi et retourner à Nicosie pour découvrir ce qui s'était passé.

Un vol régulier pour Beyrouth était exclu ; vu le contrôle auquel le Hezbollah soumettait tous les passagers à leur arrivée au Liban, j'aurais sans doute été enlevé avant même d'avoir atteint l'aire des taxis... La CIA avait un bateau reliant de nuit Larnaca à Junieh, un port de pêche situé dans un quartier chrétien de Beyrouth, mais débarquer à Junieh était assez risqué parce que les Syriens et leurs alliés libanais prenaient régulièrement ce port pour cible de leurs exercices de tir.

Je recalculai pour la énième fois le décalage horaire entre Londres et Larnaca. Je ne m'étais pas trompé. Je vérifiai aussi mon billet. Dans le coin supérieur gauche, j'avais écrit au crayon l'heure du départ de l'hélico ainsi que l'heure et le lieu du rendez-vous avec le chauffeur. Je me trouvais à l'heure et à l'endroit convenus. Je me voyais déjà en train d'expliquer à Dewey et Fred que j'étais resté en rade dans l'aéroport alors que l'hélico m'attendait sur le tarmac. Pour un officier traitant chevronné, ça la fichait plutôt mal. Ils allaient tiquer en lisant mon câble.

Au moment où je me levais pour inspecter une nouvelle fois le hall de l'aéroport, le chauffeur arriva en courant dans la cafétéria, son bloc-notes à la main.

— Baer ? demanda-t-il hors d'haleine.

Il avait été retardé par un accident qui avait bloqué la circulation sur la route de Nicosie.

Je courus vers la camionnette qu'il avait garée devant le terminal en laissant tourner le moteur. Dans la zone réservée, à l'extrémité de l'aéroport, le garde en faction la reconnut et la laissa passer. Le chauffeur se faufila entre deux petits avions, tourna au coin de la piste et pila entre deux hélicoptères Blackhawk de l'armée américaine. Les pilotes, en tenue de saut vert olive, m'attendaient.

— Vous êtes notre passager ? demanda le maître de manœuvre en prenant mon sac et en me tendant un gilet de sauvetage. Le vol dure une heure. On part avec deux appareils. Si l'un des deux est abattu, l'autre récupère les survivants. Précision importante : l'hélico ne flotte pas, ce qui veut dire qu'on n'aura qu'une minute pour évacuer. Mais on ne saute pas à l'eau tout de suite ; si les pales tournent encore, elles vous découperaient en rondelles, ce qui ne vous avancerait pas à grand-chose. Bref, tout est une question de minutage.

Il m'avait débité son laïus avec un impeccable sourire de steward formé à l'école hôtelière.

— Ah oui, j'oubliais... Une fois arrivés, on reste au sol vingt secondes, pas une de plus. Si un incendie se déclare à bord, n'essayez pas de descendre, vous n'avez pas envie de revenir à Larnaca pendu à un patin, je suppose ?

Les deux hélicos décollèrent avec un ensemble parfait, virèrent lentement vers la mer, et inclinèrent le nez avant d'accélérer à fond, passant en quelques secondes de 0 à 300 kilomètres/heure. Ils volèrent côte à côte à un peu moins de 800 mètres d'altitude. Il faisait beau et la surface de la Méditerranée chatoyait à perte de vue.

Environ dix minutes avant d'arriver à Beyrouth, les membres de l'équipage enfilèrent d'épais gilets en kevlar et le maître de manœuvre ouvrit la porte arrière, laissant s'engouffrer un formidable courant d'air. Les hélicos redescendirent à environ 6 mètres au-dessus de la surface de l'eau. Difficile, depuis la terre, de repérer des appareils volant à cette hauteur et pratiquement impossible de leur tirer dessus. Les hélicos volaient d'ailleurs encore plus bas que d'habitude parce que l'Agence avait appris, peu auparavant, que des Blackhawks avaient été détectés par des radars syriens, sans doute des batteries de missiles sol-air.

Le Liban devait se trouver quelque part devant nous, mais je ne l'apercevais pas encore. Une épaisse brume marron dissimulait la côte. Une fois ce nuage traversé, je discernai la côte et l'autoroute qui la longeait. Je pensais que les Blackhawks allaient se diriger vers le sud et suivre l'autoroute jusqu'à l'ambassade. Mais ils continuèrent tout droit, l'un derrière l'autre, à environ 6 mètres du sol, en suivant rigoureusement le dénivelé. Les Libanais sortaient sur leur balcon pour nous voir passer.

En remontant un ravin, les appareils virèrent à droite et volèrent perpendiculairement au sol une seconde avant de redresser le nez et d'avaler une crête. De l'autre côté, j'aperçus aussitôt les quatre étages de l'ambassade américaine détruite par une voiture suicide bourrée d'explosifs le 20 septembre 1984, attentat qui avait coûté la vie à 14 personnes. Exactement dix-sept mois avant l'attentat, la première ambassade américaine, un immeuble de sept étages situé sur le front de mer, avait connu le même sort. Le mur latéral qui n'avait pas été soufflé par l'explosion s'était effondré par la suite, laissant à nu un funèbre squelette de métal. Un spectre de plus dans une ville où les spectres semblaient plus nombreux que les vivants.

Sur le toit, deux mitrailleuses calibre 30 à chargement rapide et leurs deux servants. Ils protégeaient la plate-forme d'atterrissage, prêts à faire feu sur celui qui serait assez fou pour les examiner avec un peu trop d'insistance pendant que les Blackhawks stationnaient. Ces types prenaient leur mission au sérieux. Deux mois plus tôt, ils avaient tiré sur un hélicoptère de l'ONU qui avait survolé l'ambassade d'un peu trop près, blessant son pilote.

Je sautai à terre et les deux Blackhawks repartirent aussitôt pour se fondre bientôt avec la ligne d'horizon séparant la mer du ciel. Ce devait être mon cinquantième voyage à Beyrouth mais j'avais toujours la même désagréable sensation d'être abandonné dans le dernier cercle de l'enfer. Le silence irréel après le bruit du rotor, les obus s'abattant sur le port et les balles traçantes d'une mitrailleuse calibre 50 qui pleuvaient sur la ville, l'épais panache de fumée noirâtre montant des bâtiments en flammes qui recouvrait en permanence le centre ville : ceux qui, à Saigon, en 1975, avaient vu le dernier hélicoptère quitter le toit de l'ambassade devaient avoir éprouvé une impression similaire.

La nouvelle ambassade de Beyrouth, une villa de deux étages située à une centaine de mètres du squelette, était sans doute l'un des bâtiments les mieux protégés au monde. Les 10 hectares de terrain qui l'entouraient étaient tapissés d'une mer ondulante de barbelés, et truffés de bunkers, miradors, mitrailleuses lourdes et autres tranchées abritées par des piles de sacs de sable. Les murs de la villa étaient protégés d'une éventuelle attaque à la roquette par des plaques de blindage de trente centimètres d'épaisseur et des écrans anti-roquettes recouvraient le toit de la villa. Et l'ambassade employait pas moins de 600 gardes locaux armés, la quatrième plus importante milice privée du pays. Pour avoir des chances raisonnables de s'en emparer il aurait fallu aligner une division blindée.

Mais une fois franchies les limites de ce terrain, c'était la jungle. En trois ans, la CIA déplorait la perte de deux chefs de station, cinq officiers et quantité d'agents.

Et bien sûr, Beyrouth et le Liban n'étaient pas dangereux seulement pour nous. Trente-sept étrangers avaient été retenus en otages depuis janvier 1984 dont une demi-douzaine avaient été exécutés.

Peu après mon arrivée, les assassinats avaient commencé à se multiplier à Beyrouth-Est, le quartier chrétien où se trouvait l'ambassade. L'attaché militaire français avait été tué à bout portant dans le parking de l'ambassade française. Le numéro 2 des services secrets français au Liban avait été abattu devant l'immeuble des services secrets libanais, exécuté, sans le moindre doute, par un des officiers libanais avec lesquels il était censé travailler. Trois gendarmes armés français avaient été abattus pendant une permission. Comme les officiels américains figuraient sur la même liste noire que les Français, nous prenions ces assassinats très au sérieux.

Pour contrer la menace, le Département d'État avait décrété que les employés ne devaient quitter les locaux de l'ambassade que pour rentrer tout droit chez eux, en convoi blindé escorté d'une voiture de tête et d'une voiture de queue bourrées de gardes armés jusqu'aux dents. Les résidences de l'ambassade étaient défendues vingt-quatre heures sur vingt-quatre par des gardes armés de Smith et Wesson calibre 38 et de fusils d'assaut Uzi. Pour plus de sécurité, les diplomates donnaient rendez-vous à leurs contacts dans l'ambassade même. Ces derniers devaient passer par un portique de sécurité sous le regard de marines armés de M-16 qui ne quittaient pas des yeux les visiteurs.

En règle générale, seul l'ambassadeur s'aventurait au-dehors et seulement escorté d'un convoi de 12 voitures avec sirènes et gardes tirant en l'air pour dégager la route. Le véhicule le plus impressionnant était la Chevrolet blindée équipée d'une mitrailleuse calibre 50. Le soldat qui la manœuvrait gardait en permanence le doigt sur la détente. Il plaisantait encore moins que son collègue, celui qui avait tiré sur l'hélicoptère de l'ONU. Le spectacle de l'ambassadeur de États-Unis se déplaçant dans Beyrouth était unique, sidérant, même pour les habitants de la ville que plus rien, ou presque n'étonnait.

À la CIA, nous avions opté pour d'autres méthodes de survie. Bien sûr, les officiers étaient tous armés. Mais dans un pays où tout le monde, dès l'âge de douze ans, est équipé d'un pistolet-mitrailleur, les petits calibres ne servaient pas à grand-chose. Nous avions donc adopté les règles de comportement des terroristes : se fondre dans l'environnement, être toujours en mouvement et complètement imprévisible. Le bureau possédait une trentaine d'appartements et une soixantaine de véhicules. À changer de résidence et de voiture assez souvent, vous deveniez une cible difficile à atteindre. Si, en plus, vous bougiez assez vite, personne ne pouvait vous abattre. Je passais une nuit dans un appartement d'Ashrafiyah, un vieux quartier de Beyrouth sur la ligne verte, et la suivante dans une résidence en bord de mer, à 30 kilomètres au nord de la ville. Il nous arrivait d'utiliser deux ou trois voitures différentes le même jour, en général des vieilles caisses rouillées ressemblant comme deux gouttes d'eau à n'importe quelle voiture libanaise. De temps à autre, je prenais le volant d'un taxi Mercedes vert brocoli de 1964. Et je donnais si bien le change que des passants me faisaient signe de m'arrêter, bien loin de soupçonner la nationalité et le métier du chauffeur.

Si étrange que cela paraisse, j'adorais l'ambiance de Beyrouth. À Langley, les réunions et le travail administratif accaparaient tout mon temps. À Beyrouth, je me promenais dans les rues où je m'étais toujours senti plus à l'aise. Et surtout, j'étais loin de Washington et des intrigues politiques qui constituaient peut-être l'entrave la plus fâcheuse à notre travail.

Jerry, le chef de station, ex-parachutiste, avait été autrefois cow-boy de rodéo. Grand, maigre, fumeur de cigares à la chaîne, il était très conscient des dangers que nous courions tous à Beyrouth. (On gardait un costume de Bill Buckley dans un casier au cas, peu probable, où il réapparaîtrait.) Mais une fois qu'il eut décidé que je connaissais mon boulot, il me laissa la bride sur le cou. Peu lui importait que je fusse absent du bureau plusieurs jours d'affilée pour rencontrer des agents et travailler loin des caches de l'Agence.

À Beyrouth, le travail avec les agents ne ressemblait à rien de ce que j'avais connu mais la capitale du Liban était, de toute façon, une ville à part. Nous avions demandé qu'on nous envoie un technicien pour passer au détecteur de mensonges un agent palestinien et je vis arriver Bernie, un Noir américain maigre comme un clou et chaussé de grandes lunettes à monture plastique. Du moment où il sauta de l'hélicoptère sur le sol libanais, Bernie décida qu'il détestait ce pays.

Je déposai ses valises dans une cache et l'emmenai retrouver notre Palestinien. C'était une belle journée. Le vent avait dissipé le *smog* local, les gens déambulaient le long de la plage ou s'ébattaient dans la mer, insouciants. Le long de la ligne verte, les armes s'étaient tues. Un silence presque louche. En clignant un peu des yeux, on se serait presque cru sur la côte californienne, quelque part entre Santa Monica et Malibu. Bernie commençait à se détendre, et en tout cas il avait cessé de clamer qu'il allait flinguer son chef dès son retour pour l'avoir envoyé dans ce pays de m...

Avant Ashrafiyah, je coupai par les collines vers le quartier d'Hasmiyah, une zone résidentielle plutôt calme, malgré les positions d'artillerie de l'armée libanaise dissimulées dans les bois alentour. Le quartier grouillait de militaires. Pendant que Bernie installait le détecteur de mensonges sur la table de la salle à manger, j'écrivais les questions que je voulais qu'il pose à notre contact. Ce dernier parlant couramment l'anglais, Bernie n'avait pas besoin de moi pour faire office de traducteur. J'avais donc décidé de faire un petit somme dans une autre pièce pour rattraper le sommeil en retard.

Je venais à peine de fermer les yeux quand une violente explosion ébranla l'immeuble et fit vibrer les fenêtres, suivie, presque aussitôt, d'une seconde détonation.

Bernie surgit dans la chambre, paniqué :

— Merde, on est foutus !

— Mais non, les tirs venaient des bois, juste à côté, ne t'inquiète pas, rétorquai-je en essayant de le calmer.

C'était d'ailleurs vrai. Je savais, d'après le bruit, que c'était les positions d'artillerie voisines qui avaient tiré vers l'ouest. Mais je commis l'erreur d'ajouter :

— Tu entendras la différence quand les obus exploseront par ici...

— Tu ne piges pas, nom d'un chien ! glapit Bernie, apparemment convaincu que les détonations m'avaient rendu sourd ou stupide. *L'autre* n'a pas réagi. Rien, pas moufeté. Pas plus la deuxième fois que la première. Comme s'il était mort. C'est un animal à sang froid, je n'en tirerai rien, autant remballer mon matos.

Ce que Bernie ignorait c'est qu'après quelque temps passé à Beyrouth nous avions tous ce type de réactions : les combats semblaient toujours se dérouler ailleurs et quand les roquettes tombaient vraiment tout près, comme ça m'était arrivé dans un appartement situé sur une colline de Beyrouth-Ouest, qu'une milice avait décidé de pilonner, le déluge ne durait pas très longtemps. Quelques minutes de palpitations et on revenait à une vie normale. Ou presque.

10

Mars 1987. Beyrouth

Remonter la piste de l'attentat contre l'ambassade revenait à reconstituer le puzzle d'une mosaïque romaine qui aurait été disloquée par un tremblement de terre et carbonisée par de la lave en fusion. Seule une voyante extralucide aurait pu distinguer les fausses pistes des bonnes.

Et quoi de plus normal, puisqu'on travaillait dans la partie chrétienne, c'est-à-dire le secteur est de Beyrouth. Autant dire un autre pays. Tous nos meilleurs agents se trouvaient à l'ouest où nous n'avions aucune possibilité de nous rendre. En outre, aucun d'eux n'était en mesure d'infiltrer le Hezbollah, ou n'importe lequel des autres groupuscules chiites radicaux, et quant à approcher Imad Moughniyah ou le *Djihad* islamique, il ne fallait pas y songer. C'est pourquoi il nous fallut recourir à des intermédiaires, des *access agents* dans le jargon de l'Agence, capables de nous faire rencontrer ceux qui détenaient les informations.

L'un de mes meilleurs *access agents* était un journaliste freelance — appelons-le Farid. Bien que chrétien, Farid était amené, pour les besoins de son travail, à franchir souvent la ligne de démarcation. Petit, mince, chauve, couleur grisaille, dissimulé derrière un perpétuel sourire, Farid était le prototype du bonhomme que personne ne remarque. Il avait des amis et des contacts dans presque tous les camps et pouvait parler à tout le monde, sauf aversion insurmontable — ce qui excluait Moughniyah et le Hezbollah. Je n'avais rien à objecter à ces exclusives. Des tentatives d'approche l'auraient presque immanquablement signalé à l'attention de nos ennemis. De plus, le Hezbollah affectionnait particulièrement les coups tordus. Un an auparavant, le 8 mars 1985, une voiture piégée avait explosé devant l'immeuble où résidait un chef spirituel chiite, Muhammad Husayn Fadlallah, tuant 80 personnes. Le Hezbollah avait aussitôt accusé la CIA d'avoir formé les plastiqueurs. C'était absurde : en matière de voitures piégées, les Libanais en savaient au moins autant que nous mais la logique n'avait pas grand-chose à voir là-dedans. Toute personne excitant les soupçons du Hezbollah était passible d'exécution sommaire immédiate.

Je demandai d'abord à Farid de m'obtenir les dossiers administratifs de ceux que nous soupçonnions d'être des sympathisants du *Djihad* islamique. Pour lui simplifier le travail, je louai une cache dans Sinn Al-Fill, un quartier chrétien pauvre proche de la ligne verte. J'arrivais toujours le premier aux rendez-vous et j'observais Farid se faufiler avec une aisance déconcertante entre étals, voitures mal garées et piétons, une serviette en cuir bourrée de dossiers au bout du bras.

Une fois dans l'appartement, je lui apportais un soda et il posait entre nous, sur le canapé, le contenu de son attaché-case : fiches d'état civil, listes d'adhérents de syndicats ou de partis, vieilles coupures de presse et photos récentes de manifestations du Hezbollah. Neuf fois sur dix, je ne pouvais rien en tirer, mais je l'encourageais toujours à persévérer, à charge pour moi de dénicher dans ce fatras l'information qui nous remettrait en selle, la pépite au milieu des gravillons. Farid recevait toujours un bonus quand il m'apportait des documents intéressants — à Beyrouth, la CIA disposait d'un budget très substantiel.

Ce fut ainsi que Farid m'apporta les documents

d'état civil de Muhammad Hammadah, pirate libanais du vol TWA-847[1] que nous soupçonnions d'être un membre actif du groupe de Moughniyah. Il lui fallut environ quatre semaines pour les dénicher et quand il se pointa à notre rendez-vous, il ne pouvait contenir sa joie. Il avait trouvé le bon bureau d'état civil, épluché les registres, refilé un modeste bakchich au fonctionnaire pour en obtenir une copie, tout ça sans que personne ne lui pose la moindre question. Il triomphait.

Je soulevai la page entre le pouce et l'index comme s'il s'agissait d'un rare et fragile manuscrit ancien. Il y avait toute la famille : le père de Muhammad, Ali Hassan, né en 1929 à Al-Sawanah, sa mère, Fatma Abd-al-Hassan Dabbuk, née en 1931 à Khirbat Silm, et tous ses frères et sœurs, dont son aîné Abd al-Hadi Hammadah, important responsable du Hezbollah.

Le lecteur non prévenu se demandera peut-être pourquoi j'étais prêt à risquer la vie d'un agent pour obtenir ce type d'informations, mais elles pouvaient relancer toute l'enquête. Sur les fiches figuraient aussi adresses, numéros de téléphone, dates de mariages et noms des conjoints. Ces renseignements devaient nous permettre également de vérifier les témoignages d'autres agents, dont certains se vantaient de connaître Muhammad Hammadah. On pouvait les interroger sur des faits que nous connaissions désormais : le registre d'état civil des Hammadah nous apprit par exemple que Samira, la sœur de Muhammad, née le 13 février 1969, était toujours célibataire et vivait dans la maison familiale de Burj Al-Barajnah. Si notre contact ne savait rien à son sujet, c'est que quelque chose clochait. Peut-être n'était-il pas aussi proche de Muhammad qu'il le prétendait, peut-être était-ce un agent double censé nous tendre un piège... La préservation d'un service de renseignements passe par un enrichissement constant de son stock d'informations. Muhammad Hammadah fut finalement arrêté le 13 janvier 1987 à l'aéroport de Francfort alors

1. Voir p. 142

qu'il essayait de passer en fraude à la douane une bouteille de nitrate de méthyle, un liquide explosif hautement instable. Il devait servir à la fabrication de bombes que des terroristes projetaient de faire exploser en France.

Farid m'aida aussi à résoudre une enquête. Le 25 décembre 1986, 4 Libanais avaient détourné un avion venant de Bagdad avant de le faire se crasher délibérément en Arabie Saoudite. Les pirates et la plupart des membres d'équipage et des passagers avaient péri au cours de la catastrophe. Les Irakiens nous communiquèrent l'identité d'un des terroristes, Ribal Khalil Jallul, un jeune chiite de la banlieue sud de Beyrouth. Pour vérifier cette information, Farid chercha et trouva un dossier d'état civil, portant le numéro 117, au nom de la famille Jallul à Burj Al-Barajnah. Parmi les enfants de Khalil Jallul figurait un certain Ribal Khalil Jallul, né le 10 février 1967. L'une des sources de Farid lui montra ensuite, sur une affiche ornant le mur d'une mosquée, une photo de Ribal Jallul, « jeune martyr », selon la légende. Finalement, Farid s'arrangea pour obtenir une copie d'un ancien passeport de Jallul. Le nom ne collait pas, mais la photo correspondait à celle de l'affiche. Nous avions ajouté une pièce manquante à notre puzzle.

Une fois épuisé le filon Farid, restait à exploiter les écoutes clandestines.

À Beyrouth, personne n'était à l'abri d'un raccordement clandestin. Dans presque toutes les rues de la ville, faisceaux de câbles téléphoniques et branchements de fortune pendouillaient le long des façades et au-dessus de la chaussée, reliant les deux côtés de la rue. Ces branchements ne répondaient pour la plupart qu'à des besoins normaux : quand on s'installait à Hamra — le vieux quartier des affaires de la capitale —, dans un appartement non encore raccordé au réseau téléphonique existant, il n'était pas question de demander à la compagnie du téléphone de venir effectuer ce raccordement ; cette dernière, comme à peu près tous les services d'entretien des infrastructures urbaines, n'existait plus. Il ne restait qu'à trouver une ligne en état de marche et à se raccorder dessus, légalement ou illégalement. On pouvait par exemple se brancher sur la ligne d'un hôtel de Hamra — la plupart des hôtels étant désertés. Comme personne ne recevait plus de facture, on avait toutes les chances de ne jamais être découvert. Autre possibilité : descendre au sous-sol de son immeuble et se raccorder à la ligne de son voisin.

Conséquence de cette prolifération de raccordements indépendants à Beyrouth, les branchements clandestins n'attiraient guère l'attention, si bien que tout le monde écoutait tout le monde, ou presque.

Je compulsais régulièrement les rapports d'écoute archivés au bureau et c'est ainsi qu'un jour, je découvris une conversation entre Abd-al-Hadi Hammadah, le frère du pirate de la TWA, et un certain Jihad Jallul. Comme les Jallul formaient une grande famille, je ne pouvais être totalement sûr que Ribal fût apparenté à Jihad. Mais en épluchant l'état-civil des Jallul, je découvris un Jihad Khalil Jallul, de toute évidence l'aîné de Ribal. Je dénichai une autre transcription remontant au 16 avril 1986. Une taupe du Hezbollah dans la police libanaise, un certain Muhammad Murad, avait appelé une officine que nous soupçonnions être un bureau du *Djihad* islamique. Il avait d'abord demandé Moughniyah, qui était absent. Mais il avait ensuite demandé à parler à Abd-al-Hadi Hammadah, Jihad Jallul et Zuhayr Jallul — lequel Zuhayr était un autre frère de Ribal, selon les documents que nous possédions. Je pouvais donc maintenant établir un lien formel entre Moughniyah et le détournement de l'avion d'Irak Air. Pour sa part, Murad devait participer plus tard à l'enlèvement de 4 professeurs américains du Beyrouth University College.

Je n'en restai pas là. Je découvris, grâce à un autre agent, que les Jallul vivaient à Aïn al-Dilbah, le quartier de Moughniyah. Je pus même obtenir un croquis de leur immeuble indiquant l'emplacement de leur appartement, au-dessus d'une boutique de bonbons, et à quelques pâtés de maisons de l'immeuble où résidait Moughniyah. Je réussis à obtenir les numéros de plaque d'immatriculation et de téléphone de Jihad et jusqu'à la marque du pistolet qui ne le quittait jamais. Et mes agents dénichèrent des informations sur l'histoire familiale : son père était un alcoolique et Jihad avait accidentellement tué sa mère en nettoyant son arme dans la cuisine familiale.

Cinq autres agents s'étaient attelés au même boulot que Farid. Peu à peu, je reconstituai le portrait de groupe de la bande de Moughniyah. Je passai des dizaines d'heures à recouper mes informations, à essayer de démêler les fils reliant ces différents personnages, à éliminer les fausses pistes, à compléter mes schémas. À la fin, ils ressemblaient au diagramme électrique d'un tableau de bord de 747 ! En reconstituant le profil des membres du groupe, on comprenait mieux comment ils avaient réussi à préserver un secret presque total sur leurs activités. Soit ces types avaient des liens familiaux, soit ils avaient combattu ensemble dans le Fatah soit, au minimum, ils venaient du même quartier d'Aïn al-Dilbah. On les avait d'ailleurs surnommés la bande d'Aïn Al-Dilbah, bien conscients que c'était ce mode de recrutement « tribal » qui rendait le *Djihad* islamique si difficile à pénétrer.

Un nom revenait sans arrêt avec celui de Moughniyah : Hussein Khalil. Mais ce n'est que plus tard, quand ce Khalil fut impliqué dans l'enlèvement de Charles Glass, l'ex-correspondant de la chaîne de télé ABC, qu'il commença à nous intéresser vraiment.

Glass était venu au Liban en juin 1987 pour effectuer des recherches sur un livre qu'il préparait. Libanais par sa mère, il connaissait le pays mieux que la plupart des reporters américains et connut même son heure de gloire en interviewant le capitaine du vol TWA-847 au beau milieu du détournement, à travers un hublot ouvert du poste de pilotage. Mais apparemment, Glass ne connaissait pas encore parfaitement le Liban puisqu'il commit l'erreur de divulguer son itinéraire de voyage. Bévue fatale. Dès que les Iraniens apprirent que Glass s'apprêtait à visiter Sidon, un officier Pasdaran fonça chez Khalil et lui ordonna de kidnapper Glass. Nous savions où et quand l'enlèvement devait avoir lieu. Nous connaissions même le numéro d'immatriculation d'un des véhicules utilisés mais nous n'avions aucun moyen de joindre Glass. Si bien que, réduits à l'impuissance, nous n'avons pu empêcher son kidnapping à proximité de l'aéroport.

Farid fut chargé de me rapporter tout ce qu'il pourrait trouver sur Khalil. Moins d'une semaine plus tard, j'avais en ma possession l'état civil de la famille. Khalil s'appelait en fait Hussein Ali Hussein Jawad Khalil, fils de Ali et Samira Khalil. Il avait épousé la sœur d'Ali Ammar, vétéran du Hezbollah qui devait être élu par la suite député au parlement libanais. Un autre agent m'apporta un jeu complet de photos de Khalil.

Nous savions donc de quel milieu familial il était issu, mais ce ne fut que lorsque je communiquai son nom à un ex-agent du Fatah — appelons-le Samir — que son histoire devint vraiment intéressante. Samir était un officier de l'armée libanaise, recruté en 1975 par le Fatah. Sur ordre de l'organisation d'Arafat, Samir avait refusé de prendre part aux combats pour la maîtrise du quartier des hôtels. Après l'évacuation de Beyrouth par Arafat en 1982, il avait cessé de travailler pour le Fatah tout en gardant des contacts avec des agents secrets de l'organisation palestinienne restés dans la capitale libanaise.

Samir et moi fîment connaissance dans l'appartement de son ex-maîtresse dans le secteur chrétien d'Ashrafiyah. Il circulait toujours avec un ou deux gardes du corps de crainte qu'une milice chrétienne tente de l'enlever. J'avais l'habitude des porte-flingues mais c'était assez stressant de voir deux soldats armés de lance-roquettes barrer l'entrée de l'appartement.

Au milieu de notre entretien concernant l'enlèvement de Glass, je tendis à Samir trois photos sans dire un mot. Deux d'entre elles représentaient des Palestiniens appartenant à un groupe d'extrême gauche. Sans importance pour moi, elles ne servaient que de faire-valoir à la troisième qui, elle, représentait Khalil priant dans une mosquée au milieu d'une foule de fidèles.

Samir me rendit aussitôt la photo de Khalil.

— Celui-là, c'est Hussein Khalil, fit-il en posant son index sur le visage de Khalil. Il faisait partie du Fatah dans les années 70. Je crois qu'il a adhéré en 1971. On a travaillé ensemble deux ans.

— Et maintenant ?

— Khalil a quitté Beyrouth en 1982, juste avant l'invasion israélienne. Il a été recruté comme chef de la sécurité par Hussein Al-Mussawi. J'ai entendu dire qu'il avait conduit le soulèvement de la caserne Cheik Abdallâh. Je ne sais pas ce qui lui est arrivé ensuite, mais je vais me renseigner.

Ce jour-là, j'envoyai un câble au QG de Beyrouth demandant un rapport complet sur Khalil. Et la réponse dépassa mes attentes. Dans ce câble de cinq pages figurait notamment la transcription d'une conversation téléphonique, d'où il ressortait qu'au début de 1985, Khalil avait été, à la caserne Cheik Abdallâh, le responsable des quartiers des officiers mariés. L'époque même à laquelle les otages du *Djihad* islamique étaient détenus là-bas. Et l'authenticité de cette information ne pouvait être mise en doute.

Lors du rendez-vous suivant, Samir me parla longuement des groupes chiites qui s'entredéchiraient dans les quartiers ouest. Finalement, n'y tenant plus, je lui lançai :

— Du nouveau sur Khalil ?

— Oh, oui, j'allais presque oublier. J'ai croisé un de ses anciens collègues de Tyr...

— Khalil a sévi à Tyr ?

— Oui, pendant un ou deux ans. Après un passage par une cellule étudiante du Fatah à Beyrouth, Khalil a été recruté par la Force 17 et transféré à Tyr. Il a travaillé pour un gars dont je suis sûr que vous n'avez jamais entendu parler.

— Dites toujours.

— Azmi Sughayr.

Je faillis l'embrasser. Sughayr n'étant pas un nom répandu, il devait s'agir du même Sughayr qui avait incité Jada à décrocher un boulot à l'ambassade. Sauf erreur, on avait mis dans le mille ! J'étais enfin parvenu à remonter une autre piste que celle de Jada. Mieux encore, j'avais dans ma ligne de mire, pour la première fois, un personnage impliqué à la fois dans la séquestration des otages et dans l'attentat contre l'ambassade américaine. Khalil devenait soudain plus important que Moughniyah.

De retour au QG, je réclamai le dossier Sughayr. Mes prédécesseurs avaient bien fait leur travail ; il était particulièrement fourni.

Selon les documents en notre possession, Sughayr, né en Palestine en 1944, avait intégré le service de sécurité du Fatah, plus tard connu sous le nom de Force 17, en 1969. Il avait combattu dans les troupes de Yasser Arafat contre l'armée jordanienne en 1970 avant de rejoindre, en 1971, l'organisation terroriste Septembre Noir, une organisation proche du Fatah. En 1973, Abou Iyad l'avait nommé chef du bureau de la sécurité pour les opérations étrangères. Il avait probablement été impliqué dans toutes les grandes opérations terroristes de Septembre Noir, dont le massacre des Jeux olympiques de Munich. Après un séjour de plusieurs années en Libye, il avait été nommé commandant du Fatah pour la ville de Tyr en 1979. Peu de temps après, Hussein Khalil commençait à travailler pour Sughayr. En 1982, au moment de l'invasion israélienne, le Fatah fit courir un bruit selon lequel Sughayr avait été tué. En fait, il était resté à Beyrouth pour diriger la résistance clandestine à l'armée israélienne. Khalil avait donc appris les rudiments du métier avec un maître ès terrorisme.

Il subsistait pourtant un blanc dans notre chronologie. Qu'était-il advenu de Jada après sa libération ? Je demandai, sans trop y croire, au QG de me fournir les infos dont ils disposaient sur lui. Et, miracle, la réponse que je reçus deux jours plus tard était assez complète. Jada avait séjourné à Dubaï, où il avait opéré sous les ordres d'un certain Anis Abdallah Hassan (Abu Ali), chef d'une cellule dormante du Fatah dans le golfe Persique. Le lendemain, j'épluchai notre dossier de transcriptions d'écoutes en cherchant « Abu Ali ». J'étais sur le point d'abandonner quand je découvris trois appels d'un bureau du *Djihad* islamique à Abu Ali, Dubaï. Selon ces comptes rendus, le Abu Ali en question travaillait directement sous les ordres de Abd-Al-Latif Salah, associé de Moughniyah et représentant d'Arafat dans le *Djihad* islamique.

J'avais rassemblé des preuves en béton armé et mon dossier d'accusation était cohérent. (Ici, je demande au lecteur de me faire confiance, dans le métier du renseignement on ne peut espérer beaucoup mieux.) Les informations avaient été recueillies comme il se devait, sur le terrain, par l'entremise de sources humaines, d'écoutes téléphoniques et en exploitant des dossiers constitués par mes prédécesseurs, un travail de fourmi sans gloire mais bien fait.

De ces éléments, on ne pouvait tirer qu'une seule conclusion raisonnable. C'était une cellule du Fatah, avec ou sans l'accord de Yasser Arafat, qui avait organisé l'attentat du 18 avril 1983 contre l'ambassade américaine de Beyrouth. Moughniyah et Khalil étaient presque à coup sûr mouillés dans cette opération. Restait une question décisive. Qui avait commandité l'attentat ?

Avant de passer à l'étape suivante, je devais encore répondre à nombre de questions, et d'abord celle-ci : qui était le chauffeur de la camionnette kamikaze ? Si nous arrivions à l'identifier, nous avions de bonnes chances de remonter jusqu'aux commanditaires.

Mais il fallut attendre octobre 1987 pour que je réalise un nouveau progrès. Je me trouvais dans mon bureau, en fin d'après-midi, quand un agent de sécurité de l'ambassade vint m'annoncer qu'un certain M. Walker voulait parler à un officier de la CIA. M. Walker (passant) était le nom de code que nous donnions aux informateurs spontanés qui se présentaient à l'ambassade.

Comme avec tout agent potentiel, je devais partir de l'hypothèse que j'allais l'intégrer dans mon équipe. Ce qui m'imposait de le protéger sans délai, et notamment de le soustraire aux contrôles des gardes libanais de l'ambassade, susceptibles de travailler pour d'autres services de renseignements. Plutôt que de faire passer Walker par le portique de sécurité, je choisis donc de le rencontrer à l'extérieur.

L'homme qui m'attendait devait avoir environ trente-cinq ans, même s'il en paraissait beaucoup plus. Son visage était littéralement couturé de cicatrices, sans compter une dépression en forme de cratère au sommet de son crâne. Mince et émacié, il portait une chemise décolorée et rapiécée. À ses sandales, je compris qu'il était musulman — les chrétiens libanais se chaussant en général à l'européenne.

Je lui fis traverser le périmètre de sécurité, véritable labyrinthe ceint de murailles de sacs de sable, et nous sortîmes par une porte de derrière, devant laquelle j'avais garé au préalable un véhicule.

Une fois arrivés sur l'autoroute qui longeait la côte, je demandai à Walker de me montrer sa carte d'identité. Quand il la sortit de sa poche de poitrine et me la tendit, je n'en crus pas mes yeux. Il portait le même nom de famille qu'un des membres du groupe Moughniyah ! En posant la question à Hassan, je retenais mon souffle. Était-il apparenté à ce personnage ? « C'est mon cousin germain », répondit-il simplement.

Mon objectif, dès lors, fut de sécuriser au maximum

notre relation. Cousin germain d'un terroriste du *Djihad* islamique, Hassan courait d'énormes risques en secteur chrétien. Je devais le déposer en lieu sûr et trouver un lieu de rendez-vous sécurisé pour notre prochaine rencontre. Moins il s'enfonçerait en territoire chrétien, mieux cela vaudrait pour lui. Tout en roulant vers Sinn-Al-Fill, le quartier où j'avais rencontré Farid, je lui fis subir un interrogatoire serré. Où résidait-il ? Était-il marié ? Combien d'enfants avait-il ? Je l'interrogeai sur le Hezbollah et le *Djihad* islamique. Il n'était membre d'aucun des deux, selon ses dires. Je le dévisageais pendant qu'il parlait, à l'affût d'un éventuel mensonge.

Restait à trouver une explication plausible pour ses futurs passages de la ligne de démarcation. Personne ne venait à Sinn-Al-Fill sans une très bonne raison. Nous tombâmes d'accord pour faire de Hassan un professeur en études islamiques apportant des livres à un étudiant allemand désireux de s'initier à l'islam. Comme cet Allemand imaginaire ne pouvait s'aventurer dans Beyrouth-Ouest, Hassan, si on lui posait la question, expliquerait qu'il se chargeait de ces courses pour son élève. Ce n'était pas une couverture parfaite, mais je n'avais rien trouvé de mieux sur le moment. Je donnai à Hassan un numéro de téléphone « stérile », ne permettant pas de remonter jusqu'à l'Agence.

Finalement, au moment de le déposer, je le questionnai pour comprendre la raison qui l'avait poussé à nous contacter.

— Je n'accepte pas les massacres d'innocents. Ce que fait le Hezbollah est mal.

— Mais c'est risqué, vous avez des enfants... Si vous êtes pris, vous serez torturé à mort.

— Je sais. Mais Dieu me protège.

J'attendais qu'Hassan s'explique. Je croyais comprendre ce qu'il insinuait, mais je me trompais.

— Je joue à la roulette russe, poursuivit-il sur un ton penaud.

J'avais entendu dire que certains musulmans fanatiques s'adonnaient à ce sport pour tester la volonté de

Dieu. Une balle engagée dans le canon, c'était un signal de Dieu vous avertissant que votre heure était venue. Mais je n'avais jamais pris cette rumeur au sérieux. Avant de laisser partir Hassan, je lui fis promettre d'arrêter de jouer avec sa vie. Il courait assez de risques en collaborant avec la CIA.

Hassan réussit à se faire embaucher par le Hezbollah comme employé de bureau et il devint un fantastique agent, le meilleur du groupe de Beyrouth.

Les analystes de Langley me bombardaient de questions du genre : « Que pense le Cheik untel du Cheik untel ? Quel budget le Hezbollah consacre-t-il à l'aide sociale ? Y a-t-il une chance qu'il s'intègre dans le jeu des partis libanais ? » etc. Moi, ce qui m'intéressait surtout, c'était Imad Moughniyah et le *Djihad* islamique.

Comme on ne rentrait dans le *Djihad* islamique que par cooptation, je suggérai à Hassan d'attaquer le problème par la bande. Sa première mission consista à m'aider à éclaircir l'attentat du 18 avril 1983. Hassan et moi en avions longuement parlé. Me fiant à sa finesse de jugement politique, je lui avouai simplement que le gouvernement américain n'avait pas la moindre idée de l'identité du ou des commanditaires de l'attentat. La réponse finaude des gens du cru était généralement empreinte de scepticisme : comment la CIA pouvait-elle tout ignorer d'une attaque terroriste qui avait tué 17 citoyens américains ? Hassan, lui, proposa tout de suite : « À défaut de mieux, pourquoi ne pas essayer de suivre la piste d'Imad ? » À ce moment, je compris que mon nouvel agent avait de bonnes chances de m'aider à trouver les réponses.

Il commença par fréquenter une mosquée dont l'imam était proche de Moughniyah. Hassan, qui s'y rendait chaque vendredi, intégra rapidement un groupe d'études religieuses. Comme il rédigeait assez bien, il se mit à faire des brouillons de tracts pour l'imam. Et ce dernier, sachant qu'Hassan était apparenté à un terroriste du *Djihad* islamique, en fit bientôt un de ses disciples préférés.

Un jour qu'Hassan se trouvait seul avec l'imam, il décida que le moment était venu d'évoquer l'attentat. Il utilisa, sur mon conseil, un stratagème grossier qui fit merveille. Au lieu de poser directement la question : « Qui conduisait la camionnette bourrée d'explosifs ? », il mentionna le nom d'un jeune homme ayant appartenu à la congrégation de l'imam pendant des années avant de disparaître du jour au lendemain. Hassan chuchota sur un ton de conspirateur qu'il pensait que ce jeune homme était le chauffeur de la camionnette suicide.

— Qui t'a raconté ça ? lui demanda l'imam.

Hassan répondit vaguement qu'il l'avait entendu chez son cousin du *Djihad* islamique. Il savait que l'imam ne vérifierait pas.

— Non, répondit l'imam. Non, ce n'est pas lui, le saint martyr qui a détruit le nid d'espions américains.

Hassan ne voulut rien entendre.

— Je te dis que tu as tort, reprit l'imam qui détestait qu'on mette en doute ses propos. C'est le frère Hassuna. Je sais de quoi je parle.

— Qui ?

— Mohammed Hassuna.

C'était la première fois que nous pouvions mettre un nom sur le chauffeur kamikaze. Mais encore fallait-il s'assurer que Hassan ne nous mystifiait pas. Je demandai donc à Bernie de revenir à Beyrouth passer Hassan au détecteur de mensonges. Deux jours plus tard, la porte du Blackhawk s'ouvrait et je vis une silhouette familière sauter à terre.

C'était encore une magnifique journée. Bernie était plus serein que lors de sa première visite. Les escarmouches le long de la ligne verte s'étaient calmées. Si tout se passait comme prévu, Hassan aurait fini son test avant le déjeuner.

Tout marchait comme sur des roulettes jusqu'au moment où la voiture déboucha sur la grande rue menant vers Sinn-Al-Fill. À environ trois pâtés de maisons de l'endroit où nous devions prendre Hassan, une violente détonation me força à freiner. Une roquette venait de pulvériser une enseigne au néon et une pluie de verre pilé arrosait la voiture. Je jetai un coup d'œil vers Bernie. Il avait une expression d'animal pris au piège qui disait à peu près : Est-ce que je te flingue pour avoir mis ma vie en danger avant de m'enfuir ? Ou est-ce que je détale tout de suite ?

Une deuxième détonation suivit et nous vîmes un gros cratère se creuser dans un mur distant d'une vingtaine de mètres. Bernie pointa un doigt furieux vers mon pied.

— Ça, c'est ton pied ! Et sous ton pied il y a un accélérateur ! Maintenant, appuie sur le champignon et nom de Dieu, tirons-nous d'ici !

Je dirigeai la voiture vers une ruelle tranquille et Bernie resta à l'intérieur, plongé dans une sorte de stupeur résignée, pendant que je me mettais en quête d'Hassan.

Finalement, je l'aperçus remontant la grande rue de Sinn-Al-Fill. Il avait tout du Beyrouthin en ballade sur la corniche, lieu de promenade affectionné des Libanais. Les coups de feu avaient cessé mais la rue restait complètement déserte.

Le détecteur de mensonges nous confirma qu'Hassan n'avait pas menti, y compris sur le nom du chauffeur kamikaze, Mohammed Hassuna.

Mais je ne pouvais me reposer entièrement sur ce test. L'imam pouvait avoir menti à Hassan ou simplement fabulé pour dissimuler son ignorance. Comme je ne me voyais pas proposer à l'imam de subir le test, mieux valait en revenir aux recherches de routine.

Par chance, Hassuna n'était pas un nom courant au Liban. Je demandai à tous mes agents de se renseigner sur sa famille. Samir, qui connaissait un commandant Hassuna, me promit d'essayer de savoir si des membres de sa famille avaient disparu dans un passé récent. Une semaine plus tard, il m'annonça que Mohammed, l'un des frères du commandant, parti combattre aux côtés de l'armée iranienne pendant la guerre Iran-Irak, était décédé sur le front.

— En Iran ? répétai-je, incrédule. Il y a beaucoup de Libanais qui laissent tout tomber pour partir se battre en Iran ?

La réponse fut négative, mais je voulais avoir le son de cloche de Samir. Il se contenta de hausser les épaules et répondit simplement :

— Je vais creuser ça.

Au rendez-vous suivant, Samir m'en apprit un peu plus sur le commandant Hassuna. Celui-ci avait grandi dans une famille de musulmans non pratiquants. Ses parents fréquentaient peu la mosquée et ne lisaient guère le Coran, à l'exception de Mohammed. Le père était alcoolique, violent, et Mohammed avait eu des rapports particulièrement difficiles avec lui. Dans sa quête d'une foi plus profonde, il avait embrassé l'islam chiite et, au début de 1983, avait subitement informé sa famille qu'il partait combattre en Iran contre les mécréants irakiens.

C'était la dernière fois qu'ils avaient entendu parler de lui jusqu'au jour où ils avaient reçu une lettre de l'ambassade iranienne leur annonçant que Mohammed était mort sur le front. On n'avait retrouvé que peu de restes, expliquait la lettre, et il était enterré dans un cimetière militaire iranien. Un Polaroïd de la tombe de Mohammed était joint. Le commandant n'avait aucune autre information sur la mort de son frère.

Farid mena sa petit enquête auprès de l'administration. C'est ainsi que j'appris que si Hassuna avait un passeport, il n'avait jamais demandé de visa pour l'étranger. Selon les registres d'état civil, la maison familiale des Hassuna se trouvait à Awzai, quartier voisin de l'aéroport contrôlé par le Hezbollah.

J'étais encore loin de pouvoir produire des preuves qui auraient emporté la conviction d'un tribunal, mais je progressais de jour en jour. Je rédigeai un long rapport détaillé sur Hassuna, le premier d'une série que je devais commettre par la suite concernant l'attentat.

Quelques jours plus tard, le siège m'avisait que ce rapport ne serait pas envoyé aux autres bureaux de l'Agence. « Certes ces informations sont intéressantes, m'écrivait-on, mais elles ne recèlent qu'un intérêt historique ». En clair, la CIA avait décidé de passer par profits et pertes l'attentat contre l'ambassade.

En un sens, je comprenais presque l'indifférence de Washington. La CIA passait aux mains de gens qui n'avaient jamais risqué leur peau pour apprendre la guerre anti-terroriste dans des villes comme Beyrouth. Pour ces gens, l'attentat contre l'ambassade américaine ne relevait pas seulement de l'histoire ancienne, c'était aussi un boomerang difficile à manier et qui pouvait briser net leurs projets de carrière. Pourquoi rappeler le souvenir des heures sombres de l'Agence, alors que la barque de la CIA avançait désormais sur un long fleuve tranquille ? Je me faisais de mon côté une tout autre idée de mon travail. Si nous ne savions pas contre qui nous nous battions, nous risquions de ne jamais découvrir de quoi nos ennemis étaient capables, cela jusqu'au jour où ils débarqueraient sur les côtes américaines le couteau entre les dents.

De plus, Moughniyah faisait toujours l'objet d'un mandat d'arrêt. Il me fallait un gaillard qui ait assez de cran pour me le ramener pieds et poings liés. Je pris contact avec le dur à cuire qui me paraissait capable de conduire cette opération. Appelons-le Jean. Âgé d'environ trente-deux ans, il avait, comme Moughniyah, passé le plus clair de sa vie adulte à faire le coup de feu sur la ligne verte. Seule différence, il tuait ou enlevait des musulmans. Jean avait eu son heure de gloire le jour où il n'avait pas hésité à démolir une ambassade étrangère pour « dégager » son champ de tir.

Il m'attendait, ce soir-là, dans une boîte de nuit, le Dominos.

— J'ai toujours su qu'un jour la CIA viendrait frapper à ma porte pour me proposer un sale boulot, déclara Jean en me serrant la main.

Je ne répondis rien, jetant un coup d'œil circulaire sur la salle. Il était 23 heures passées, mais le Dominos commençait seulement à se remplir. Marchands d'armes, trafiquants de drogue colombiens, seigneurs de la guerre en Gucci de la tête aux pieds, tout un demi-monde interlope se retrouvait là pour traiter ses petites affaires louches. Dans une obscurité presque totale, hormis l'éclairage feutré du bar. Avec une musique d'ambiance juste assez forte pour qu'on pût discuter sans que les voisins entendent les propos échangés.

Je me penchai vers Jean :

— J'ai besoin de contacts en secteur ouest, des types sérieux qui ne me fassent pas perdre mon temps.

— Je ne fais pas dans la collecte d'informations. C'est avec des officiers des Forces Libanaises que vous devriez discuter.

Les Forces Libanaises constituaient la plus grande milice chrétienne. Nous savions tous deux que son service de renseignements n'était pas très performant.

— Il ne s'agit pas de collecte d'informations. Je dois monter une opération.

Jean sourit de toutes ses dents.

— Alors la Syrie a poussé le bouchon trop loin...

— Non. Je dois frapper dans les quartiers sud.

— Vous en avez après les islamistes ? Vous voulez abattre un type ?

— Non, l'enlever. Il me le faut vivant.

— Qui est-ce ?

— Trouvez-moi les gens *ad hoc* et on en reparle.

Jean inscrivit sur un bout de papier le nom et l'adresse d'un club vidéo d'un quartier éloigné de Beyrouth-Est et me le tendit.

— Demain matin à 10 heures.

Quand j'arrivai, il était assis au volant de sa Range Rover garée devant le vidéo-club. Il descendit et me fit signe de le suivre. Je traversai derrière lui le magasin au fond duquel une porte donnait sur une ruelle menant à une résidence. Pénétrant dans celle-ci par la porte de service nous montâmes jusqu'au cinquième. L'électricité était coupée.

Un capitaine de l'armée libanaise ouvrit la porte. Un autre officier était assis derrière lui sur un canapé. Sur la table de la salle à manger, j'aperçus un fusil d'assaut M-16 récent avec visée laser et silencieux, pas exactement l'armement standard des officiers de l'armée libanaise.

Le capitaine avait dû être estropié par un explosif. Sa main gauche ressemblait à une patte de canard atrophiée. Quand il attira Jean dans un coin de la pièce pour discuter un instant avec lui, je remarquai aussi que l'une de ses jambes était plus courte que l'autre.

Jean se tourna vers moi :

— Bien, je crois qu'on peut parler affaires.

Quand je dis que je cherchais des hommes capables d'intervenir en secteur ouest, le capitaine sourit exactement comme Jean.

— Ma cible n'est pas la Syrie. C'est le Hezbollah. Je veux kidnapper un membre du *Djihad* islamique.

— Laissez tomber, répliqua le capitaine qui ne s'était pas présenté. (Il parlait anglais avec un accent américain.) Si vous voulez le descendre, pas de problèmes. Mais vous ne trouverez jamais de types qui acceptent d'enlever quelqu'un dans les quartiers sud.

Jean et le capitaine discutèrent quelques instants à voix basse. J'examinai le M-16. Le mécanisme était recouvert d'un film de téflon anti-bruit.

— Il y a bien un type assez fou pour tenter un coup comme celui-là, mais on n'a pas travaillé avec lui depuis des années. Il est incontrôlable.

— Ça m'est égal. Ou bien il m'amène mon islamiste ou bien il échoue. Je ne paie qu'en cas de réussite.

Le capitaine promit d'essayer de contacter le type en question.

Une fois dehors, je demandai à Jean qui étaient ces officiers.

— Des déserteurs de l'armée libanaise qui ont formé un groupe de guérilleros anti-syriens. Ils opèrent dans la vallée de la Bekaa. Ils ont réussi quelques opérations contre les Syriens, mais ils ont perdu des hommes à chaque fois. À ce rythme, dans six mois, il n'en restera plus un seul.

Une semaine plus tard au crépuscule, Jean m'emmenait à Babda, un quartier chrétien en bordure des quartiers sud. Après avoir attendu dans sa Range Rover que la nuit tombe, il démarra et le 4 × 4 descendit lentement la colline. Plus nous approchions de la ligne verte, plus les immeubles ressemblaient à des châteaux de sable décapités et à demi aplatis par une vague. Sur les terrains vagues séparant Babda des quartiers sud, les dernières maisons avaient fait place à des monceaux de gravats.

La Range Rover franchit trois postes de contrôle tenus par les Forces Libanaises. Tous les soldats connaissaient Jean qui passa sans difficulté. Le dernier contrôle était un trou de 1,20 mètre par 1,50 mètre creusé à même les gravats. En entendant la voiture approcher, deux troufions bondirent dehors, nous dévisageant comme si nous étions des fantômes. Nous abandonnâmes la Range Rover sur place pour continuer à pied.

Je suivis Jean qui traversa le *no man's land*, stoppant à une centaine de mètres environ des premières sentinelles du Hezbollah. C'était le secteur même où Moughniyah avait combattu avec le Fatah dans les années 70 près d'une route par laquelle l'armée libanaise avait approvisionné le Hezbollah en armes et munitions. Quelques mois auparavant, quand la guerre avait éclaté entre le Hezbollah et Amal, son rival de toujours, les Forces Libanaises, estimant que la Syrie appuyait Amal en coulisse, avaient soutenu le Hezbollah. Il n'y avait qu'au Proche-Orient qu'un groupuscule extrémiste chrétien pouvait s'allier avec son homologue musulman.

L'attente, dans une touffe d'herbes hautes qui nous dissimulait plus ou moins, dura vingt à trente minutes. Les rafales d'une mitrailleuse lourde alternaient avec des explosions de grenades et de roquettes. Je remarquai que Jean n'était pas armé, mais à quoi aurait servi un pistolet si les miliciens du Hezbollah avaient décidé de nous sauter dessus ?

Dans la pénombre, j'aperçus une silhouette qui avançait lentement vers nous, zigzaguant dans les herbes pour éviter les mines. Quelques minutes plus tard, Isam nous rejoignait. Il avait assez fière allure avec sa barbe soignée, ses jeans, sa chemisette de polo et ses bottes texanes.

Isam embrassa Jean qui lui demanda des nouvelles de ses 6 enfants, dont il connaissait les prénoms par cœur. Les palabres durèrent cinq bonnes minutes avant que Jean en vienne au motif de ce rendez-vous. Je commençais à m'impatienter et j'annonçai la couleur sans attendre. Je voulais qu'Isam organise un kidnapping dans Aïn al-Dilbah.

— Vous connaissez Aïn al-Dilbah ? me demanda-t-il incrédule.

L'idée, me sembla-t-il, ne l'effrayait pas. Mais il se demandait simplement si je savais de quoi je parlais.

Je le fixai en silence sans rien répondre, avant de lancer :

— Imad Moughniyah. C'est l'homme que je veux.

Isam me détailla attentivement avant de se tourner vers Jean et de s'exclamer :

— Il est sérieux ?

Jean hocha la tête.

Isam se tourna de nouveau vers moi.

— Pour 2 000 dollars dont 1 000 d'avance, je le tue.

— Je le veux vivant.

— Alors cherchez quelqu'un d'autre.

Je prêtai l'oreille au fracas des rafales qui se rapprochaient.

— Comment puis-je être sûr que vous avez la capacité d'opérer dans Aïn al-Dilbah ? lui demandai-je.

Isam éclata de rire.

— M. Jean ne vous a pas parlé de moi ? Au Liban, j'ai tué à moi seul plus de gens que vos marines et le *New Jersey* réunis.

— Un jour, Isam a fait exploser 11 voitures piégées simultanément, intervint Jean.

Pour un terroriste libanais, la prouesse équivalait à une triple médaille d'or aux Jeux olympiques.

Les balles sifflaient maintenant à nos oreilles. Il était temps de partir. Je fixai rendez-vous à Isam la semaine suivante. « D'ici là, ajoutai-je, commencez à recueillir toutes les infos possibles sur Moughniyah : les endroits où il séjourne, les voitures qu'il utilise, ses contacts les plus proches. » Il devait aussi m'apporter des photos de la maison de Moughniyah. Avant qu'Isam ait pu répondre, je lui fourrai 10 billets de 100 dollars dans la poche. Je voulais qu'il sache que l'argent ne serait jamais un problème.

Je savais que Moughniyah n'avait plus de domicile fixe. Avec la CIA et une kyrielle de services secrets à ses trousses, pas question de passer deux nuits de suite sous le même toit. Il sortait toujours par la porte du fond, il changeait sans cesse de voiture... Mais je voulais tester Isam avant de lui confier une mission aussi cruciale.

La semaine suivante, Isam arriva au rendez-vous avant nous. Il avait apporté une liasse de notes et une enveloppe bourrée de photos.

— Voici l'endroit où Moughniyah a dormi deux nuits la semaine dernière, fit-il en me tendant un cliché.

Je reconnus l'immeuble de deux étages, une école religieuse quelque part dans les quartiers sud. J'adoptai mon air le plus candide pour demander :

— Qu'est-ce que c'est ?

— La sœur de Moughniyah habite cette maison. Il

y passe une nuit de temps à autre, sans jamais prévenir de son arrivée. Il surgit à l'improviste, en général seul.

— Comment le savez-vous ?

— Ma cousine travaille dans cette école. Elle l'a vu. Elle habite Aïn al-Dilbah et elle connaît sa famille depuis toujours.

Le lendemain, j'épluchai les infos fournies par Isam. Je mis quelque temps à déchiffrer son écriture en pattes de mouche. Mais je compris rapidement qu'il connaissait parfaitement la bande d'Aïn al-Dilbah. Il avait tout consigné : voitures, adresses, numéros de téléphone...

Isam ne se montra pas aux deux rendez-vous suivants. Jean commençait à s'inquiéter. Ni lui ni moi ne goûtions particulièrement les longues stations sur les terrains vagues de la ligne verte.

Finalement, le troisième soir, Isam nous retrouva à l'endroit convenu. Quand je lui demandai pourquoi il n'était pas venu aux deux autres, il ignora ma question.

— Cette semaine, Moughniyah viendra à l'école. C'est sûr. Il a rendez-vous là-bas avec un Iranien. C'est une occasion qui ne se représentera peut-être jamais.

— Tu penses pouvoir l'enlever ?

— Je te l'ai déjà dit. Je peux le tuer, mais si tu crois que je vais l'enlever, tu te fourres le doigt dans l'œil. C'est beaucoup trop risqué.

Je le laissai poursuivre.

— Devant l'école, il y a un parking et, derrière, une impasse. Je te propose de placer une voiture devant la maison, une à l'arrière et de les faire sauter simultanément. Je pense que 1 000 kilos de Semtex devraient régler ton petit problème.

C'était une charge énorme. Avec deux voitures bourrées d'explosifs, il ne resterait plus rien de la maison ni de ses occupants.

— Es-tu sûr que Moughniyah y sera ? lui demandai-je.

— Mon cousin me le dira.

— Combien veux-tu dans l'immédiat ?

— 2 000 dollars et 10 000 après le coup — une fois Moughniyah mort.

Je ne fus pas long à décider. Cette opération comportait trop de risques. Après avoir intégré la CIA un peu par hasard, j'étais devenu un vrai accro du renseignement et je tenais absolument à mettre la main sur le responsable de l'attentat contre l'ambassade. Mais je ne disposais pas pour autant de l'autorité morale m'autorisant à condamner à mort des individus, si malfaisants soient-ils. Ce choix revenait aux responsables politiques, à Washington.

Je partis donc en demandant à Isam de me rapporter d'autres informations. Je n'ai jamais rapporté cet entretien au siège et je ne devais jamais revoir Isam. Est-ce que je le regrette aujourd'hui ? Bien sûr. Je ne sais pas si Imad Moughniyah a partie liée avec Oussama Ben Laden, mais je suis certain qu'ils se valent, à peu de chose près. Si nous avions accepté la réalité, à l'époque, à savoir que nous étions en guerre avec les terroristes, Washington aurait peut-être donné son feu vert au plan d'Isam et je n'aurais pas hésité à le proposer à mes supérieurs. Mais l'Agence avait choisi de fermer les yeux et, comme tant d'autres fois, d'opter pour la solution de facilité.

11

L'énigme Arafat

Sept ans après l'opération avortée contre Imad Moughniyah, l'homme qui l'avait si efficacement lancé dans sa carrière d'assassin se voyait attribuer le prix Nobel de la Paix.

Ce que beaucoup de gens oublient, à propos de Yasser Arafat, surtout depuis les accords de paix de 1993 et son prix Nobel, l'année suivante, c'est qu'il commença sa carrière politique dans les rangs des fondamentalistes islamiques. Même une fois devenu président de l'Organisation de Libération de la Palestine, il ne coupa jamais les ponts avec les fondamentalistes chiites ou sunnites qui restèrent longtemps de fidèles soutiens. Arafat, de son vrai nom Mohammed Yasser Abdul-Raoouf Qudwa, est né le 24 août 1929 dans la région de Gaza. Les Qudwa appartiennent à l'important clan des Husseini, célèbre pour ses érudits religieux. Un membre du clan, le Mufti de Jérusalem, prit position en faveur d'Adolf Hitler durant la Seconde Guerre mondiale. Arafat fut élevé en Égypte et, après des études d'ingénierie civile à l'université du Caire, il prit la tête du syndicat des étudiants palestiniens. Après l'obtention de son diplôme, il servit comme sous-lieutenant dans l'armée égyptienne. C'est à cette époque qu'il rejoignit l'organisation des Frères musulmans d'Égypte. Son activisme au sein de ce mouvement devait d'ailleurs lui valoir d'être arrêté à deux reprises. Finalement, contraint à l'exil, Arafat s'installa au Koweït, un pays plus tolérant à l'égard des extrémistes musulmans. C'est au Koweït qu'il fonda, à la fin des années 50, le Fatah dont le noyau se composait de Frères musulmans et d'émigrés palestiniens installés dans le Golfe.

Si l'opération du 1er janvier 1965 [1] devait consacrer Arafat comme leader de la résistance anti-israélienne, les grands dirigeants arabes ont toujours considéré avec défiance ses attaches intégristes. Quand le président Nasser le reçut en Égypte pour la première fois, il insista pour que son hôte se soumette à une fouille corporelle, apparemment convaincu qu'Arafat était plus préoccupé de l'assassiner que de libérer la Palestine.

L'islamisme d'Arafat est resté discret jusqu'en 1977, date à laquelle cette idéologie a commencé à se répandre au Proche-Orient. Toujours prompt à sentir d'où soufflait le vent, le chef palestinien ordonna à Abou Jihad, son principal lieutenant, de rassembler les militants islamistes du Fatah dans une « filiale », le Comité des 77. Le contrôle opérationnel de celle-ci revint à Munir Shafiq Asal. La première tâche d'Asal fut de recruter et d'endoctriner de jeunes musulmans, aussi bien palestiniens que libanais, au sein des Cellules Étudiantes, une branche du mouvement. Les membres les plus capables des Cellules Étudiantes furent ensuite intégrés dans l'un des services de renseignements du Fatah. C'est également dans les Cellules Étudiantes qu'Imad Moughniyah, Ali Dib et Salah devaient se rencontrer.

Mais Arafat finit par se brûler les ailes à la flamme de l'islamisme. Non content de recruter de jeunes musulmans palestiniens et libanais dans le Fatah, il fournit aussi un important soutien aux Frères musulmans de Syrie. Après l'insurrection de Hama en 1982, en examinant les décombres consécutifs au pilonnage de la ville, l'armée syrienne découvrit des systèmes de

1. Date de la première opération commando de l'OLP en Israël (*N.d.T.*).

communication fabriqués aux États-Unis. Le président syrien Hafez el-Assad soupçonna d'abord la CIA avant de réaliser que ces matériels avaient été fournis par le Fatah qui entraînait et équipait les Frères musulmans syriens dans le but de renverser le président syrien. Ce dernier hésita ; fallait-il liquider sur le champ Yasser Arafat ou attendre son heure ? Il opta pour la seconde solution. Mais Arafat ne perdait rien pour attendre.

Ce fut le 17 mai 1983 que sonna l'heure de la revanche. Deux militants, Said Muragha (Abou Moussa) et Nimr Salih (Abou Salih), soutenus en coulisse par la Syrie, faisaient sécession avec le Fatah et créaient leur propre organisation. Cinq semaines plus tard, le 24 juin, Assad expulsait Arafat de Syrie. Ce dernier était alors contraint de s'installer à Tripoli, au Liban, mais en moins de cinq mois, Abou Moussa et Abou Salih, appuyés par les forces armées syriennes, engageaient une lutte à mort contre les militants d'Arafat dans tout le Liban. Opération qui se solda par une défaite humiliante et un nouvel exil pour Arafat ; le 20 décembre 1983, 5 cargos battant pavillon grec évacuaient le chef palestinien et 4 000 militants, sous un déluge d'artillerie syrienne. Le gouvernement français dépêcha des navires sur place pour escorter les Palestiniens et prévenir une éventuelle attaque aérienne israélienne. Arafat trouva finalement refuge à Tunis. Ce nouvel exil contribua à l'isoler et le marginaliser un peu plus. Mais cette péripétie lui apprit aussi une leçon qu'il n'a pas oubliée. Dans le Proche-Orient de la fin du XXe siècle, l'islam n'était un atout maître qu'à condition de ne surtout pas dévoiler son jeu trop tôt. Par la suite, Arafat ne devait plus jamais se faire piéger aussi grossièrement.

Autre fait passé sous silence dans le sillage des succès d'Arafat à Oslo et Stockholm, le mouvement de libération palestinien a joué un rôle non négligeable dans la révolution islamique iranienne de 1979. En

1972, l'ayatollah Khomeyni et Arafat signaient un accord à Najaf, en Irak, pour former des combattants islamiques dans les camps du Fatah, au Sud-Liban. Presque tous les chefs de la révolution iranienne sont passés par ces camps, qu'il s'agisse du propre fils de Khomeyni, Ahmad, ou de Moustapha Chamran, le premier commandant des Pasdarans iraniens. Quand Khomeyni rentra à Téhéran le 1er février 1979 après la chute du régime du Chah, le premier coup de fil qu'il reçut — rien de surprenant à cela — provenait de Yasser Arafat.

Le 19 octobre 1979, huit mois et demi plus tard et deux semaines avant que les étudiants iraniens ne s'emparent de l'ambassade des États-Unis à Téhéran et en séquestrent les occupants, Arafat vint en personne présenter ses félicitations à Khomeyni. Leurs discussions ne furent pas seulement protocolaires : le 18 novembre 1979, Arafat avait envoyé des consignes claires à tous les cadres du Fatah, leur enjoignant de fournir « toute l'assistance nécessaire » pour défendre la révolution iranienne. À l'époque, l'administration américaine ne sut pas interpréter l'expression « toute l'assistance nécessaire », mais les événements ne tardèrent pas à nous éclairer sur son sens.

En juillet 1980, Anis Naccache, un sunnite libanais, tentait d'assassiner l'ex-Premier ministre iranien Chapour Bakhtiar à Neuilly-sur-Seine où il était réfugié. Naccache rata son coup, tuant une vieille dame et un policier au lieu du politicien iranien. Arrêté, il fut d'abord condamné à la réclusion à perpétuité avant d'être gracié et expulsé le 29 juillet 1990. De prime abord, son implication dans l'attentat semblait inexplicable. Pourquoi un sunnite libanais voulait-il supprimer un ex-Premier ministre iranien ? Par la suite, l'enquête devait montrer qu'Arafat avait « prêté » Naccache à l'Iran pour commettre cet assassinat. Après tout, le chef palestinien disposait déjà d'un réseau opérationnel à Paris, alors que l'Iran allait mettre des années avant de constituer le sien.

Par-delà l'attentat manqué contre Bakhtiar, il devint

rapidement évident qu'Arafat avait mis son réseau terroriste international à la disposition de l'Iran. Et quand il fut contraint d'évacuer Beyrouth en 1982, les Iraniens « héritèrent » de nombreux cadres palestiniens, qui intégrèrent les Pasdarans. C'est ainsi que Moughniyah et la plupart de ses sous-fifres et associés devinrent les factotums des services secrets iraniens. Ironie de la situation : après cette redistribution des cartes, Ali Dib, autrefois patron de Moughniyah dans la Force 17, dut obéir à l'étoile montante des Gardiens de la révolution.

Il nous fallut des années pour démêler les relations exactes qu'entretenaient Arafat et Moughniyah. Le détournement du vol 422 de la Koweit Airlines, le 5 avril 1988, nous fournit une pièce essentielle du puzzle. J'entendis parler de cette opération pour la première fois quand Moughniyah, le 23 février, annonça à Arafat qu'il avait l'intention de lancer une opération spectaculaire pour libérer les 17 prisonniers au Koweit. Arafat, sans savoir de quoi il s'agissait, proposa son aide à Moughniyah et, le 14 mars, Ali Dib écrivait au dirigeant palestinien pour lui suggérer de se préparer à des négociations imminentes avec le gouvernement koweïtien. Quatre jours plus tard, le vol 422 était détourné peu après son décollage de Bangkok. Dib contactait de nouveau Arafat, cette fois pour qu'il explique aux officiels koweitiens que s'ils refusaient de libérer les prisonniers, il allait faire exécuter des otages. Arafat piqua une colère noire quand Moughniyah, mettant ses menaces à exécution, en abattit deux, tout en continuant à relayer les exigences des pirates auprès des Koweitiens, puis des Algériens, après que l'avion se fut finalement posé en Algérie.

Pour un lecteur profane en matière de terrorisme ou de géopolitique proche-orientale, ce récit peut sembler inintelligible, mais les organisations terroristes rappellent ces holdings en cascade qui ne servent qu'à dissimuler l'identité de leurs véritables propriétaires. Avec un peu de patience et de ténacité, on finit cependant souvent par remonter jusqu'à ceux-ci. Et derrière Imad Moughniyah, comme derrière la révolution iranienne, on voit se découper, en ombre chinoise, le profil du dirigeant palestinien. En ce qui concerne ses liens éventuels avec Oussama Ben Laden, tout ce qu'on peut dire c'est que ne pas les chercher est peut-être le meilleur moyen de ne jamais les découvrir.

Je repense à tout cela quand je vois Arafat, invité du Président américain, parader dans la roseraie de la Maison-Blanche ou quand j'apprends qu'un directeur de la CIA lui a rendu visite sous le chapiteau d'une tente, quelque part dans le désert. Je me demande parfois si l'exemple du vieux chef palestinien n'incite pas Ben Laden à se demander si lui aussi, le jour venu, ne sera pas reçu en chef d'État. Je pourrais ajouter, pour rétablir l'équilibre du balancier, que nombre d'hommes d'État israéliens ont commencé leur carrière en menant des opérations terroristes (selon la définition contemporaine du terme) contre les Britanniques en Palestine. Dans la poursuite de la « Realpolitik », il y a apparemment toujours de l'espoir.

12

Août 1988. Beyrouth, Liban, et Paris, France

Chuck McKee m'accompagna jusqu'à l'hélicoptère pour mon départ définitif de Beyrouth. J'avais été affecté à Paris et je ne devais plus revenir dans la capitale libanaise.

Bien qu'il fût difficile d'imaginer deux personnes plus différentes, Chuck et moi étions des amis proches. Nous avions occupé le même bureau durant deux ans, nous nous soutenions mutuellement dans le travail de terrain, et chaque fois que nous avions un temps mort, nous traînions dans les bars ensemble. Chuck était un ours énorme et gentil que j'adorais taquiner. Lorsqu'il en avait assez de mes blagues, il entrait dans mon bureau, me soulevait, me retournait, et me tenait par la cheville à bout de bras. Je ne suis pas un nabot, et je connais très peu d'hommes capables d'une telle prouesse.

En me retournant pour contempler une dernière fois Beyrouth, j'aperçus un incendie près du port. Je savais qu'il restait encore beaucoup à faire. J'avais juste emporté une photographie de Hassuna, le chauffeur présumé de la camionnette suicide. Une piste qui restait à creuser. Mais il était grand temps de partir. Je m'étais trop investi dans mon travail et je commençais à ressembler aux terroristes que je traquais. À un autre officier de reprendre là où je m'étais arrêté. Si bon lui semblait, il pourrait toujours remonter les pistes que j'avais découvertes. Et peut-être alors la CIA résoudrait-elle enfin l'affaire de l'attentat contre notre ambassade. Après quoi, il ne resterait qu'à fermer le dossier et à l'envoyer aux Archives nationales.

Parce que Chuck avait encore un an à tirer et qu'il ne pouvait considérer Beyrouth avec le même détachement, je gardai mes réflexions pour moi. En voyant les deux Blackhawks approcher au-dessus de la mer, nous échangeâmes une poignée de mains en nous promettant de rester en contact. Je lui proposai de dormir chez moi s'il passait un jour par Paris.

Je ne sais pas pourquoi mais je lui glissai en plaisantant : « Si tu ne te tires pas d'ici bientôt, Chuck, foutu fils de p..., les terroristes auront ta peau ! »

Il éclata de rire et se pencha vers le Walther PPK — l'arme préférée de James Bond — qu'il gardait scotché à sa cheville. « Mais avant, ils passeront un sale quart d'heure. »

Six mois plus tard, le 21 décembre 1988, Chuck trouvait la mort dans l'explosion du vol 103 de la Pan Am au-dessus de Lockerbie, en Écosse.

Peu de choses devaient me laisser aussi insatisfait que l'enquête sur cet attentat de la Pan Am. Les premières constatations suggéraient que l'opération était le fait d'un groupe basé au Liban et agissant pour le compte de l'Iran. Si j'étais resté à Beyrouth, j'aurais lancé mes agents sur l'affaire, pour remonter des pistes, vérifier les faits, chercher de nouvelles sources. Mais mon nouveau bureau dominait la place de la Concorde, et même si l'Agence disposait de quelques agents arabes à Paris, ils opéraient, au mieux, à la périphérie du terrorisme.

La théorie selon laquelle l'Iran se cachait derrière l'attentat reposait sur une information datant de juillet

1988. Quelques jours après que l'USS *Vincennes* eut abattu accidentellement un Airbus iranien dans le Golfe, un officier de renseignement pasdaran s'envolait pour le Liban pour rencontrer deux officiels du FPLP-CG [1], Mohammed Hafiz Dalqamuni et un autre personnage que nous connaissions seulement sous le nom de Nabil. La rencontre eut lieu au camp de réfugiés de Damur, dans le sud du Liban. Les instructions iraniennes adressées à Dalqamuni et Nabil étaient limpides : faire sauter un avion américain en vol pour tuer le plus de gens possible. L'Iran avait décidé de venger son Airbus.

L'hypothèse iranienne concordait avec ce que nous savions du régime de Téhéran. Les islamistes purs et durs qui contrôlaient le gouvernement n'avaient jamais accepté la théorie du tir accidentel. La vengeance, pour eux, était un simple acte de justice — œil pour œil, dent pour dent. Et le choix du FPLP semblait tout à fait logique. Téhéran avait le chic pour confier le sale boulot à des sous-traitants. Or, s'agissant d'attentats à l'explosif, le FPLP était l'un des meilleurs groupes terroristes au monde, spécialisé dans les mécanismes sophistiqués, notamment les détonateurs barométriques. Le FPLP-CG avait fait ses vrais débuts le 21 février 1970, en faisant exploser un avion d'Austrian Swissair. Deux ans plus tard, le 16 août 1972, une autre bombe posée dans un avion d'EL AL blessait 4 personnes. Depuis, le Front n'avait cessé de progresser.

Dalqamuni était aussi l'émissaire idéal des Iraniens. Jusqu'au milieu des années 80, il avait résidé en Europe où il passait de longues heures, dans quelque McDonald's local, à ruminer les ravages de l'intifâda parmi les rangs palestiniens. Après s'être converti à l'islam, il rejoignit un petit groupe de fondamentalistes islamiques, au sein du FPLP-CG, qui s'étaient tournés vers l'Iran. Dalqamuni dut se soumettre à une série d'interrogatoires serrés mais les responsables de l'organisation

---

1. Front Populaire pour la Libération de la Palestine-Commandement Général (*N.d.T.*).

estimèrent finalement sa foi sincère et lui-même fut jugé capable de garder le silence en cas de capture. Il convenait cependant de le mettre à l'épreuve. Sur ordre de l'Iran, Dalqamuni organisa ainsi deux raids contre des convois ferroviaires de l'armée américaine en Allemagne de l'Ouest, le 31 août 1987 et le 26 avril 1988. Il n'y eut aucune victime, mais Dalqamuni prouva là qu'il savait obéir aux ordres et qu'il était prêt à sacrifier sa vie pour l'organisation.

Son alibi pour l'attentat de Lockerbie semblait inattaquable. Il avait été arrêté le 26 octobre 1988, avec la plupart de ses camarades de la cellule allemande, et se trouvait toujours en détention préventive quand l'avion explosa, deux mois plus tard, faisant 259 victimes à bord et 11 au sol. Mais il restait possible que l'opération ait été confiée à certains membres du noyau qui auraient échappé aux recherches de la police. Hypothèse qu'une avalanche d'informations ne tarda pas à confirmer.

Le 23 décembre, deux jours après l'attentat, l'enquête parvint à établir qu'un transfert de 11 millions de dollars avait été effectué sur un compte bancaire du FPLP-CG à Lausanne, en Suisse. Cette somme avait transité par la Banque Nationale de Paris avant d'atterrir sur un compte de la Hungarian Trade Development Bank. Lors de son arrestation, Dalqamuni avait sur lui le numéro du compte de la BNP. En outre, Muhammad Abu Talib, l'un des associés de Dalqamuni, suspecté d'avoir joué un rôle dans l'attentat, avait reçu un paiement de 500 000 dollars le 25 avril 1989. Ce versement provenait-il d'Iran ? Et les autres ? S'agissait-il de rétributions pour le succès de l'attentat de Lockerbie ? Toutes ces déductions me semblaient alors s'imposer d'elles-mêmes.

Abu Talib avait apparemment séjourné à Malte du 3 au 18 octobre et une seconde fois du 19 au 26 octobre 1988 — information précieuse puisque des vêtements achetés à Malte avaient été retrouvés dans la valise contenant les explosifs. Était-ce Abu Talib qui avait acheté les vêtements ou l'un des deux Libyens qui furent par la suite jugés pour l'attentat à Zeist, aux Pays-Bas ? Nous savions aussi que Abu Talib effectuait de fréquents séjours en Libye. Était-ce lui le trait d'union entre Dalqamuni et les services libyens ? Cela me semblait très vraisemblable.

La CIA fut en mesure d'identifier avec un degré raisonnable de certitude le mystérieux Nabil — celui qui avait assisté à la réunion de Biqa en juillet 1988 — comme un officiel du FPLP-CG. De son véritable nom Nabil Makhzumi (alias Abou Abid), ce personnage était à l'époque le second de Dalqamuni. Sans doute parce qu'il parlait le farsi, Makhzumi était le principal contact du CG chez les Pasdarans. Nous savions que son officier traitant iranien, un certain Feridoun Mehdi-Nezhad, était un important responsable pasdaran. Makhzumi avait-il séjourné en Allemagne ? Était-ce lui qui avait pris le relais de Dalqamuni ? Les Allemands n'en savaient rien. Nous découvrîmes aussi que Mehdi-Nezhad était passé à Francfort en juillet 1988. Mais encore une fois, les Allemands n'avaient aucune idée de ce qu'il y avait fait ou des gens qu'il avait pu y rencontrer. Mehdi-Nezhad avait séjourné en Libye début 1988. Si on avait pu établir qu'il avait rencontré Dalqamuni quelques mois plus tard, nous aurions eu une preuve supplémentaire de l'existence d'une large conspiration mêlant services iraniens, libyens et FPLP-CG dans l'attentat de Lockerbie. Personne ne pouvait en nier la possibilité, bien que les enquêteurs allemands l'eussent quasiment exclue.

Mais l'enquête des Allemands péchait par son manque de rigueur presque depuis le début. Pour ne prendre qu'un seul exemple, ils n'étaient pas parvenus à désamorcer l'une des bombes de Dalqamuni, laquelle, en explosant dans un box, avait tué net un expert de la police scientifique. D'autre part, juste avant l'attentat, les membres du groupe de Dalqamuni arrêtés puis libérés avaient effectué d'incessants voyages aux quatre coins de l'Allemagne. À quelles fins ? La police fédérale fut incapable de le dire. Pas plus qu'elle ne parvint à se procurer un autre engin explosif, utilisé dans l'un des précédents attentats de Dalqamuni, initiative qui aurait permis de vérifier si le minuteur correspondait avec le mécanisme retrouvé à Lockerbie parmi les débris de l'avion.

L'investigation allemande se compliqua encore du fait que Bonn courtisait secrètement l'Iran. En 1979, après la chute du Chah et une fois les Américains flanqués dehors, les Européens faisaient déjà les yeux doux aux nouveaux dirigeants iraniens. Les Allemands, en particulier, qui espéraient se doter ainsi d'une source fiable d'approvisionnement en pétrole, à l'instar de la plupart des pays européens. L'Iran leur semblait aussi un marché prometteur pour leurs Mercedes et autres produits d'exportation. Pour séduire Téhéran, Bonn proposa de former les agents des services d'espionnage et de sécurité iraniens. Cette relation tourna rapidement à une quasi-osmose des services de renseignements des deux pays, comme en témoigne le fait que les Allemands n'hésitèrent pas à révéler leurs techniques de surveillance à des élèves on ne peut plus attentifs.

De l'autre côté du Rhin, le tableau était sensiblement identique. Les Français, considérant que leurs intérêts ne coïncidaient pas forcément avec les nôtres, étaient bien décidés à faire cavalier seul. Et puis, les services de renseignements français concentraient leurs efforts sur l'Afrique du Nord. En 1991, un putsch de généraux algériens avait renversé le gouvernement islamique démocratiquement élu, déclenchant au passage une violente guerre civile dont Paris craignait le retentissement auprès de sa large population immigrée.

Mais je ne veux pas faire porter le chapeau de nos échecs aux seuls Européens. Le fait est que la CIA fermait de plus en plus de bureaux à l'étranger. Nous avions tendance à congédier nos agents plus vite que nous ne les recrutions. Le bureau de Bonn ne comptait pas le moindre agent arabe ou iranien, un sérieux handicap pour l'enquête. Pis encore, il n'avait pas recruté le moindre agent musulman au sein de la communauté islamique d'Allemagne, pourtant abondante. Une défaillance qui devait s'avérer particulièrement navrante après le 11 septembre, de nombreuses pistes incriminant les réseaux islamistes de la région de Hambourg. Dans le cas de l'attentat de Lockerbie, le bureau de l'Agence à Bonn ne disposait pas de la moindre source à l'aéroport de Francfort susceptible de signaler quelque fait suspect que ce soit avant le départ du vol 103 de la Pan Am. Pire, la CIA, incapable d'obtenir les listes de passagers par ses propres moyens, dut les quémander aux Allemands, alors que l'aéroport de Francfort est la plaque tournante du trafic aérien en Europe.

Autre paramètre presque aussi néfaste que l'absence de nouveaux agents qualifiés, il y avait la mise à la retraite des agents chevronnés. On ne savait même plus où joindre ces derniers et tout le monde s'en fichait plus ou moins. On avait le sentiment d'un grand coup de frein à l'efficacité du travail, cautionné par Washington. Et si nos supérieurs s'en désintéressaient, pourquoi les officiers traitants se seraient-ils décarcassés ? Essayer de recruter un agent revenait à risquer de perdre une bonne planque (avec loyer et voiture de fonction payés par le gouvernement) pour se retrouver à Washington où, compte tenu de la hausse vertigineuse de l'immobilier et du niveau des salaires de l'Agence, on avait toutes les chances de se retrouver dans un minable pavillon de banlieue. Je me demandais quel genre d'état d'esprit régnait à Langley... Il me fallut attendre d'être affecté là-bas pour en avoir le cœur net mais les échos qui m'en revenaient n'étaient guère encourageants.

Au début de l'année 1989, je repris un agent à une jeune femme que j'appellerai Becky. Décidant qu'elle n'était pas faite pour l'espionnage, elle avait donné sa démission et décidé de s'installer à San Francisco où elle avait trouvé un emploi. Le passage de témoin eut lieu dans un motel des environs de Paris, au milieu d'une de ces banlieues enlaidies par le verre et le béton. La moquette de la chambre empestait le vomi et le gros rouge. Becky commanda du café et du thé, et nous attendîmes que « Jacques » fît son apparition.

Marchand d'armes de son métier, Jacques avait été un agent remarquable, dont le rendement s'était mystérieusement effondré au cours des derniers mois. Quand il entra, je découvris un homme à la carrure athlétique mais qui s'était visiblement laissé aller. Sa chemise, à laquelle manquaient quelques boutons, laissait entrevoir une bedaine proéminente. Il marmonna quelque chose à propos d'une fille qu'il avait dû emmener à l'hôpital pour un contrôle consécutif à un avortement. Becky ne réagit pas.

Avisant le café, il lança à la jeune femme : « Nom de Dieu, j'ai besoin d'un verre. Tu crois qu'il y a une bouteille de cognac quelque part dans ce fichu boxon ? »

Il but son cognac et nous commençâmes à trier la liasse de documents qu'il avait apportés. Des informations de bonne qualité. Il n'y était pas question des affaires de Jacques, mais il semblait bien renseigné sur celles de ses concurrents. Notamment celles d'un marchand de mort anglo-suisse, vivant à Zug, qui vendait à l'Iran des tonnes de missiles sol-air soviétiques dernier cri. Jacques nous fournit les tarifs, les lettres de crédit, les véritables destinataires, bref l'ensemble de la filière. Je ne pouvais m'expliquer pourquoi Becky n'avait pas fait remonter d'informations comme celle-ci beaucoup plus tôt, mais je me tus. Techniquement, Jacques était encore l'agent de Becky. Il ne serait le mien qu'à dater du prochain rendez-vous.

Quand Jacques se leva pour partir, Becky lui serra froidement la main avant de lever les yeux au ciel une fois la porte refermée derrière lui. D'ordinaire, le dernier rendez-vous entre un officier traitant et un agent est un rien plus larmoyant.

À mon initiative, le rendez-vous suivant avec

Jacques eut lieu dans une petite ville de province. Mon plan était de prendre le train pour Genève, d'y louer une voiture, et de revenir en France par une des petites routes qu'empruntent les « blanchisseurs » d'argent pour franchir la frontière. Jacques et moi nous retrouvâmes dans le seul restaurant gastronomique de la ville, dans un salon particulier que les Français réservent aux dîners en tête-à-tête avec leur maîtresse. Peut-être le maître d'hôtel en tira-t-il des conclusions hâtives sur ma relation avec Jacques, mais je ne voulais pas que la DST, la Direction de la surveillance du territoire, vienne fourrer son nez dans notre réunion.

Après deux kir royaux, je commandai un petit bourgogne blanc que je connaissais. Dès la deuxième bouteille, Jacques considéra que j'étais fréquentable.

— Est-ce que tu crois en Dieu ? me demanda-t-il.

Il était sérieux. Je pensai alors qu'il était atteint d'une maladie incurable et qu'il recherchait une consolation.

— Euh, non, pas vraiment...

— Tant mieux, dit-il en souriant, tant mieux.

— C'est une question étrange, Jacques. C'est la première fois qu'un agent me la pose.

— Pourtant... tu sais à quoi Becky passait son temps l'an dernier ?

Il sembla rassuré en me voyant secouer la tête.

— À essayer de me convertir, de me ramener vers le christianisme, elle voulait que j'adhère à son Église. Elle ne me parlait que de ça. Elle refusait de discuter boulot — quant aux documents que je lui apportais, elle n'en avait rien à faire.

Dès mon retour à Paris, je racontai l'histoire à Chuck Cogan, qui dirigeait le bureau de l'Agence dans la capitale. Chuck était de la vieille école — francophone depuis l'école primaire, classes prépa, Harvard, polo, etc. Féru d'équitation, il ne manquait pas une occasion de galoper au bois de Boulogne avec ses amis aristocrates français. Il grimaça en entendant mon rapport sur Becky et m'avoua qu'il ignorait quelle attitude adopter avec un officier traitant coupable de prosélytisme religieux.

La jeune femme avait réussi à gagner 3 ou 4 autres employés du bureau de Paris à son évangile *New Age*. L'un d'eux, un administrateur civil, passait le plus clair de son temps à distribuer des tracts religieux à Montparnasse. Chuck se renseigna auprès du QG de manière tout à fait informelle. Pour toute réponse, on lui fit savoir qu'il ne pouvait en aucun cas violer les droits garantis par le Premier Amendement de la Constitution américaine. Si les officiers traitants voulaient bosser pour Dieu tout en servant la CIA, cela ne regardait qu'eux.

Aussi étrange que cela pût paraître, l'histoire de Jacques et Becky était symptomatique des nouvelles orientations de la CIA. À l'impuissance généralisée à laquelle menait le « politiquement correct » s'ajoutait un laxisme rampant encouragé par l'absence de réflexion sur la vocation de l'Agence.

À Paris, nous soupçonnions fortement l'existence d'une base d'espions iraniens située avenue de la Grande-Armée. Quand je proposai de creuser un peu la question, les jeunes officiers traitants, dont plusieurs n'avaient jamais mené d'opération sérieuse, me rirent au nez. Ils me répliquèrent en gros : « Nous n'avons aucune preuve formelle de l'existence de cette base, alors à quoi bon se tracasser ? » J'étais abasourdi. L'enjeu en valait pourtant la chandelle. Deux ans plus tôt, Paris avait été le théâtre d'une série d'attentats à la bombe perpétrés par des barbouzes iraniennes qui avaient tué, entre autres, des diplomates et des officiers de renseignements américains.

Scandalisé — mais nullement découragé —, je réussis à obtenir d'un technicien travaillant pour le gouvernement français qu'il pose une écoute téléphonique sur la ligne de cette base iranienne. Quelques mois de surveillance, et on déciderait s'il y avait lieu de dégainer les lance-flammes. Le passage du technicien PTT au détecteur de mensonges se solda malheureusement par un résultat négatif. Mais quelle importance, après tout ? S'il travaillait pour les Français, et si ceux-ci nous demandaient un jour des comptes, notre réponse était toute prête : puisqu'ils n'avaient pas fait leur boulot (surveiller les terroristes iraniens) nous avions bien été obligés d'agir pour notre propre compte. Mon plaidoyer médusa la division Europe qui me somma de couper illico les ponts avec le technicien en question et d'oublier la base iranienne clandestine.

Une autre opportunité, encore plus intéressante, se présenta peu après. En novembre 1990, nous découvrîmes que la France avait secrètement invité 3 étudiants membres du réseau d'Abou Nidal à poursuivre leurs études à Besançon. Le gouvernement français payait tout — études, nourriture, logement — apparemment au motif qu'inviter ces personnages était encore le meilleur moyen de les avoir à l'œil. Quand je proposai de les surveiller, ou au moins de placer leur téléphone sur écoute, on me dévisagea comme si j'étais cinglé. « Le Département d'État ne l'autorisera jamais », me répondit-on.

Mes collègues du bureau de Paris faisaient certes semblant d'espionner, mais uniquement pour sauver les apparences. Les officiers traitants rencontraient leurs agents et rédigeaient des rapports, mais leurs informations, issues de sources secondaires et d'un intérêt médiocre, étaient souvent déjà éventées. Quelques officiers traitants ratissaient bien les réceptions officielles, mais la plupart du temps, ils se contentaient de nouer des contacts avec telle ou telle personnalité. En coopérant avec les hauts fonctionnaires d'un gouvernement ami, ils ne couraient évidemment pas le moindre risque de se faire mettre dehors. Autre avantage de cette conception débonnaire de l'espionnage, mes collègues étaient rentrés chez eux tous les soirs pour le dîner.

Les officiers traitants de Paris passaient donc le plus clair de leur temps bien au chaud dans leur « bulle », à explorer consciencieusement l'éventail des activités auxquelles peut s'adonner une bureaucratie sclérosée. Quand ils ne se disputaient pas les logements de fonction, ils assistaient à de prétentieux séminaires de formation ou à des réunions aussi stériles qu'interminables. Et quand ils étaient las des parlotes, ils s'enfermaient dans leurs bureaux pour rédiger des rapports pompeux et creux. Le week-end était sacré. Le samedi matin, presque tout le personnel de Paris partait en voiture faire ses emplettes à la base américaine de Mons, en Belgique.

Et puis, il y avait le problème de la langue. Les officiers d'un certain âge parlaient un bon français, mais ce n'était pas le cas des plus jeunes. Les Français, qu'ils travaillent ou non pour la CIA, détestent perdre du temps avec un étranger qui ne s'est pas donné la peine d'apprendre correctement leur langue. Autre obstacle à la nécessaire immersion de l'officier de renseignement dans la société, le code de comportement assez guindé d'une certaine bourgeoisie parisienne. Nos hôtes n'appréciaient guère le style parka-jeans-Clark's, et les soirées Budweiser-cheeseburger. Bref, les officiers traitants de Paris n'étaient pas reçus dans la « bonne » société. Résultat, ils passaient leurs soirées devant la télé.

Autre constat, plus la Direction des opérations perdait de son influence, plus les informations transmises par satellite tendaient à incarner la vérité absolue aux yeux des décideurs. Les fins stratèges de Washington adoraient examiner les splendides tirages noir et blanc des clichés satellite sur leur visionneuse 3D et les interpréter à leur guise. Ils pouvaient ainsi non seulement se passer des analystes, mais aussi des agents, ces maudits agents qui faisaient tache dans le tableau. Comment se fier à ce ramassis d'escrocs et de menteurs ? Sans parler des fâcheux incidents diplomatiques qu'ils provoquaient si souvent.

À mesure qu'un malaise fatal gagnait la CIA, les officiers traitants commencèrent à démissionner en masse, et certains des meilleurs partirent les premiers. À Paris

— la belle, l'ensorcelante Paris — le taux de rotation atteignait environ 30 % ! Convaincus par mille signes édifiants que l'espionnage n'était plus un métier sérieux pour gens sérieux, mes collègues préféraient rentrer chez eux et se recycler dans le conseil financier ou toute autre profession respectable et respectée.

Encore quelques mois à Paris et j'aurais fini par démissionner, moi aussi. Il était temps de me faire muter dans une contrée où la CIA n'avait pas encore perdu ses bonnes vieilles habitudes.

13

24 octobre 1992. Douchanbe, Tadjikistan

Je tendis le récepteur de mon téléphone satellitaire sécurisé STU-III vers la fenêtre du bâtiment qui passait pour un [redacted] de la CIA afin que l'officier de permanence au siège puisse entendre le vacarme des combats qui se déroulaient dans les rues avoisinantes.

— Écoute ! criai-je juste au moment où un char tirait un coup de canon, dans la rue qui longe l'Oktoberskaya Hotel. On entendit ensuite une rafale de mitrailleuse et deux explosions suivirent à quelques secondes d'intervalle. À un jet de pierres de l'hôtel, les haut-parleurs de la grande mosquée de Douchanbe déversaient en boucle les mêmes versets du Coran, interrompus de temps à autre par une voix qui clamait *La Allah illa Allah* — « il n'est d'autre Dieu que Dieu ».

Je n'avais pratiquement pas fermé l'œil depuis quarante-huit heures et j'étais exténué. De plus, j'avais passé toute la semaine précédente à voyager, dont cinq jours à Kiev à attendre un vol fantôme. Tous les matins, je m'étais rendu à l'aéroport dans l'espoir d'embarquer sur le vol pour Douchanbe, dûment annoncé par les panneaux électroniques. Et chaque jour, même déception, le vol était immanquablement annulé. Le cinquième jour, le directeur de l'aéroport avait fini par avoir pitié de moi ; me prenant à part, il m'avait avoué avec des airs de conspirateur que le vol Kiev-Douchanbe n'existait plus depuis six mois. « Pas de pétrole, pas d'avions », répétait-il en hochant tristement la tête. Je m'étais promis de protester vigoureusement auprès du bureau des voyages de Langley pour qu'il cesse de réserver des places sur des vols dont tout le monde, sauf ses employés, savait qu'ils étaient suspendus *sine die*.

Démuni de visa pour entrer en Russie, j'avais été contraint de me replier sur Francfort, où j'avais dormi quelques heures dans un fauteuil de la base américaine, avant de repartir vers Douchanbe à bord d'un Starlifter Force C-141, juché sur une palette au fond de la cabine où il régnait — déjà — un froid tadjik. Le pilote avait volé sous les 7000 mètres, altitude à laquelle culminent les massifs montagneux qui couvrent la quasi-totalité du Tadjikistan. C'étaient ces mêmes sommets qui avaient tant intimidé Alexandre le Grand qu'il avait préféré les contourner par le sud et l'est, c'est-à-dire l'Afghanistan, plutôt que de les franchir. Dès mon arrivée j'avais passé deux longues nuits à boire de la vodka avec un couple de Tadjiks. Le lendemain, j'avais attrapé un mauvais rhume. Une seule chose avait pu me réveiller au matin du troisième jour à 6 h 09. Les grondements sourds d'une batterie antiaérienne ZSU-23 qui venait de cracher ses premières salves juste sous mes fenêtres. Dans un premier temps, je ne compris plus du tout où j'étais, mais en réalisant que ça tirait dans tous les coins, je songeai d'abord à sauver ma peau. La baignoire, me réfugier dans la baignoire ! pensai-je aussitôt. Seul problème, il n'y avait plus de baignoire. On l'avait apparemment volée, peut-être pendant mon sommeil. C'est alors que la mémoire me revint. Je me trouvais au Tadjikistan, la république la plus pauvre, la plus reculée, la plus isolée de l'ex-URSS, marche lointaine et oubliée d'un empire en voie de décomposition avancée.

Je décidai de me remettre au lit et, tout en écoutant les échanges de coups de feu, me demandai ce qui m'attendait exactement, cette fois-ci. Après Paris, j'avais été affecté à Rabat, capitale du royaume marocain, pour trois ans. Avec ses grandes villas, son climat doux, ses courts de tennis en terre battue et ses parcours de golf vert émeraude, Rabat était considéré comme un poste en or. On pouvait même skier dans les stations de l'Atlas, aux environs de Marrakech. Et j'avais décroché un excellent job, puisque j'étais numéro 2 de [redacted], chargé du suivi de gestion. Après ces trois ans à Rabat, je pouvais espérer prendre la tête d'un [redacted] de taille moyenne au tour suivant.

En fait, je m'étais ennuyé à Rabat. La guerre au Sahara occidental était terminée. Par ailleurs les intrigues politiques restaient confinées derrière les portes des palais royaux. Rien ne filtrait à l'extérieur. Et dans ce huis clos, seul Hassan II, le roi, avait son mot à dire. Or, le roi du Maroc ne se fiait qu'à son propre jugement. Et à ses réseaux. Quand il voulait contacter des politiciens de Washington, il s'adressait de préférence à des lobbyistes qu'à la CIA. Bref, notre principale source d'informations sur les événements importants de la vie politique marocaine, c'était la presse.

Restait la cible soviétique. Mais début 1992, Oncle Milty, mon ex-patron de Khartoum, devenu entre-temps chef de la division Asie centrale, informa le bureau de Rabat que la Russie devait désormais être traitée comme un pays ami, au même titre que la France, l'Allemagne, l'Italie et les autres pays occidentaux. La guerre froide était terminée, point à la ligne. Il ne restait qu'à rayer de la liste noire notre meilleur ennemi, le KGB. Et si le résident du KGB à Rabat franchissait la porte de l'ambassade pour nous raconter tout ce qu'il savait, nous n'étions pas autorisés à débourser ne fût-ce qu'un cent en échange de ses tuyaux. Tout ça ne cadrait évidemment pas avec les arrestations à venir de dizaines d'espions occidentaux à la solde de Moscou, de Rick Ames [1] à Robert Hannsen [2]. Pour prendre un autre exem-

1. Rick Ames : officier de la CIA qui travaillait pour le KGB (*N.d.T.*).
2. Robert Hanssen : fonctionnaire du FBI accusé d'avoir livré aux Soviétiques des documents secrets (*N.d.T.*).

ple, cette nouvelle ligne poussa la CIA à décliner les propositions de Vassili Mitrokhine, archiviste du KGB, qui s'adressa alors aux services secrets britanniques et dont les informations permirent d'arrêter des dizaines d'espions, dont un colonel de l'armée américaine. Allez comprendre...

Bref, si mes collègues du bureau de Rabat avaient décidé de prendre de grandes vacances, il se serait sans doute écoulé pas mal de temps avant que Langley s'en aperçoive. Quant à moi, il me tardait de reprendre le sentier de la guerre, fût-ce celle du renseignement, et le Tadjikistan semblait le terrain idéal. Le pays était au bord d'une révolution islamique et tout laissait penser que le fondamentalisme risquait de submerger l'ensemble de l'Asie centrale et la région de la mer Caspienne, voire la Russie. Le trafic de missiles Stinger et d'héroïne en provenance d'Afghanistan allait bon train et toutes sortes d'armes sophistiquées, legs de l'ex-URSS, repartaient dans l'autre sens, principalement vers l'Iran. La région cumulait donc les trois menaces proverbiales qu'agitait l'Agence pour justifier son confortable budget dans les ex-républiques soviétiques d'Asie centrale : terrorisme, drogue et armes nucléaires.

Il faut ajouter que la perspective de passer mes journées à rédiger des synthèses dans un bureau minable de Langley ou, au mieux, si je me convertissais au costume à fines rayures, de faire de la figuration dans une des commissions du Congrès dédiées aux services secrets, m'excitait de moins en moins. « Si le Tadjikistan ne parvient pas à me captiver, me disais-je, il y a de grandes chances pour qu'aucun autre pays ne le puisse. » Quand, de retour à Washington, je posai ma candidature à ce poste, personne ne chercha à me retenir. Les rangs des aventuriers de la CIA se dégarnissaient à vue d'œil.

Il restait cependant un préalable à régler. Où allait vivre ma famille ? J'ai toutes sortes de raisons de ne pas évoquer les détails de ma vie privée dans ce livre et l'Agence n'encourage guère les confidences personnelles. Je me contenterai de dire que je me suis marié, à une femme dont je suis maintenant séparé, alors que j'étais en poste dans une capitale du Proche-Orient que l'Agence m'a demandé de ne pas mentionner. Aux jours heureux de notre mariage, mon épouse et moi avons mis 3 enfants au monde. Quand j'étais en poste à Beyrouth, ma famille a d'abord vécu à Chypre, avant de déménager en Belgique quand je me suis rendu compte que 2 barbouzes libyennes me filaient. À l'époque j'avais envie d'une adresse fixe, un petit bout de terre à moi, si bien qu'avant de partir pour Douchanbe, ma femme et moi avons acheté un minuscule vignoble en Bourgogne. Une vieille ferme délabrée se dressait à flanc de colline au milieu des vignes, avec une vue panoramique sur la vallée de la Saône. Ce domaine m'avait séduit alors que je revenais d'un rendez-vous avec un agent. J'ignorais qu'il était à vendre, jusqu'à ce que je voie une photo dans une agence immobilière : pas d'erreur, c'était bien mon petit vignoble ! L'après-midi même, j'appelai mon avocat parisien pour qu'il fasse une proposition. J'imaginais que ce serait la base arrière idéale pour planquer ma famille pendant que je luttais pour la défense de la civilisation sur les différents fronts où elle était menacée...

Le collègue de Washington poussa un sifflement admiratif en entendant le raffut des combats autour de nous. En revenant au téléphone, je lui expliquai que le Département d'État nous envoyait un avion pour rapatrier tout le monde, y compris les employés de l'Agence. Mais il restait un coup de fil à passer à la base aérienne McDill pour obtenir la confirmation de l'envoi du C-141.

— Douchanbe ? Jamais entendu parler, rétorqua l'officier qui prit mon appel à McDill. Vous vous payez ma tête ?

Je lui donnai le code officiel à 8 chiffres pour qu'il le tape sur son clavier d'ordinateur. Quand il trouva, il éclata de rire.

— Mon pauvre vieux, c'est l'endroit le plus paumé de la terre !

— Et notre avion ?

— Quand l'argent sera sur le compte, vous l'aurez ! lança-t-il en raccrochant.

C'était l'accord passé entre le Département d'État et l'armée de l'air. Un vol d'évacuation devait être payé d'avance. L'armée de l'air avait dû se faire rouler assez souvent. Supposant que ses supérieurs allaient faire diligence, Stan Escudero, l'ambassadeur, qui avait enfilé un holster, me demanda de faire la tournée des Américains et de les ramener à l'ambassade. La tâche s'annonçait rude. Les combats redoublaient d'intensité et nous ne connaissions pas les coordonnées de tous nos compatriotes vivant à Douchanbe. Vers le soir, nous avions pourtant réussi à faire passer le message à la plupart d'entre eux. Ils devaient se rassembler le lendemain matin à l'hôtel Tadjikistan. Les passagers n'avaient le droit d'emporter qu'une valise par personne.

Pour transporter tout ce petit monde jusqu'à l'aéroport, l'ambassadeur emprunta trois BTR-80, des engins blindés de transports de troupes, et leurs équipages à la 201e division motorisée. Cette unité de l'armée régulière russe était restée stationnée au Tadjikistan après l'accession de celui-ci à l'indépendance, en 1991. En grimpant à l'arrière d'un des gros camions, je ne pus m'empêcher de pouffer. Dix ans auparavant, j'aurais payé cher les plans de l'un de ces engins. Maintenant j'étais autorisé à monter dedans !

Le chauffeur du BTR avait décidé qu'au vu des circonstances le code de la route ne s'appliquait plus. Il escalada quelques trottoirs, emboutit une ou deux voitures et grimpa en camion les quelques marches du perron de l'hôtel. Quelques instants plus tard, nous fonçions vers l'hôtel Tadjikistan. Débraillé, exténué, avec une gueule de bois monumentale, discourant sur mon téléphone satellite à demi abrité dans la tourelle du BTR, j'avais tout du baroudeur un peu déjanté.

Les Américains et une cinquantaine de ressortissants d'autres pays patientaient sagement dans le hall froid, sinistre et sombre de l'hôtel Tadjikistan.

— Je représente le gouvernement des États-Unis et je suis chargé de vous aider.

C'était un début un peu terne, mais même dans les circonstances exceptionnelles, l'inspiration n'est pas toujours au rendez-vous. Cette première phrase n'eut pas le don de réconforter les visages qui m'entouraient, obstinément fermés. Je repris avec un optimisme un peu forcé :

— J'ai de bonnes nouvelles. Un avion chargé de nous évacuer va très bientôt se poser à l'aéroport de Douchanbe. Vous êtes tous invités à embarquer sur cet avion, y compris les citoyens de la CEE.

Avant même que j'eusse fini, les candidats à l'exil se lançaient dans l'inévitable discussion de dernière minute — fallait-il partir ou tenir bon ?

— Écoutez-moi, s'il vous plaît, j'ai aussi de mauvaises nouvelles. Avant d'embarquer, vous devrez signer l'engagement de rembourser au gouvernement américain le coût de votre transport. Cette somme peut atteindre 10 000 dollars.

Les civils étaient censés payés leur rapatriement, c'était la loi, une loi qui n'était, pour autant que je sache, quasiment jamais appliquée.

Quelques diplomates iraniens n'avaient apparemment pas perçu la nuance. Ils prenaient des notes avec application et me demandèrent mon nom à plusieurs reprises. « M. Bob », répondis-je finalement. Cette nuit-là, un flash de Radio Téhéran annonça qu'un certain M. Bob vendait des billets à prix d'or à de pauvres réfugiés en rade au Tadjikistan. Mon image dans la presse locale n'allait pas s'améliorer les années suivantes.

Nous devions passer le reste de la journée à faire les paquets. J'avais reçu la permission de passer à la « phase trois », ce qui signifiait que toutes les archives de l'Agence, des documents aux disques durs d'ordinateur, devaient être détruites.

Juste avant de détruire notre matériel de cryptographie, j'appelai le centre opérationnel de la CIA pour annoncer notre départ imminent en avion.

— Ici Douchanbe, on slalome entre les obus ! lançai-je, essayant de plaisanter.

Au bout du fil, la jeune femme à la voix douce n'était pas d'humeur enjouée. Comme l'officier de McDill, elle ne savait d'ailleurs sans doute pas où se trouvait Douchanbe. Au même moment, les chars se mirent à tirer de plus belle au bout de la rue. On se serait cru au siège de Stalingrad. Et juste à la fin de la rafale, la voix de Jim Morrison prit le relais. On avait passé et repassé nos 5 CD toute la matinée pour couvrir les versets du Coran ressassés à l'infini dans les haut-parleurs. Et Morrison chantant « C'est la fin mon seul ami, la fin », racontait un peu l'histoire de Douchanbe, sinon la nôtre... Au moins la standardiste du Centre des opérations de l'Agence connaissait-elle Jim Morrison. Mais notre bref échange la laissa perplexe au point qu'elle remit l'enregistrement de la conversation à Tom Twetten, le directeur des opérations.

Le rapatriement se déroula sans problème, les ex-communistes reprirent Douchanbe aux islamistes et l'Agence se réinstalla au Tadjikistan dès janvier 1993. Elle obtint les locaux que nous avions occupés, au troisième étage de l'hôtel Oktoberskaya. Mais en notre absence, les Russes avaient décidé d'installer leur ambassade dans le hall de l'hôtel, si bien que nous devions la traverser pour aller travailler. On peut donc dire que les locaux de la CIA se trouvaient dans l'ambassade russe. Je parie qu'Oncle Milty n'avait pas imaginé cette situation le jour où il avait décidé que la Russie était un pays ami. Ceci dit, nous nous entendions très bien avec nos voisins russes. Nos rapports avec les diplomates et même avec le responsable local du KGB étaient cordiaux, au point que ce dernier n'hésitait pas à venir frapper à notre porte, tard le soir, quand il était à court de scotch.

À vrai dire, nos seuls véritables interlocuteurs à

Douchanbe étaient les Russes. La 201ᵉ division constituait le dernier rempart contre la déferlante du fondamentalisme islamique qui menaçait de submerger les régions méridionales de l'ex-URSS. Il ne se passait guère de mois sans que la guérilla islamiste s'en prenne aux positions défendues par les troupes russes. Et chaque fois qu'ils attaquaient Douchanbe, on entendait les chars de la 201ᵉ division démarrer leurs moteurs avant de partir à l'assaut des montagnes environnantes, ainsi que le cliquetis des chenillettes résonner dans toute la ville. De temps à autre, des chasseurs russes de la base de Mery, au Turkménistan, qui bombardaient régulièrement les positions des rebelles, survolaient Douchanbe.

Pour moi, nous avions besoin d'une source russe, cela ne faisait aucun doute. À tout le moins pour nous avertir le jour où les ex-Soviétiques décideraient subitement de battre en retraite et d'abandonner le Tadjikistan à l'islam. Mais les Russes n'avaient pas reçu le message d'Oncle Milty. Ils ne savaient pas encore que nous étions leurs amis. Ils ne pouvaient pas nous chasser de l'Oktoberskaya, l'Agence ayant payé un an de loyer d'avance, mais Moscou exigeait d'être informé en cas de contact avec des Américains — et surtout avec moi, le chef du bureau de la CIA. Une fois rapporté, ce contact était généralement interrompu aussi sec.

Pour convaincre mes voisins de la pureté de mes intentions, je décidai de me remettre au ski. Les officiers russes adoraient les sports d'hiver, exactement comme leurs homologues indiens raffolaient de la chasse. Les installations étaient rudimentaires : une simple corde tractée par un moteur faisait office de remonte-pente. Quand on voulait s'offrir une descente digne de ce nom, on pouvait toujours escalader un glacier. Quoi qu'il en soit, je devins l'ami de plusieurs skieurs russes avec lesquels je passais presque tous mes week-ends sur le versant d'une montagne enneigée toute l'année.

Mon stratagème s'avéra rapidement payant. En mars, je fis la connaissance du colonel de parachutistes Youri Abramov. Youri était un champion de saut à ski qui avait remporté des dizaines de titres internationaux. Un soir, il m'invita dans son appartement de Douchanbe. La vodka coulait à flots et le dernier souvenir qui me reste de cette soirée, c'est celui du toast que nous portâmes à nos mères respectives. Ensuite, je sombrai dans un demi-coma.

Le lendemain matin aux aurores, Youri me secoua vigoureusement :

— On y va !

Je ne lui demandai même pas où. Il faisait encore nuit. Une heure de route dans une UAZ, l'équivalent russe de la Jeep, et nous arrivions sur une base militaire au sud de Douchanbe, à cinq minutes de vol de la frontière afghane. Au beau milieu d'un terrain herbeux et pentu était stationné un vieux biplan AN-2. Sans rien dire, Youri sauta à bas de l'UAZ, ramassa un harnais de parachute qui traînait par terre et me le tendit : « Tiens, enfile ça ! » C'est alors que je me rappelai avoir dit à Youri, la veille, que j'avais déjà sauté.

Une dizaine de paras russes et tadjiks nous attendaient, assis sur le plancher de l'AN-2. À voir leurs AKS74-US — la version raccourcie de l'AK-47 avec lance-grenade sous le canon —, les chargeurs et les grenades dont ils étaient ceinturés, je compris qu'il ne s'agissait pas d'un simple entraînement. Mais j'aurais été bien en peine de dire de quelle guerre il s'agissait exactement. Quant au parachute que j'avais enfilé, de quel type était-il, et muni de quel système de guidance ? Grâce à ma grande gueule, j'allais enfin avoir l'occasion de m'initier au parachutisme version Forces Spéciales russe — une occasion unique, surtout pour un officier de la CIA.

Après le décollage, l'avion se dirigea droit vers la frontière afghane. Mais peu avant la frontière, il prit de l'altitude et se mit à décrire des cercles dans le ciel. En attendant mon tour près de la porte, je me posais quelques questions sur mon comportement. Je n'aimais ni les petits avions, ni le parachutisme, ni même la vodka, ce qui ne m'avais pas empêché d'en engloutir quelques verres, la veille. À quarante ans, je commençais à être un peu rouillé pour sauter avec des paras. Au fait, pourquoi m'étais-je cru obligé de sortir le grand jeu ? Parce que c'était le seul moyen de faire ami-ami avec des militaires russes. Bref, je faisais simplement mon boulot ou ce que je croyais être mon boulot.

À environ 600 mètres d'altitude, Youri surgit du poste de pilotage et me fit signe de me tenir prêt. Les paras me regardaient avec des sourires narquois, visiblement avertis du bon tour que me réservait Youri. Ce dernier ouvrit la porte. La vue n'était pas très rassurante. D'épais nuages noirâtres masquaient complètement le sol et les gémissements de la carlingue sous la bourrasque me rappelaient ceux du vieux sommier métallique de ma grand-mère. En plus, la tempête nous avait sûrement fait dévier de notre route et je n'aurais pas été surpris d'apprendre qu'on était en train de survoler Kaboul. Red Winstead, mon instructeur de la Ferme, ne nous aurait jamais laissés sauter avec une météo pareille.

— Et le pense-bête pour la direction des vents ? criai-je dans l'oreille de Youri.

Tant qu'à sauter, j'aurais préféré savoir de quel côté le vent soufflait avant de me jeter dans le vide, histoire d'orienter ma chute.

Je ne sais pas s'il comprit ce que je lui demandai, toujours est-il qu'il choisit d'ignorer ma question.

— À vous l'honneur ! s'exclama-t-il. Et il ajouta, pour couper court à d'éventuelles objections :

— Vous êtes notre hôte !

En plongeant à travers le premier nuage, je compris pourquoi Youri n'avait pas besoin d'un pense-bête. L'idiot, c'était moi.

Ce petit saut eut deux conséquences. D'abord, Langley envoya un câble à tous les bureaux de l'Agence en ex-URSS pour interdire les sauts en parachute dans des appareils militaires russes. Tant mieux, me dis-je en lisant la directive, parce que pour rien au monde, je ne serais remonté dans cette boîte à sardines volante. Et puis, une semaine environ après le saut, on frappa à ma porte. En l'ouvrant, je découvris un grand et large Russe en Levi's et chemise à carreaux.

— Mon colonel aimerait vous voir, fit-il d'une voix funèbre et gutturale à la Boris Karloff.

Sans attendre la réponse, un officier en treillis surgit derrière lui et pénétra dans le bureau.

Il ne manque pas de cran, pensai-je, pour frapper à ma porte au nez et à la barbe du KGB !

Le colonel, un nommé Grigor, avait les manières policées d'un officier de cavalerie. Il commandait un régiment blindé d'élite. C'était l'un des plus jeunes et des plus brillants officiers dans son grade, selon les informations que j'obtins par la suite. Son père avait été un très haut responsable soviétique. Avec de tels antécédents, pas étonnant que Grigor traverse l'ambassade comme s'il la possédait. Il devait avoir assez de relations pour faire expédier le chef du KGB local au goulag d'un simple coup de fil.

— C'est vous l'attaché militaire américain ? me demanda-t-il sans autre préambule.

Pour plaire à un colonel russe, j'étais prêt à endosser n'importe quel emploi. D'ailleurs celui-ci était à peu près le mien. Du moins c'est ce que je lui répondis.

— Parfait, rétorqua-t-il.

Avec ses cheveux blonds taillés en brosse, son large cou et ses yeux bleus, Grigor semblait plus allemand que russe. Y compris dans sa façon d'aller droit au but :

— Demain, une voiture viendra vous prendre à 9 heures.

Il fit demi-tour sans ajouter un mot et sortit avec Boris Karloff dans son sillage.

Le lendemain matin, la journée commença assez calmement. Le chauffeur envoyé par Grigor me conduisit jusqu'au principal champ de tir russe, à environ 60 kilomètres de Douchanbe. Le colonel, son épouse ainsi qu'une douzaine d'autres officiers russes accompagnés de leurs femmes nous attendaient. La plupart d'entre eux n'avaient jamais parlé à un Américain. Je brisai la glace en dévorant les petits fours présentés sur un plateau par une opulente Natacha... et en acceptant une généreuse rasade de vodka. Nous portâmes au moins quatre toasts au général Schwartzkopf, héros américain de la guerre du Golfe.

Alors que je commençais à flotter sur un petit nuage d'euphorie, deux des Russes sortirent des gadgets miniaturisés. Des armes mortelles munies de silencieux. L'un ressemblait à un pistolet Derringer, l'autre à un stylo.

— C'est comme ça qu'on s'y prend avec les wahhabites ! s'exclama un capitaine en brandissant son stylo.

Les wahhabites, islamistes fondamentalistes saoudiens, tiraient leur nom d'un prédicateur du XVIIIe siècle, Muhammad ibn Abd al-Wahab, partisan d'une interprétation rigoriste du Coran. J'avais entendu dire que les Russes assassinaient des chefs islamistes au Tadjikistan. Je commençai à réaliser que cette rumeur était sans doute fondée.

Le capitaine qui avait exhibé le stylo-pistolet dévissa le sommet du capuchon et en sortit une balle subsonique de 7,62. Elle ressemblait à une munition standard de Kalachnikov, mais mon interlocuteur m'expliqua qu'elle était fabriquée en plomb mou pour exploser au moment de l'impact. « La munition idéale pour un assassinat », conclut-il. Il rechargea le stylo et tira un coup dans une petite mare. Je n'entendis qu'un « splash » discret. Un joujou beaucoup plus silencieux que ses équivalents confectionnés par la CIA, du moins ceux que je connaissais.

D'autres tournées de vodka suivirent. Mon cerveau commençait à s'embrumer sérieusement quand l'un des militaires proposa qu'on passe à l'activité suivante, le tir. Les épouses restèrent à la maison pendant que nous sautions dans trois jeeps qui nous déposèrent 800 mètres plus loin. Au bout du champ de tir s'alignaient une dizaine de silhouettes métalliques. On avait le choix des armes : AK-47, mitrailleuse lourde calibre 30, fusils d'assaut, RPG... Il y avait même une mitrailleuse « chain gun » de 40 mm.

Heureusement, personne ne choisit la « chain gun ». L'expérience était déjà assez terrifiante comme ça. De temps à autre l'un de nous touchait accidentellement une des silhouettes qui se couchait. Mais comme le mécanisme qui aurait dû la relever automatiquement était en panne l'un des fêtards partait d'un pas mal assuré pour la redresser — sans que personne, sauf moi, n'arrête de tirer.

Grigor décida que j'avais brillamment réussi mon test d'admission et m'invita la semaine suivante à un autre divertissement, le test de conduite de char T-72.

Je n'avais jamais conduit de char de ma vie et encore moins un tank russe. Le siège du conducteur aurait parfaitement convenu à un type de 1,50 mètre. Plié en deux, je devais tordre le cou pour entrevoir l'extérieur à travers la fente de Plexiglas qui faisait office de fenêtre. Mais il n'était pas question de refuser. Pour me faire la main, je commençai par envoyer mon char tout droit dans un fossé de 3,50 mètres de profondeur.

Une fois habitué à mon nouveau jouet, je me joignis aux autres engins qui fonçaient dans une vallée, s'arrêtant de temps à autre pour tirer sur des silhouettes de chars en carton. Youri était si fier de moi qu'il me nomma membre honoraire de son régiment.

Le siège, informé de ma partie de campagne, se fendit aussi sec d'une deuxième directive à tous les bureaux de l'Agence en ex-URSS : interdiction formelle de conduire des chars russes. Et j'en fus désolé, car à la différence des sauts en parachute depuis le biplan AN-2, j'avais pris un réel plaisir à piloter le T-72. Mais j'avais surtout gagné la confiance de Grigor, lequel décida qu'il était temps de me révéler quelques aspects inquiétants de la nouvelle Russie.

Grigor m'avait seulement annoncé qu'il voulait « me montrer quelque chose qui pourrait intéresser mon pays ». Un peu après 23 heures, il m'emmena à l'aéroport en prenant soin d'éviter les grandes artères pour contourner les postes de contrôle. Il pénétra dans l'aéroport par le secteur militaire. Dans la nuit qui baignait le tarmac, on apercevait des ombres, celles d'hélicoptères Hind Mi-8 et Mi-24 et d'avions-cargos. Il stoppa à une trentaine de mètres d'un Iliouchine 76, le fixant sans dire un mot.

Une heure plus tard environ, le poste de pilotage de l'Iliouchine s'éclaira. Un soldat debout à côté de l'avion alluma une lampe de poche, tendit le bras qui la tenait et se mit à décrire des cercles lents devant lui. Un peu après, un hélicoptère Mi-8 se posa à côté de l'Iliouchine 76 en laissant tourner ses rotors. On ouvrit une porte et quelqu'un balança de gros sacs de toile sur le tarmac. Une demi-douzaine de soldats les ramassa et les chargea dans l'Iliouchine. Le transfert dura une dizaine de minutes. Après quoi, le Mi-8 repartit en direction de l'Afghanistan et l'Iliouchine gagna la piste de décollage. Peu après il disparaissait dans le ciel d'un noir d'encre.

— Héroïne, commenta Grigor. La cargaison hebdomadaire.

Sur le chemin du retour, il me raconta toute l'histoire. Le ministre de l'Intérieur tadjik, Yakoub Salimov, associé à quelques généraux russes, expédiait à Moscou, sur des avions militaires russes, des chargements d'opium brut afghan de contrebande. Une fois transformée en héroïne, la drogue était envoyée en Suède par bateau avant d'être distribuée dans le monde entier, y compris aux États-Unis.

Je répétai toute l'histoire à mon ambassadeur, Stan Escudero. Diplomate de la vieille école, ce dernier se souciait plus de sa mission que de sa carrière. Il prit rendez-vous avec Salimov et me demanda de l'accompagner.

Yakoub Salimov, ex-entraîneur de boxe au collège agricole de Douchanbe, était une brute de bas étage. Et s'il faisait régner l'ordre, c'était celui de la mafia locale dont il était l'un des patrons. Il lui arrivait de faire son travail avec un peu trop de conviction, ce qui lui avait valu, autrefois, une peine de sept ans de prison pour meurtre. Mais ses déboires avec la justice ne l'avaient pas empêché de nouer d'excellentes relations avec les ex-communistes, au point que, lors de leur retour au pouvoir en 1992, il s'était imposé comme l'homme capable de maintenir un semblant de calme au Tadjikistan, ce qui n'était pas une mince affaire.

— Je me charge de la leçon de morale, soufflai-je à Escudero dans l'escalier qui menait au bureau de Salimov.

Incarnant de mon mieux l'aigle américain dans toute son intransigeance, j'expliquai à Salimov que le gouvernement des États-Unis ne tolérerait plus, à l'avenir, que le gouvernement tadjik trempe dans le trafic de drogue. Lâchant quelques détails qui lui prouvaient que nous étions parfaitement au courant de son business, je lui débitai un sermon d'une bonne dizaine de minutes. Il m'écouta dans un silence de pierre, en tripotant machinalement un stylo de ses doigts boudinés qui devaient avoir à peu près la taille de bananes. De temps à autre, il posait le stylo pour faire craquer ses articulations avec l'application méthodique du boxeur avant le combat. Escudero, qui n'avait pas ouvert la bouche de tout l'entretien, m'adressa un petit clin d'œil complice en redescendant l'escalier.

Deux semaines plus tard, Salimov me fit parvenir sa réponse. Je me trouvais au bureau, avec Stéphane Bentura, correspondant de l'AFP à Moscou, quand nous entendîmes un « bang » qui ressemblait un peu à un coup de tonnerre. À Douchanbe, une bombe au milieu de la nuit n'avait rien de bien surprenant. Celle-ci avait dû exploser à environ 2 kilomètres. Il n'y avait pas de quoi fouetter un chat et nous continuâmes à papoter tranquillement. Deux minutes plus tard, l'administrateur de l'ambassade faisait irruption dans le bureau.

— Ils ont fait sauter ta maison !

J'avais loué une maisonnette dans un quartier résidentiel tranquille pour recevoir mes contacts sans que le chef du KGB fût au courant.

En retournant sur les lieux je constatai que la bâtisse avait été sérieusement ébranlée par un obus qui avait creusé un grand cratère au beau milieu de la pelouse. Le gardien de nuit, qui était assis dans le salon au moment de l'explosion, me raconta qu'il avait vu passer deux voitures de police, un type se pencher par une fenêtre et un cartable voler en direction de la fenêtre du salon. Heureusement pour lui, le cartable avait rebondi sur les solides barreaux dont lesdites fenêtres étaient pourvues et il souffrait d'une simple commotion. Je remarquai aussi que les fils de téléphone avaient été sectionnés.

Quand je racontai à Grigor ce qui venait d'arriver, il fit claquer sa langue en signe de désapprobation et me proposa une mesure de rétorsion qui ne m'étonna pas venant de lui : raser la maison de Salimov avec un T-72. Une proposition qu'il me fallut malheureusement décliner.

Quelque temps plus tard, Youri me présentait à l'aide de camp du commandant des forces terrestres russes, durant sa visite à Douchanbe. Comme si j'avais besoin d'une preuve supplémentaire de la corruption des militaires russes, à peine étions-nous assis à la table du dîner offert en son honneur que cet officier de haut rang attaquait bille en tête. Il avait appris que la CIA utilisait un C-130 pour acheminer du fret à Douchanbe à raison d'un vol par mois. J'opinai.

— Alors, pourquoi ne pas en profiter pour faire des affaires ? poursuivit-il benoîtement. Vous le faites remplir de cigarettes que je revends à la garnison locale et on partage les bénéfices, 50-50.

J'en avais vu de toutes les couleurs à Douchanbe, mais je fus quand même soufflé. Je ne le connaissais que depuis trois minutes et il me proposait un deal avec la mafia locale. Je crois que si je le lui avais demandé, cet homme m'aurait vendu une ogive nucléaire sans la moindre hésitation.

Grigor aborda bientôt un autre sujet, tabou pour Washington, le nationalisme russe.

Grigor aimait à se décrire comme un patriote russe éclairé, mais il avait une âme de putschiste pur et dur. Il estimait que la Russie avait grand besoin d'une révolution, aussi radicale que celle d'Octobre, pour la nettoyer des politiciens corrompus et des généraux trafiquants de drogue.

Un soir, je lui rendis visite avec une caisse de bière allemande. Grigor appréciait la vodka mais il raffolait de la bonne mousse. À la sixième bouteille, il baissa la garde et raconta l'assaut des troupes russes contre le Parlement ordonné par Boris Eltsine en octobre 1993. Une aventure qui, selon Grigor, avait failli faire imploser l'armée russe. Quand la division d'élite Tamanskaya avait reçu l'ordre d'attaquer la Maison-Blanche, siège du parlement de la Fédération de Russie, les équipages désignés avaient refusé de monter dans leurs chars. Autrement dit, ils s'étaient mutinés. Résultat, tous les chars ayant participé à l'assaut étaient conduits par des officiers. Mais ce n'était pas tout. Après l'assaut, ces officiers, loin d'être honorés, avaient été ostracisés et oubliés lors des promotions suivantes. Nombre d'entre eux, humiliés ou écœurés, avaient démissionné.

— Eltsine a cassé l'armée, il ne pourra plus jamais compter sur elle, avait conclu Grigor.

Je lui rendis de nouveau visite la semaine suivante. Grigor était d'humeur particulièrement sombre, ce soir-là. Il ne me laissa pas le temps de m'asseoir et me lança : « Allons faire un tour ! » Son UAZ était garée devant l'immeuble, mais il renvoya son chauffeur et prit le volant.

Nous roulâmes au hasard pendant un moment. Grigor ne desserrait pas les mâchoires. Subitement, il se jeta à l'eau :

— Que penserait Washington si quelques honnêtes officiers russes mettaient fin à la farce moscovite actuelle — si nous nous débarrassions de Eltsine ?

Je le dévisageai. Il était sérieux.

Grigor garda le silence quelques instants.

— Écoute, M. Bob, j'en ai discuté avec des amis officiers. Nous servons tous sur les frontières de l'ancienne Union soviétique, dans des bleds paumés où ces salauds de politiciens ne mettent jamais les pieds. Sans nous, la Russie partirait en eau de boudin, mais ils n'en ont rien à cirer. Tout ce qui les intéresse c'est de s'en mettre plein les poches, de mettre de côté un maximum de blé pour aller le dépenser sur la Riviera. Si je te racontais leurs trafics, tu ne me croirais pas. Les caisses de munitions qui arrivent ici sont vides, ils ont vendu jusqu'à la dernière cartouche ! Je n'arrive pas à obtenir de radios pour mes chars. Ces salauds les volent et les revendent à des compagnies de taxis moscovites ! Et si on ne crève pas de faim, c'est grâce aux légumes qu'on fait pousser dans les jardins de nos maisons. C'est la pire sorte de trahison !

— Grigor, quand tu dis « nous », tu parles de qui ?

— Oh, il y a des centaines d'officiers qui sont d'accord avec moi. Tous aux frontières. Peut-être 10 % de l'armée, mais les meilleures unités.

— Qui est votre chef ?

— Alexandre Lebed est le seul qui soit de taille à régler nos problèmes mais nous n'avons pas encore pris contact avec lui, c'est trop tôt.

Le général Lebed, alors commandant de la 14e armée en Moldavie, était le général le plus populaire de Russie. Venus de toute l'ancienne Union soviétique, des déserteurs ralliaient les garnisons placées sous son autorité alors que le reste de l'armée manquait cruellement d'effectifs.

— Qui d'autre ?

— Il y a un général, à l'état-major, qui nous connaît tous, le général [redacted] mais, M. Bob, tu poses trop de questions. Alors laisse-moi t'en poser une et une seule : que feraient les États-Unis si nous renversions le régime Eltsine ?

Grigor ne demandait pas un feu vert mais quand je rapportai notre discussion à mes supérieurs, la réaction ne se fit pas attendre. Washington soutenait à fond le gouvernement démocratiquement élu à Moscou et s'opposerait à un putsch. Je connaissais déjà la réponse, mais j'étais surtout content que Langley ne m'interdise pas de continuer à fréquenter Grigor.

Je voulais quand même faire plaisir à mon ami Grigor. Un soir, il m'avait apporté des brochures concernant des matériels de transmission Motorola. Il me demanda si je pouvais l'aider à obtenir un tel système de transmission pour son régiment. Je transmis sa requête. La réponse, plus laconique que d'habitude, ne traîna pas : « Inapproprié ».

Il était 9 heures du matin, ce 9 août 1993, et on cognait à la porte. J'ouvris, c'était Grigor.

— Tu connais la nouvelle ? demanda-t-il hors d'haleine.

J'avais passé la matinée dehors avec le technicien des transmissions. Nous n'avions pas encore relevé les messages.

— Votre homme à Tbilissi. Il a été assassiné.

[redacted]. Fred Woodruff était [redacted]. Il avait été temporairement affecté dans la capitale de la Géorgie, l'ancienne république soviétique. Woodruff avait été tué la veille.

— Je sais qui a fait le coup, poursuivit Grigor. Ces ordures, à Moscou.

En fait, Grigor ne savait strictement rien du meurtre de Woodruff, mais ses soupçons n'étaient pas nécessairement erronés. Fred Woodruff avait été abattu dans les environs de Tbilissi alors qu'il se trouvait sur la banquette arrière d'une Niva conduite par Eldar Gogoladze, le chef de la sécurité rapprochée du président

Edouard Chevarnadze. Il y avait aussi deux passagers de sexe féminin dans la voiture.

Au-delà de ces éléments avérés, la fin de Woodruff restait entourée de mystère. Les Géorgiens avaient arrêté un soldat et l'avaient accusé du meurtre. Selon la police géorgienne, ce soldat, saoul au moment du crime, avait tiré une rafale de mitraillette sur la Niva après lui avoir vainement ordonné de s'arrêter. Il aurait cherché à racketter les occupants — les soldats barbotaient en effet de l'essence pour la revendre. Mais les Géorgiens refusèrent de laisser les enquêteurs américains interroger ce soldat — presque jusqu'à la dernière minute : quelques années plus tard, quand ils purent enfin avoir accès à lui, il gisait sur son lit de mort et était revenu sur ses aveux.

Les incohérences de la version géorgienne du meurtre étaient légion. Les occupants du poste de contrôle de la milice, à quelques cent mètres de l'endroit où, soi-disant, Woodruff avait trouvé la mort, n'avaient rien vu ni entendu. Gogoladze prétendit qu'il avait franchi ce contrôle après la fusillade mais sans s'arrêter. Il ne put expliquer pourquoi il n'avait pas stoppé pour signaler l'incident aux miliciens. D'ailleurs Gogoladze n'avait pas été très diligent puisqu'il avait mis près de deux heures pour se rendre à l'hôpital, lequel se trouve à moins de vingt minutes en voiture de l'endroit où Woodruff avait été pris pour cible. Gogoladze expliqua qu'il s'était perdu, mais sans pouvoir se rappeler où. Étonnant pour un homme qui a passé sa vie à Tbilissi.

En outre, non seulement la Lada Niva de Gogoladze avait disparu durant ces deux heures cruciales mais les enquêteurs ne purent l'examiner que trente-six heures après que le Géorgien eut déposé Woodruff à l'hôpital. Ils constatèrent alors qu'elle avait de toute évidence fait l'objet d'un nettoyage approfondi. L'officier de sécurité de l'ambassade avait repéré la trace d'un impact sur le toit, juste au-dessus du siège du conducteur. Provoqué par le projectile qui avait au préalable traversé de part en part la tête de Woodruff. Ce projectile aurait donc dû se trouver encore dans la voiture. Pourtant il ne fut jamais retrouvé et on ne put donc le comparer avec les balles de l'AK-47 du prétendu coupable. Impossible aussi de comprendre comment cette fameuse balle était entrée dans la voiture. La vitre arrière était intacte et il n'y avait pas le moindre trou dans la carrosserie. Quand l'officier de sécurité exposa ce point pour le moins bizarre aux enquêteurs géorgiens, ils repartirent songeurs. Le lendemain, ils revenaient en annonçant qu'ils avaient découvert un petit orifice dans le joint de caoutchouc entourant la vitre arrière. Et l'Américain fut forcé de se rendre à l'évidence : le trou était bien là. Pourtant, lorsqu'il avait examiné la Niva, et à la loupe, il était quasi certain que la carrosserie ne présentait pas le moindre défaut.

Ce n'était pas la seule incohérence. L'autopsie démontra que Woodruff avait été assassiné avec une balle dum-dum, une munition souvent utilisée pour les assassinats, semblable à celles que les Russes m'avaient montrées le soir de notre compétition improvisée au champ de tir. Mais le soldat fut bien incapable d'expliquer pourquoi il avait introduit dans le canon de son fusil d'assaut ce type de munition très peu courant.

Le FBI passa des jours à examiner le site où devait se trouver le tireur selon les allégations de la police géorgienne, sans parvenir à retrouver la douille de la fameuse balle, jusqu'à ce que les enquêteurs géorgiens prennent la relève. L'un d'eux arriva sur les lieux avec un AK-47, se posta à l'endroit où le meurtrier était censé avoir tiré et tira une balle en l'air. Il suivit ensuite la trajectoire de la douille dans les buissons alentour et y retrouva non seulement la douille de la balle qu'il venait de tirer, mais aussi une seconde.

— La voilà ! claironna-t-il en brandissant la balle triomphalement.

Cette trouvaille miraculeuse laissa les agents du FBI tout à fait perplexes. Autre aspect du mystère, Rick Ames avait rencontré Woodruff à Tbilissi peu avant le meurtre. Selon certains témoins, tous deux avaient eu une explication d'une extrême violence, sans que personne ait su exactement pourquoi. Woodruff avait-il accusé Ames d'être une taupe ? Autre mystère, la pellicule qui se trouvait dans l'appareil photo de Woodruff. La femme qui occupait le siège avant avait affirmé que lorsque Woodruff avait été touché, elle s'était retournée et avait vu la seconde femme, assise à l'arrière, ouvrir le dos dudit appareil pour en extraire une pellicule ; la piste s'arrêtait là. Aucune de ces anomalies ne démontrait qu'il y avait eu coup monté, mais je trouvais étrange que personne ne cherche vraiment à en savoir plus.

Certes nous ne détenions pas de preuves irréfutables que le meurtre de Woodruff avait été maquillé par les Géorgiens. Quoi qu'il en soit, Washington renonça à conduire l'enquête à son terme. Même chose en ce qui concernait l'attentat à la roquette contre l'ambassade américaine à Moscou, le 13 septembre 1995. Nous avions découvert qu'il était le fait des services secrets russes, mais l'administration Clinton, soucieuse d'éviter les sujets de contentieux avec la Russie, avait décidé de fermer les yeux sur les tentations extrémistes des nationalistes. Dernier détail significatif, l'agent du FBI qui avait émis l'hypothèse que les Russes étaient responsables du meurtre de Woodruff fut discrètement dessaisi de l'affaire et transféré dans une brigade d'Atlanta spécialisée dans les attaques de banques.

Mon enquête de terrain sous la tutelle de Grigor avait fini par me convaincre que la CEI, confédération lâche qui avait remplacé l'ex-URSS, ne servait, dans les républiques d'Asie centrale, qu'à masquer une situation de chaos rampant. Mais Grigor voulait pousser l'expérience encore plus loin. Il me proposa donc de visiter le Pamir avec lui. Quelques employés de l'ambassade avaient certes pu apercevoir Khorog, la capitale du Pamir, en hélicoptère, mais aucun diplomate ne s'était jamais rendu sur place.

— Si tu veux savoir à quoi ressemblera la Russie un jour, il faut que tu ailles te promener le long de la frontière tadjike, insistait Grigor. Tu ne trouvera nulle part de meilleur avant-goût de l'enfer.

J'en étais réduit aux conjectures. Le Pamir, qui couvrait environ les trois quarts de la superficie du Tadjikistan, était sans doute la zone la plus hors-la-loi du monde. Guérillas islamistes, seigneurs de la guerre, bandits, contrebandiers de toutes farines et déserteurs russes se disputaient le contrôle de la région. La seule manière d'y survivre consistait à trafiquer des armes et des drogues. Les Pasdarans iraniens, toujours à l'affût d'opportunités intéressantes, n'avaient pas tardé à installer une base de l'autre côté de la frontière afghane, à Taloqan, pour accélérer la déstabilisation de la région. Ils avaient été jusqu'à acheter deux missiles Stinger sol-air pour les offrir aux fondamentalistes tadjiks. Les Russes maintenaient quelques avant-postes le long de la frontière, mais les pauvres bougres qui les défendaient avaient bien du mal à garder la tête sur les épaules. De temps à autre, les rebelles fondaient sur eux et le lendemain, dans la presse locale, on découvrait des photos atroces montrant des cadavres de soldats russes décapités.

Le risque faisait partie de l'attrait mais j'avais d'autres raisons de vouloir découvrir le Pamir. Depuis que j'étais arrivé à Douchanbe, j'avais entendu parler d'une ancienne civilisation dont il restait des vestiges, au creux d'une haute vallée perdue dans les montagnes. Les tribus qui y vivaient descendaient selon la légende du peuple qui avait donné ses rois à Samarcande, et à Alexandre le Grand son épouse Roxane. La langue des Yaghnobis, du nom actuel de cette tribu, n'avait guère varié dans ses traits essentiels depuis vingt-cinq siècles. Elle était restée très proche de l'ancienne soghdiane, une langue indo-européenne proche de l'iranien. Le mode de vie des Yaghnobis n'avait apparemment pas plus changé. Ils ignoraient toujours l'usage de l'électricité et ne disposaient pas de l'eau courante. Et si les folles rumeurs qui couraient sur leur compte étaient véridiques, ils étaient même revenus au culte primitif du feu.

Staline avait vainement essayé de liquider les Yaghnobis en les dispersant aux quatre coins de l'URSS. Après la chute du régime communiste, Richard Frye, professeur à Harvard, spécialiste des anciennes civilisations iraniennes et vétéran de l'OSS, avait été le premier Américain à effectuer le voyage de Yaghnob. Mais dès l'année suivante, à cause de la guerre civile qui faisait rage, il n'était plus question de s'y rendre. Si je parvenais jusqu'à Yaghnob à mon tour, je serais du petit nombre des initiés.

Je décidai de combiner deux voyages en un. D'abord une excursion à travers le Pamir en suivant la route à deux voies qui longe la frontière entre Tadjikistan, Afghanistan et Chine. Puis, retour à Douchanbe par la vallée de Garm. Je verrais bien, alors, s'il y avait moyen de pénétrer dans Yaghnob. Un périple au mieux très aléatoire. Le col qui séparait les vallées de Garm et de Yaghnob culminait à 5 000 mètres d'altitude. Et à Douchanbe, personne n'était capable de me dire qui contrôlait ce col et s'il était ou non enfoui sous 5 mètres de neige.

Premier obstacle, les rebelles. Pour mesurer les difficultés qui m'attendaient, il fallait que je gagne Tavildara, dernière bourgade sous contrôle gouvernemental. Comme il valait toujours mieux voyager en couple, je persuadai Maggie, l'attachée commerciale, de m'accompagner. Diplomate fraîchement émoulue de l'université, Maggie n'attendait que l'occasion de se frotter aux guerres qui dévastaient la région.

Maggie et moi décidâmes de nous attacher les services d'une linguiste, une jeune et séduisante Iranienne du nom de Nell. Non seulement Nell parlait le farsi, dont le tadjik est un dialecte dérivé, mais elle avait aussi étudié, à Oxford, quelques dialectes de l'est de l'Iran, dont le sogdien. Nell avait en outre d'autres talents, puisque c'est en « animant » des rave-parties dans des tenues quelque peu extravagantes qu'elle s'était payé ses études à Oxford.

La traversée de Tavildara me rappela la dernière séquence d'*Apocalypse Now*, celle où Martin Sheen arrive à la tanière de Marlon Brando. Seule différence, Tavildara avait beaucoup souffert des combats. Il suffisait de pénétrer dans la ville, ou ce qu'il en restait, pour s'en apercevoir. On ne voyait plus que des monceaux de gravats, à perte de vue. Même la route n'était plus qu'un souvenir. Seul un chapelet d'énormes cratères, disposés comme les perles d'un chapelet, signalait encore son existence. Nous nous arrêtâmes pour guetter des rumeurs de canonnade mais il régnait un silence total. Si des rebelles, dans les montagnes avoisinantes, faisaient feu sur la ville, ils étaient invisibles.

Tendue en travers de la route, une ficelle, devant la carcasse d'un char T-72 carbonisé qui fumait encore, marquait l'entrée du campement de l'armée russe. Un soldat torse nu, carabine de franc-tireur à la main, prenait un bain de soleil sur un rocher voisin. Quand je lui demandai où se trouvait le commandant, il haussa les épaules. Après dix minutes de recherches, je finis par trouver son logement, dans la cave d'une maison rasée. Il suffisait de soulever le filet de camouflage, de descendre un minuscule escalier et on y était. Sacs de sable, caisses de grenades et de munitions, râteliers de RPG, roquettes légères antichars, fusils d'assaut entassés : si cette caverne d'Ali-Baba avait été touchée par un obus, les ruines de Tavildara seraient parties en fumée.

Assis par terre, l'aide de camp était occupé à glisser des balles dans une cartouchière. Le capitaine Sergueï, commandant le camp, « prenait son bain », nous expliqua-t-il. Il nous fit pénétrer dans la chambre dudit capitaine, guère plus grande qu'un clapier à lapins. Il referma la porte, nous laissant seuls. Je m'assis sur un lit de camp, invitant mes compagnes à en faire autant. Nell enfila le casque de son Walkman et commença à chantonner dans son coin.

On entendit le capitaine Sergueï avant de le voir —

pas difficile, il avait une voix de stentor. Saoul comme une barrique, il entonna une vieille complainte style batelier de la Volga. À ma montre, il était à peine midi. Soudain, sans doute prévenu de la présence d'invités par son aide de camp, il pouffa de rire et chuchota quelques mots. Deux secondes plus tard, un coup sourd nous faisait sursauter. Sergueï venait de se cogner la tête contre le plafond trop bas. Il proféra quelques jurons bien sentis. Soudain, la porte de fortune retentit d'un choc formidable et, s'arrachant avec un gémissement déchirant de ses gonds, s'abattit à mes pieds. Sergueï venait d'essayer de l'ouvrir d'un coup de la crosse de son fusil. En nous voyant, il se figea. Son aide de camp n'avait pas dû lui dire que ses visiteurs étaient américains. L'officier en charge de cette unité devait avoir vingt-huit ou vingt-neuf ans au plus. Avec sa barbe blonde en broussaille, ses yeux vert émeraude et son grand sourire timide, il ne correspondait pas à l'idée que je me faisais d'un capitaine affecté à la garde d'une frontière « sensible » de l'ex-Union soviétique.

Après avoir échangé quelques poignées de main, Sergueï nous invita à nous rasseoir. Maggie, qui baragouinait un russe potable, lui demanda ce qu'il en était des combats dans la région, mais Sergueï, ignorant sa question, se tourna, la face empourprée, vers son aide de camp et lui cria à travers la cloison : « Maudite soit ta chienne de mère ! Pourquoi est-ce que tu n'es pas foutu de m'apporter de la vodka quand j'ai des invités ? »

L'adjoint de Sergueï, un capitaine ouzbek, arriva avec deux bouteilles de vodka. Nous n'en étions qu'à la première quand, saisi d'une inspiration soudaine, Sergueï se leva, sortit et revint avec une mine américaine anti-personnel prise aux rebelles. Personne n'avait songé à en ôter le détonateur.

— Tenez, fit-il en me la tendant. C'est un présent de la grande Union soviétique à l'Amérique.

Pour ne pas être en reste, je retournai à la voiture et en rapportai un gilet pare-balles de surplus militaire. Le capitaine le détailla d'un œil admiratif puis l'enfila.

Me saisissant le bras, il m'entraîna dehors, me tendit son pistolet Makarov et m'ordonna :

— Tire-moi dessus !

Heureusement, j'étais encore assez sobre et je refusai, le persuadant, non sans mal, de suspendre le gilet pare-balles à un poteau. Le capitaine tira quelques balles de pistolet sur la cible improvisée, et découvrit avec ravissement qu'aucun projectile n'avait pénétré dans le gilet. Du coup il s'empara d'un AK-47 et vida son chargeur sur son nouveau jouet. Cette fois le gilet se déchira, ce qui n'empêcha pas le capitaine de le réenfiler et de le porter toute la soirée en mon honneur.

Après avoir éclusé la troisième bouteille de vodka, il était temps de passer aux exercices de tir. Tout ivre mort qu'il fût, Sergueï eut quand même la présence d'esprit de nous demander de tirer plutôt vers la vallée que vers les montagnes, où étaient postés les ennemis.

— Pas la peine d'irriter les rebelles sans raison ! conclut-il dans un hoquet incontrôlable.

Le temps était beau et frais et, au début, la séance se passa très bien. C'était la première fois que Nell et Maggie tiraient à l'AK-47. Dieu merci, il ne restait plus de vodka. J'avais été prendre dans la Niva un fusil anti-émeutes, un calibre 12 escamotable, fabriqué par la CIA, et je l'avais montré à l'officier ouzbek qui avait été me chercher aussi sec une caisse de grenades. Le fusil anti-émeutes aurait dû rester dans le coffre de la voiture car le capitaine insista pour l'essayer sur-le-champ et tira quelques balles — en direction des montagnes.

En théorie ce n'était pas un acte menaçant — un fusil calibre 12 n'est efficace qu'à courte distance. Mais les rebelles n'étaient pas d'humeur à faire ce distinguo. La première salve de représailles ne tarda pas. On entendit les balles cliqueter sur un char garé à une vingtaine de mètres. Plusieurs détonations sèches suivirent et ensuite ce fut le staccato régulier d'un feu d'armes automatiques qui semblait venir de partout. Peu après, un obus survolait le campement en sifflant et explosait à une cinquantaine de mètres.

Maggie respirait de plus en plus difficilement. Elle avait signé pour couvrir une guerre, non pour en déclencher une !

— On y va, lui dis-je sur un ton rassurant en posant la main sur son bras. Je vais chercher le fusil et tu ramènes Nell, OK ?

Maggie courut vers Sergueï et Nell.

— On se tire ! cria-t-elle.

Sergueï, qui s'était découvert une tendresse de plus en plus grande pour Nell à mesure que la journée avançait, avait passé un bras autour de son épaule. Il articula péniblement à l'intention de Maggie dans son mauvais anglais :

— Très bien, vous partez. La femme reste avec moi.

Maggie n'était pas du genre à se laisser faire. Elle bondit sur Nell, repoussa le Russe d'un coup sec du plat de la main et entraîna la jeune Iranienne. Nous bondîmes tous les trois dans la Niva. Alors que nous quittions le camp, les équipages se ruaient vers leurs chars. Tous des Tadjiks ! Les officiers russes, trop saouls, se contentaient de regarder. Une dizaine de T-72 démarrèrent simultanément — j'entends encore le grondement de ces moteurs, c'est un bruit qu'on n'oublie pas. En me retournant une dernière fois, je vis un épais panache de fumée de diesel s'élever au-dessus du camp.

Nous fîmes halte à un kilomètre de Tavildara pour écouter la rumeur des combats, apparemment enragés. Je jetai la mine anti-personnel et la caisse de grenades dans la rivière et pris la direction de Douchanbe.

Au printemps suivant, une fois fondues les neiges qui interdisaient l'accès aux vallées hautes, je remis mon projet de voyage au Pamir sur la table. Cette fois, je parvins à persuader Henry, haut fonctionnaire des Affaires étrangères en visite à Douchanbe, de m'accompagner. Henry, ancien des Forces Spéciales parlant un russe presque parfait, me semblait le compagnon de route idéal pour ma petite excursion.

Nous bourrâmes la Niva de rations militaires et de jerricans d'eau et d'essence. Notre seul matériel de transmission était une radio manuelle qui nous reliait à Washington via un satellite de la marine à basse altitude. Je ne pris pas de fusil d'assaut, mais j'emportai deux grenades que je dissimulai derrière le tableau de bord. Au grand étonnement d'Henry, j'attachai aussi une paire de skis sur le toit de la voiture. « C'est une bonne couverture, lui expliquai-je. Il vaut mieux que les méchants nous prennent pour des aventuriers. »

En passant à Tavildara, je ne ralentis même pas — convaincu que Sergueï ne m'avait sans doute pas encore pardonné de lui avoir soufflé Nell. Dans les montagnes au-dessus de Tavildara, la route avait disparu à la suite d'un énorme glissement de terrain. On n'aperçut pas un seul véhicule ni le moindre rebelle sur la route, mais au col de Kaborabad, nous découvrîmes les restes d'une bataille toute récente. Le flanc de la montagne était grêlé de cratères noirâtres — résultant probablement du pilonnage de chasseurs bombardiers SU-27 — de carcasses calcinées de chars et de camions de transports de troupes.

On commençait à se demander si les Russes avaient fini par se battre entre eux quand deux épouvantails armés d'AK-47 surgirent de derrière un rocher pour nous barrer le passage. Quand ils les pointèrent vers nous, je décidai qu'il était temps de stopper. S'approchant de la vitre, ils nous demandèrent par gestes de les déposer à Kalai-Khum, première bourgade après la frontière afghane.

Après un bref échange de politesses, un pesant silence s'installa dans la voiture. Je surveillais mes deux moudjahiddines dans le rétroviseur pendant qu'ils inspectaient le contenu de la Niva, soupesant sans vergogne leur butin potentiel. Quand ils se mirent à palabrer en tadjik, présumant que nous ne le parlions pas, la situation prit un tour déplaisant. Ils se demandaient de toute évidence ce qu'ils allaient faire de nous. Et la seule option qu'ils n'envisageaient pas, c'était de nous inviter à dîner chez eux.

Avant qu'ils aient pu se faire une religion à notre sujet, nous étions arrivés à Kalai-Khum. De l'autre côté d'un bras étroit de la rivière Panj, un Afghan gesticulait au-dessus d'une sorte de hutte en torchis, le poste frontière. Devant nous, entourée d'un rempart de sacs de sable, une mitrailleuse calibre 50 mm interdisait l'entrée de la ville. Nos auto-stoppeurs descendirent de voiture et entamèrent une discussion animée avec les deux servants de la mitrailleuse. Deux minutes après, l'un d'eux revenait et collait sa tête contre le carreau de ma portière : « Il faut que vous nous accompagniez pour les formalités. »

Entrée en matière inquiétante, pour ce que je supputais des intentions de ces peu scrupuleux miliciens.

— Très bien, répondis-je, on va droit au poste de police.

Passant la première sans attendre la réponse, je fis demi-tour sur les chapeaux de roues. Un coup d'œil dans le rétro me confirma ce que je craignais. La Niva avait été prise en chasse par les 4 Moudjahiddines. À pied certes, mais ils couraient vite et, question reprises, la Lada n'a rien d'une Ferrari.

Nous traversâmes le pont sur la Panj à fond de train. Comparé au Tadjikistan, l'Afghanistan, de l'autre côté de la rivière, nous parut soudain une oasis de civilisation souriante. Nous commencions à croire en notre veine quand un pneu se dégonfla subitement. Heureusement nous n'étions plus qu'à une trentaine de mètres d'un poste frontière russe abrité derrière un rempart circulaire de murets de béton alternant avec des barbelés. Je poussai jusqu'au portail sans répondre à la sentinelle qui nous faisait signe d'arrêter. En un clin d'œil, la voiture se retrouva entourée de soldats russes hagards et crasseux. On avait aussi l'impression qu'ils n'avaient rien avalé depuis un bon moment. Même leurs fusils étaient rouillés. Je leur offris quelques-unes des rations que nous avions emportées, mais ils refusèrent.

Pendant que je changeais le pneu crevé, Henry se mit en quête de l'officier commandant l'unité. Les soldats me regardèrent changer mon pneu sans qu'aucun ne propose de m'aider. Je resserrais le dernier boulon quand Henry revint, suivi d'un lieutenant qui semblait âgé de seize ans au plus. Ils discutaient en russe avec véhémence. Le lieutenant répétait sans arrêt que cette région d'URSS était interdite aux étrangers, sans tenir compte des remarques d'Henry lui rappelant que l'Union soviétique n'existait plus. Finalement, le lieutenant, pointant un doigt inflexible vers les steppes inhospitalières qui nous entouraient, hurla en me fixant :

— Vous et votre ami foutez le camp d'ici, tout de suite !

Henry tenta un dernier essai :

— On ne peut pas au moins dormir dehors, devant le portail ?

La nuit était tombée. Khorog était à au moins huit heures de route, à travers une région étroitement surveillée par les moudjahiddines, où deux étrangers sans recommandation n'étaient pas les bienvenus.

— Non, vociféra de nouveau le Russe exaspéré, mais surtout paniqué. Comme ça ces salauds auront une autre cible que nous pour s'exercer ! Et je me contrefous du reste !

Il fit un signe aux soldats qui levèrent leurs armes, doigts crispés sur la détente. C'est alors que je réalisai que la défense principale du campement se ramenait à une demi-douzaine de missiles antiaériens, tous tournés vers la rivière qui longeait la frontière avec l'Afghanistan. Les soldats russes étaient d'ailleurs occupés à recharger leurs cartouchières, en prévision d'une nuit qui s'annonçait chaude.

Par je ne sais quel miracle, nous arrivâmes à Khorog sains et saufs le lendemain matin et nous repartîmes aussi sec vers la frontière chinoise, traversant un des plus beaux paysages de montagnes qu'il m'ait été donné de voir. À chaque poste frontière où nous nous arrêtions, les Russes nous dévisageaient avec stupéfaction.

Chaque fois, ils demandaient si nous avions la permission de Moscou pour traverser le Pamir. Comme s'ils n'avaient jamais appris la nouvelle de la fin de l'URSS ! Nous fîmes halte au poste frontière de Murgab — où nos hôtes nous certifièrent que ce nom signifiait « poulet mort » dans le dialecte local. Au dîner ils nous servirent des côtelettes de mouton « Marco Polo », d'après le nom d'une race locale en voie de disparition. À Murgab, il n'y avait d'ailleurs pratiquement rien d'autre à manger. Le commandant nous expliqua qu'il n'était plus approvisionné depuis un an. Et il ajouta que son affectation de *huit* ans prenait bientôt fin. Je me souviens même qu'il me demanda sur un ton nostalgique : « Est-ce que Moscou a beaucoup changé ? »

Après avoir cherché en vain la route de Yaghnob, je mis la main sur un guide qui accepta de nous y conduire. Nous pénétrâmes dans la vallée par l'ouest et il nous fallut cheminer deux jours sur un étroit sentier bordé par un précipice de 500 mètres avant d'apercevoir les premières huttes. La légende ne mentait pas. Les Yaghnobis semblaient surgis tout droit d'un passé ancestral.

Au village suivant, nous déjeunâmes autour d'une table recouverte d'un tapis. Nous étions au beau milieu de l'été, pourtant il faisait froid ; un petit garçon alla chercher des charbons ardents dans le foyer et les disposa sous la table pour nous réchauffer. Grâce à des trous dans le tapis, nous pouvions enfouir nos bras sous la table pendant que nous mastiquions. Le village ignorait les bienfaits de l'électricité comme de l'eau courante, mais le paysage de montagnes et de glaciers recouverts de neiges éternelles était extraordinaire. Et il y régnait une atmosphère sacrée, sans doute liée au fait que les Yaghnobis, contrairement aux autres musulmans, priaient tournés vers le plus haut sommet de leur chaîne montagneuse, qu'ils considéraient un peu comme l'antichambre du paradis.

Après deux ans passés à prendre des douches froides d'eau brunâtre et à me nourrir de rations militaires, j'en avais assez du Tadjikistan. Il était temps qu'un collègue vînt goûter à ma place les joies du climat continental et de ses hivers où la température descend jusqu'à — 55 degrés. En janvier, j'avertis donc le siège que je voulais bouger. Après deux mois d'épais silence, j'appelai la direction du personnel. On me répondit, sur un ton consterné, que le russophone qui devait prendre ma place avait préféré changer de carrière et rejoindre l'École de guerre. Mais on me cherchait activement un autre remplaçant. Nouvelle déveine, ce collègue-là, une fois informé des charmes de Douchanbe, décida de réorienter sa carrière et s'inscrivit dans une école de commerce. Quant au troisième, il refusa tout net. Douchanbe n'était pas « positif en termes de carrière », avait-il expliqué à son chef de division. Je commençais à me dire que j'étais peut-être mort, que Douchanbe était mon purgatoire et que je risquais d'y passer une éternité. Jusqu'à ce que mes supérieurs me rappellent un beau jour pour m'informer triomphalement qu'ils avaient déniché un postulant. J'étais aux anges, du moins jusqu'à ce que je découvre le CV du collègue. C'était un officier des Forces Spéciales qui ne parlait ni russe ni tadjik et n'avait jamais recruté ou même dirigé un agent. Ils auraient aussi bien pu m'envoyer un analyste. En revanche il savait désamorcer une mine, ce qui aurait pu être utile s'il avait été nommé à Tavildara, mais pas à Douchanbe.

J'étais estomaqué. Pourtant je connaissais bien la maison, depuis des années. L'Agence n'avait pas un seul agent dans l'armée russe et ne se souciait visiblement pas d'en recruter, alors qu'au Tadjikistan un officier résolu avait de grandes chances d'y parvenir. Elle se fichait aussi pas mal que mon successeur soit incapable de parler à Grigor qui, lui-même, ne baragouinait pas un mot d'anglais. La CIA avait fait une croix sur l'armée russe, alors que celle-ci possédait encore des missiles nucléaires qu'elle pouvait très bien tirer aux quatre coins des États-Unis.

Mais ma surprise était stupide. Alors que la guerre civile faisait rage en Afghanistan, je n'avais cessé de réclamer un officier qui connaisse le dari ou le pachtoun, les deux langues les plus parlées d'Afghanistan, pour interroger le flot de réfugiés qui se déversait quotidiennement au Tadjikistan — de toute évidence, un extraordinaire filon d'informations. On aurait pu en recruter certains et les renvoyer en Afghanistan, où ils auraient travaillé pour l'Agence. Le siège me répondit qu'on ne trouvait nulle part de personne parlant dari ou pachtoun. Et que la CIA ne recueillant plus d'informations en Afghanistan, ces langues n'étaient pas recherchées. En guise de compensation, Langley me proposa une équipe de quatre personnes chargée de mettre en garde les réfugiées contre le harcèlement sexuel. Mon refus agacé a sûrement dû me valoir une croix noire supplémentaire en face de mon nom.

Je commençais à me demander sérieusement ce qu'attendait l'Agence de ses officiers traitants quand un câble atterrit sur mon bureau, m'informant que Clairborne Pell, président du Comité des Relations Extérieures du Sénat, arrivait au Tadjikistan, et qu'il entendait s'entretenir avec moi. Enfin ! ai-je pensé. Pell était un ex-diplomate formé à l'école de la guerre froide. Il voulait sûrement entendre ce que j'avais à dire sur l'armée russe.

La semaine précédant son arrivée, je rédigeai une série de fiches sur les thèmes dont je souhaitais lui parler. Je voulais surtout entretenir Pell des officiers russes et de leurs projets de complot contre le gouvernement Eltsine. La perspective d'un coup d'État en Russie ne pouvait pas ne pas l'intéresser. Mon espoir inavoué était qu'il frappe un grand coup sur la table en rentrant à Washington et que le siège envoie à Douchanbe un officier traitant digne de ce nom.

Je voulais aussi aborder un autre sujet avec le sénateur Pell, celui du fondamentalisme islamique. Il me semblait, à l'époque, moins important que les tentations autoritaires de l'armée et je ne suis pas loin de le penser encore aujourd'hui : après tout, les missiles nucléaires sont un moyen de destruction de masse beaucoup plus efficace que les Boeing, même pilotés de main de maître... Quoi qu'il en soit, je voulais informer le sénateur de mes découvertes dans ce domaine au Tadjikistan et en Afghanistan.

En arrivant à Douchanbe, j'avais repris mes études islamiques : presque chaque jour, j'étudiais le Coran et les autres livres sacrés de l'islam sous la direction d'un maître d'études. Ce qui me permettait de progresser en arabe et en farsi mais aussi de mieux cerner la doctrine du Coran concernant la guerre et les opérations suicides. Je parvins à la conclusion qu'il n'y avait pas de doctrine univoque. Dans le livre saint musulman, on pouvait sur ce sujet lire à peu près tout et son contraire.

Durant mon séjour à Douchanbe, j'avais recruté un [redacted], un proche du chef tadjik islamique Abdallah Nuri. Nuri opérait en dehors de l'Afghanistan, où il menait une guerre ininterrompue contre les Russes et leurs alliés locaux. Ce contact était important. La Russie et le Tadjikistan suppliaient Washington de leur fournir une aide militaire contre Nuri. Ils étaient convaincus que l'administration Clinton en savait plus long qu'elle ne voulait bien le dire au sujet de ce Nuri. L'Arabie Saoudite, notre plus proche allié dans la région, ne subventionnait-elle pas généreusement ce dernier ? Par ailleurs, nous savions que Nuri recevait, dans le plus grand secret, des subsides et des armes de l'Islamic World League of Saudi Arabia, une organisation patronnée par la famille royale saoudienne. Comme nos bureaux d'Islamabad (Pakistan) et de Riyad (Arabie Saoudite) semblaient incapables de nous renseigner à ce sujet, le [redacted] était notre seule piste.

L'inquiétude de la Russie et du Tadjikistan était tout à fait fondée. En juillet 1996, Nuri devait jouer les intermédiaires dans la conclusion d'une alliance entre l'Iran et Oussama Ben Laden. Nous sûmes que celui-ci avait rencontré un officier des services secrets iraniens et, sans avoir jamais appris les résultats de cette rencontre, que Ben Laden voulait proposer à l'Iran une campagne terroriste coordonnée contre les États-Unis. Si j'avais été remplacé par un officier traitant capable de contacter le [redacted], peut-être aurions-nous découvert si la proposition de Ben Laden avait été suivie d'effet.

Encore une fois, et je n'insisterai jamais assez sur ce point, je ne prétends pas détenir la solution miracle qui nous aurait épargné l'horreur du 11 septembre. Mais le simple fait de ne pas rencontrer des agents comme le [redacted] que j'avais recruté, de ne pas l'utiliser comme intermédiaire pour contacter des gens susceptibles de nous informer sur Oussama Ben Laden, revenait à s'exposer délibérément au pire. Et le milliardaire saoudien sut tirer parti de cette cécité volontaire pour forger son réseau sans que nous n'en soyons jamais informés.

À l'heure où j'écris ces lignes, l'Amérique est en guerre et les terroristes qui se réclament d'Allah restent aussi insaisissables que du sable. On peut en arrêter, on peut même en tuer des centaines, mais des centaines d'autres se lèveront aussitôt pour les remplacer. En infiltrant quelques agents dans les mosquées, à l'époque, on aurait pu comprendre quelles formes allait prendre la guerre sainte, combien de jeunes gens étaient prêts à lancer des attaques suicides, etc. Nous nous en sommes bien gardés.

Quels buts poursuivaient la CIA et la communauté du renseignement en général ? Cela restait obscur pour moi. Et c'est de tout cela que j'avais l'intention d'entretenir le sénateur Pell.

Le C-20 de l'armée de l'air qui transportait le sénateur Pell se posa à Douchanbe le 31 mars 1994 en début d'après-midi. Ce ne fut que dans la soirée, à un dîner offert par le président de la République tadjike, que je pus converser avec lui. Pell tenait une forme assez exceptionnelle, surtout pour un homme de son âge qui venait de passer la nuit dans l'avion. Après le dîner, l'ambassadeur Escudero nous présenta l'un à l'autre et nous sortîmes bavarder un moment sur la pelouse.

Je commençai par évoquer la tentative du commandant des forces terrestres russes de m'associer à ses trafics criminels. Pell continua à marcher sans rien dire. Convaincu qu'il avait mordu à l'hameçon, je poursuivis en l'informant de ce que j'avais appris sur l'assaut de la Douma en 1993 et les répercussions de ces événements sur l'armée russe. Je voulais en venir au fondamentalisme islamique et à la nécessité pour le bureau de Douchanbe d'avoir un officier traitant parlant tadjik, quand le sénateur m'interrompit :

— L'ambassadeur m'a touché deux mots de votre voyage au Pamir et à Soghdiane. Parlez-moi de ça.

J'obtempérai et les vingt minutes suivantes furent consacrées à un exposé détaillé de mon voyage. Pell était fasciné et je renonçai à remettre les autres sujets sur le tapis. Je compris ce soir-là que je ne l'intéressais qu'en tant que spécialiste du « trek au Pamir ». De renseignement, il ne voulait pas entendre parler. Peut-être le moment était-il venu, pensai-je alors, de recycler la CIA dans l'organisation de randonnées touristiques au sein des contrées les plus reculées de la planète ? Après tout, nous avions — plus pour très longtemps — de bonnes compétences en la matière... Je me promis d'aborder la question avec mes copains de Langley.

La guerre froide était vraiment finie, morte, enterrée. Qui s'en serait plaint ? J'espérais seulement que notre capacité à recueillir des renseignements n'avait pas succombé avec elle.

14

3 mars 1995. Salah al-Din, nord de l'Irak

— Monte, Bob, tu ne vas pas le croire ! me cria Tom du haut de l'escalier.

Il était en train d'éplucher les câbles arrivés le matin même dans la chambre du deuxième reconvertie en salle de transmissions. Ex-capitaine des Forces Spéciales, et depuis peu soldat de la guerre clandestine contre le terrorisme, Tom travaillait sous contrat pour la CIA. L'utilisation de contractuels trahissait les défaillances organisationnelles de l'Agence, mais, dans le cas présent, sans inconvénient pour moi. Tom faisait parfaitement l'affaire. Petit et très brun, il pouvait se faire passer pour un Irakien pur jus. De plus, c'était un type expérimenté et il avait les nerfs solides. Il criait rarement et les câbles le laissaient en général assez froid. En grimpant l'escalier, je présumais donc que le message du QG risquait de bouleverser quelque peu nos plans.

L'idée qu'une équipe de la CIA opère en solo en Irak du Nord avait provoqué pas mal de remous à la direction qui, par ailleurs, n'avait jamais su adopter d'orientation claire sur la question irakienne. Malgré le tintamarre médiatique qu'elle avait suscité, la guerre du Golfe se réduisait à l'engagement limité d'une coalition visant à chasser l'armée irakienne du Koweït et à punir Saddam Hussein de sa tentative d'annexion. Son objectif n'avait jamais été de le chasser du pouvoir, une perspective qui déplaisait visiblement à nos alliés arabes, lesquels craignaient une vacance du pouvoir en Irak. Lors du soulèvement des chiites et des Kurdes irakiens contre le dictateur chancelant en mars 1991, ces derniers nous avaient suppliés de les aider. Mais nous n'avions pas bougé le petit doigt quand Saddam Hussein avait lancé ses hélicoptères pour écraser la rébellion. Il avait fallu que les Kurdes fuient en masse vers la Turquie et l'Iran pour que George Bush décide d'interdire le survol du nord à l'armée de l'air irakienne, initiative qui permit aux Kurdes de revenir au Kurdistan[1].

C'était à la CIA, selon une thèse généralement répandue à Washington, qu'il incombait de mettre un terme à la guerre, de chasser Saddam Hussein et d'empêcher les Kurdes de s'entre-exterminer. Mais sur le terrain, certains faits refusaient obstinément de se plier aux idées toutes faites de mes supérieurs. Et tout d'abord, nous ne pouvions être sûrs que Saddam ne tenterait pas de nous kidnapper ou de nous assassiner. Ensuite, il y avait les Kurdes, nos hôtes. En 1991, à la fin de la guerre du Golfe, après avoir chassé du nord l'armée de Saddam Hussein, ils étaient devenus, virtuellement, les maîtres de leur région. Mais l'absence d'autorité centrale les avait poussés à se disputer le pouvoir et la guerre civile avait repris. Il ne s'agissait, la plupart du temps, que de coups de main et d'escarmouches sans conséquences, mais il leur arrivait aussi de dégainer l'artillerie lourde et de se bombarder un jour ou deux.

À la mi-février, la lutte avait pris une vilaine tournure. Une voiture piégée avait explosé sur un marché noir de monde, tuant plus d'une centaine de personnes. À Salah al-Din, une femme ceinturée d'explosifs s'était fait exploser au coin de la rue où se trouvait notre bureau. La maison où s'était produite l'explosion était celle-là même

1. Signalons que les Kurdes, peuple indo-européen dont la langue est apparentée au farsi, forment la plus importante minorité proche-orientale à n'avoir jamais été reconnue comme une nation à part entière.

où nous avions l'habitude de retrouver l'un de nos contacts. Peu après, les deux principales factions kurdes s'étaient livré une bataille rangée à deux kilomètres de Salah al-Din. Quelques obus de 155 mm étaient tombés à moins d'une centaine de mètres de chez nous. Les derniers jours de février 1991, cette ambiance délétère avait gagné dans tout le pays, et on avait l'impression que l'Irak tout entier s'était transformé en une immense poudrière. Le 28 février, Saddam Hussein avait placé son armée en état d'alerte, annulé toutes les permissions et rappelé les réservistes, pour la première fois depuis la fin de la guerre du Golfe. Le lendemain 1er mars, l'Iran avait fait monter les enchères en expédiant des blindés le long de sa frontière avec l'Irak. Et pour couronner le tout, Ankara avait dépêché une division sur la frontière irakienne, sans doute pour contrer la propagation de l'insurrection kurde sur son sol.

Bref, trois des plus importantes armées du Proche-Orient étaient sur le point de se jeter les unes contre les autres et l'Irak commençait à ressembler à une locomotive sans chauffeur que mon équipe et moi étions censés maîtriser. Je n'aurais pas été étonné que Washington, cédant à la panique, nous ordonne de nous replier vers le nord. C'était devenu une habitude maison de plier bagage au premier coup de feu. Aucun de ceux qui prenaient les décisions ne semblait se souvenir que nous avions trempé dans de « sales » guerres, que ce fût au Vietnam, au Laos ou au Congo.

J'avais fait de mon mieux pour optimiser la sécurité de l'équipe. Tom sachant faire fonctionner le matériel de communications, j'avais renvoyé le technicien des transmissions aux États-Unis. Un officier s'était replié sur Qalat Cholan, un campement kurde proche de la frontière iranienne ; un autre avait gagné Irbil avec pour mission de surveiller le parlement kurde. Ces deux endroits étaient des forteresses imprenables, hors d'atteinte des équipes de tueurs de Saddam Hussein. Tom et moi aurions sans doute dû quitter la maisonnette de Salah al-Din où nous avions passé presque tout le mois de février. Elle était certes identique à toutes les autres bâtisses en béton gris souris à toit plat du village, pourtant les barbouzes du dictateur irakien n'auraient eu aucun mal à nous retrouver. Mais la situation évoluait trop vite pour que nous ayons le temps de déménager. Nous devions faire confiance à nos gardiens kurdes pour assurer notre protection.

— Ils nous exfiltrent, c'est ça ? demandai-je à Tom en entrant dans la petite pièce.

J'étais convaincu que mes supérieurs avaient craqué. J'espérais seulement qu'ils nous expédiaient sur la frontière turque, afin que je puisse continuer à rencontrer mes contacts. Nous rapatrier à Washington aurait fichu un grand coup au moral des opposants irakiens au moment même où ils s'apprêtaient à renverser Saddam Hussein.

Tom avait l'air complètement sidéré.

— Incroyable ! s'exclama-t-il en me tendant la feuille.

Le câble que Tom me glissait dans la main était une grande première. Jamais au cours des dix-neuf ans passés à la CIA je n'avais eu l'honneur d'un message de la Maison-Blanche transmis via les tuyaux de l'Agence. Il émanait de Tony Lake en personne, le Conseiller à la Sécurité Nationale. J'étais censé porter ce message immédiatement aux chefs de l'opposition irakienne qui se trouvaient dans le nord du pays. Voici ce qu'il disait :

L'action que vous avez projetée pour ce week-end est totalement compromise. Nous estimons que les risques d'échec sont élevés. Si vous la menez à bien, vous en assumerez seuls la responsabilité.

J'avais pressenti une mauvaise nouvelle, mais il s'agissait d'une catastrophe. Le second paragraphe m'ordonnait de câbler la réponse à Washington aussitôt ce message transmis.

Je n'arrêtais pas de m'interroger sur la signification du terme « compromise ». Si Saddam avait été averti de l'imminence du putsch, il aurait réagi comme un rat pris au piège et n'aurait pas hésité à envoyer une colonne de blindés pourchasser ses ennemis au nord du 36e parallèle. Le premier T-72 serait déjà à Salah al-Din, son canon de 125 mm pointé vers la porte de la maison, avant même que nous ayons eu le temps d'enfiler nos bottes.

Je relus le câble en espérant que j'allais finir par comprendre son sens exact. « L'action » à laquelle Tony Lake se référait était un coup d'État contre Saddam Hussein, qui devait débuter moins de trente-six heures plus tard. Washington était au courant depuis la fin janvier soit environ un mois. Mes supérieurs avaient donc eu largement le temps de l'ajourner ou de la stopper. Je ne leur avais rien caché. Ils étaient au courant de tout le projet dans ses moindres détails. Ils savaient aussi très bien que le putsch n'allait pas se dérouler sans pleurs ni grincements de dents. Une diversion fracassante devait le précéder. Nous espérions — en fait nous voulions — que Saddam fasse appel aux blindés pour défendre son pouvoir dans les heures précédant le coup d'État. Mais Washington avait choisi d'ignorer toutes les informations que je lui avais envoyées, laissant les préparatifs se poursuivre comme si nous avions le feu vert d'en haut. Et le Conseiller National à la Sécurité avait choisi d'attendre la dernière minute pour réagir, alors que les officiers impliqués dans le putsch ne pouvaient revenir en arrière.

Pourquoi, me répétai-je sans arrêt, juste après avoir lu ce câble, pourquoi ce message ? Pourquoi si tard ? Tony Lake ne pouvait pas jouer les sainte-nitouche. Il ne s'agissait nullement d'un coup tordu en cachette du Conseil National de Sécurité. L'assistant de Lake pour le Proche-Orient, Martin Indyk, avait personnellement autorisé la CIA à installer une base clandestine — celle que je dirigeais à présent — dans le nord de l'Irak. Quand le Département d'État avait essayé d'opposer son veto à cette opération, Indyk avait passé outre sans la moindre hésitation. Et Indyk, comme tous les autres membres du CNS qui suivaient la situation en Irak, connaissait la raison pour laquelle la base [redacted] les dissidents irakiens à renverser Saddam Hussein. Si l'idée du putsch avait déplu au CNS, ses membres auraient très bien pu intervenir pour l'empêcher fin janvier quand je leur en avais parlé pour la première fois. L'annuler au dernier moment de cette manière ruinait définitivement nos chances de chasser Saddam Hussein.

Je faillis appeler Indyk sur mon téléphone satellitaire protégé, mais même si j'avais eu son numéro, il n'aurait pas répondu. Les membres du NSC ne prennent pas les appels d'officiers de la CIA sur le terrain. De plus, Indyk et moi avions eu une prise de bec. Six mois auparavant, je lui avais lancé que le NSC et tous les hauts fonctionnaires de Washington pouvaient oublier leur fantasme de renverser Saddam Hussein sans effusion de sang, ajoutant que ce n'était pas comme ça que ça marchait en Irak. Autant dire que cet entretien n'avait pas fait remonter ma cote à la direction de l'Agence. Ce doux rêve d'une révolution de palais indolore avait en revanche l'avantage d'aider les grands stratèges washingtoniens à s'endormir le soir, et hélas, comme nous n'avions pas d'agents dans l'entourage du président irakien, personne ne pouvait les ramener à la réalité. Il ne me restait qu'à accepter un fait incontournable. Je me trouvais à 10 000 kilomètres de la capitale du monde libre et je ne percerais à jour les motifs de ce câble qu'à mon retour là-bas.

— Y a-t-il eu un deuxième câble après celui-ci ? Qui expliquerait par exemple qu'est-ce qui est compromis ? demandai-je à Tom.

Il secoua la tête.

J'appelai le Groupe des opérations irakiennes, la composante du QG responsable de [redacted] de Saddam Hussein, qui était alors le service dont je dépendais.

— Tu ne sais pas que l'armée de Saddam Hussein est en état d'alerte ? me lança l'officier de service sur un ton irrité.

— L'armée est censée être en état d'alerte, ça fait partie du plan, bredouillai-je. Mais en ce qui concerne l'opération secrète ?

Je ne voulais pas être plus précis au sujet du putsch, ignorant si mon interlocuteur était au courant.

— Eh bien apparemment, le plan de Lake ne comprend pas le déclenchement d'une autre guerre contre Saddam Hussein. Il a pris une décision et il ne veut plus en entendre parler.

Je raccrochai et jetai un regard circulaire sur la sordide petite chambre transformée en QG opérationnel : la couverture clouée sur la fenêtre, les cartes aériennes punaisées sur les murs, les AK-47 à gauche de la porte et les rations alimentaires empilées dans un coin, l'émetteur-récepteur satellitaire LST-5 et le générateur qui ronronnait sur le balcon. (Le 28 février, Saddam avait coupé l'approvisionnement de tout le nord du pays.) Je relus le câble. Je me faisais l'effet d'un gosse qu'on rabroue — assez joué ! C'était ce que sous-entendait ce message ; pendant un mois et demi, nous avions joué à la guerre comme des gamins. Assez joué.

— Une petite balade, Tom ?

J'avais besoin de quitter cette pièce confinée et de respirer un bon bol d'air.

Dès le seuil de la porte, nous fûmes comme submergés par le silence. Depuis notre arrivée à Salah al-Din, fin janvier, nous nous étions endormis et réveillés au son des échanges d'artillerie des factions kurdes sur la ligne d'Irbil. Même après la trêve du 2 mars qui avait officiellement mis fin aux hostilités, pas une journée ne s'écoulait sans qu'on entende de brefs échanges de coups de feu.

Au bout de la rue, trois camions Kamaz — la version russe du 2,5 tonnes militaire américain — étaient garés devant les bâtiments du Congrès national irakien, la coalition de l'opposition irakienne. Trois jeunes soldats d'excellente humeur chargeaient des munitions et du matériel à bord. Ils s'apprêtaient à gagner les lignes irakiennes pour la diversion projetée par Talabani.

La grand-rue de Salah al-Din était déserte, même son unique café était vide. Ses meilleurs clients, les vieillards dont on voyait les fusils rouillés SKS ou Enfield empilés contre le mur et qui passaient leurs journées à siroter du thé sucré, étaient rentrés dans leurs villages de montagne, seuls lieux sûrs quand la guerre se déchaînait dans les vallées. Le serveur, qui, comme presque tout les habitants de Salah al-Din, savait que nous étions de la CIA, nous jeta un coup d'œil méfiant avant de disparaître derrière un tapis qui faisait office de porte. Même sans rien savoir du putsch, on sentait qu'il se tramait quelque chose d'inhabituel.

Le message dont j'étais porteur allait me valoir quelques moments difficiles.

15

21 janvier 1995. Nord de l'Irak

En pénétrant au Kurdistan irakien, le 21 janvier 1995, nous ignorions complètement, mes équipiers et moi, qu'un coup d'État se tramait contre Saddam Hussein. Je m'étais porté volontaire pour diriger une équipe dans le nord de l'Irak parce que je savais que c'était la seule façon pour la CIA d'être avertie au cas où Saddam Hussein préparerait une nouvelle invasion. J'estimais aussi qu'en opérant à partir du Kurdistan nous avions de bonnes chances de parvenir à recruter des officiers irakiens.

Notre première mission, après avoir traversé la frontière, consistait à rencontrer un général de division irakien à Zakhu, petite ville conquise par les Kurdes lors du soulèvement de mars 1991. Avant sa défection et sa fuite vers le nord, en novembre 1994, ce général avait été conseiller à la présidence irakienne. Nous espérions qu'il serait en mesure de nous fournir des informations sur les emplacements secrets des Scuds, et plus encore sur les programmes d'armes biochimiques irakiens.

Le général fut sans doute assez étonné de ce qu'il découvrit quand, un beau matin, son chauffeur le déposa devant notre maison à 11 heures. Tom et moi avions passé les deux jours précédents dans un camion qui remontait vers le nord et n'avions découvert qu'en arrivant dans la maison où nous devions loger que celle-ci ne disposait ni d'électricité ni d'eau ni de chauffage et cela par une nuit si froide que l'eau gelait dans les jerricans ! Crasseux, mal rasés, avec nos parkas militaires et nos fusils d'assaut à la main, nous devions ressembler plutôt à des traînards distancés par une armée en déroute qu'à des représentants du gouvernement des États-Unis.

Visiblement perplexe, le général descendit de la voiture, se redressa et me tendit une poigne en acier trempé. L'homme solidement charpenté que j'avais en face de moi ne payait pas de mine avec son costume banal, ses mocassins éculés et sa cravate bon marché, mais sa moustache d'un noir de jais, ses épaules carrées et sa façon de se tenir très droit trahissaient le vieux grognard. Je le reconnus pour l'avoir vu sur une photo datant de la guerre du Golfe qui le représentait assis à côté de Saddam Hussein dans un bunker.

Le cuisinier servit le thé au salon et le général multiplia les politesses, nous demandant si nous étions bien installés, si nous aimions l'Irak, et si nous avions besoin de quoi que ce soit. Un rituel dont j'avais pris l'habitude à force de vivre au Proche-Orient. Mais il était temps d'entrer dans le vif du sujet :

— Général, pourrions-nous discuter un peu des armes stratégiques de Saddam Hussein ? demandai-je à brûle-pourpoint.

Ma question le prit au dépourvu.

— Mais je ne sais absolument rien à ce sujet. Seuls Saddam Hussein et quelques personnes de son entourage, dont son beau-fils Hussein Kamil, savent où elles sont cachées.

Un silence embarrassé suivit. J'allais le remercier d'avoir accepté de me rencontrer quand il se racla la gorge et demanda :

— Les États-Unis veulent-ils vraiment que Saddam Hussein reste au pouvoir ?

Ça recommence. Le général entonnait une vieille rengaine qui nous compliquait beaucoup la tâche. Selon une rumeur tenace, les États-Unis intriguaient en coulisses pour maintenir Saddam Hussein à la tête du pays. Presque tous les Irakiens que j'avais rencontrés en étaient convaincus. Certains prétendaient même sans sourire que Saddam Hussein était un agent à la solde de l'Agence. Une théorie conforme à une croyance largement répandue chez les Irakiens : le monde serait gouverné par des forces maléfiques et l'Histoire se ramènerait à une série de complots orchestrés par un petit groupe d'individus, aussi puissants que mystérieux. Selon ce schéma paranoïaque, une politique étrangère digne de ce nom devait nécessairement masquer des plans secrets. L'une des théories en vogue à l'époque voulait ainsi que Saddam Hussein et les États-Unis aient conclu, en 1980, un accord secret en vue de l'invasion de l'Iran. Il se serait agi, à l'époque, de donner une « bonne leçon » à Téhéran. Mais quand l'Irak, sorti renforcé de cette guerre, s'était imposé comme une puissance menaçante dans le Golfe, les États-Unis avaient intrigué avec le Koweït pour *inciter* l'Irak à faire main basse sur son voisin — juste pour que les États-Unis puissent écraser l'armée irakienne. Au tour de l'Irak d'être cloué au pilori. C'était comme ça que fonctionnait l'impérialisme, assuraient nos contradicteurs sans même écouter nos arguments.

Cette théorie expliquait nombre d'autres noirs mystères à commencer par la raison pour laquelle l'armée américaine s'était abstenue de traquer Saddam Hussein à la fin de la guerre du Golfe, lui permettant même de récupérer ses hélicoptères de combat afin d'être en mesure de redresser une situation pré-insurrectionnelle. Elle expliquait également pourquoi les États-Unis avaient laissé Saddam Hussein vendre du pétrole en contrebande par le canal de la Turquie et de la Jordanie, deux pays alliés des Américains. Elle expliquait aussi pourquoi, après la tentative d'assassinat manquée de l'ex-président George Bush durant son voyage au Koweït en 1993, Bill Clinton avait ordonné de lancer deux missiles de croisière sur des bâtiments vides de la capitale irakienne ; cette mesure d'intimidation symbolique prouvait si besoin était que les Américains ne voulaient pas s'en prendre à Saddam Hussein lui-même.

Cette légende connut des développements plus abracadabrants encore quand le fils d'un ex-Premier ministre irakien en exil à Londres, Sa'd Salih Jabir, fit courir la rumeur selon laquelle la CIA avait délibérément fait échouer un putsch contre Saddam Hussein, allant jusqu'à lui fournir la liste des comploteurs. C'était évidemment un mensonge cousu de fil blanc, mais beaucoup d'officiers irakiens l'acceptèrent comme une vérité d'Évangile. Ce qui rendait quasiment impossible une infiltration de l'armée.

Et pourquoi aurions-nous donc tant voulu maintenir Saddam Hussein au pouvoir ? Très simple ! Les États-Unis avaient besoin de lui pour préserver la paix dans le Golfe. Mi-père Fouettard, mi-caïd de quartier, Saddam Hussein terrorisait ses voisins. Il suffisait de murmurer son nom pour que les monarchies pétrolières se blottissent dans les jupes de la superpuissance comme des chiots contre leur mère. Les États du Golfe payaient cette protection en maintenant le cours du baril de brut à un niveau modéré. Une grande majorité d'Irakiens avaient fait leur cette théorie.

Il n'y avait qu'une seule manière de répliquer à ce genre de théorie — la nier vigoureusement.

— Nous voulons renverser Saddam Hussein. C'est le peuple irakien qui lui a permis de rester au pouvoir toutes ces années.

Le général réfléchit quelques instants. Décidant qu'il n'avait pas d'autre option que de me croire, il me demanda de l'accompagner dehors.

Nous avions parcouru une vingtaine de mètres dans la rue quand il se tourna vers moi.

— J'ai été envoyé dans le nord par un groupe d'officiers qui veulent se débarrasser de Saddam Hussein, murmura-t-il d'une voix rauque en surveillant les alentours pour s'assurer que personne ne pouvait entendre.

Nous devons savoir si nous pouvons compter sur l'appui des États-Unis.

Il me fixa avec insistance, se demandant si je mesurais bien le sens de ses paroles. Je me gardai bien de répondre quoi que ce soit. Ce n'était surtout pas le moment de l'interrompre.

— Et j'ai une autre demande à faire... Quand nous prendrons le pouvoir, nous voulons bénéficier d'une reconnaissance diplomatique immédiate des États-Unis, sinon la lutte pour le pouvoir entraînera l'Irak dans une nouvelle guerre civile.

Le général se tut. Il était clair qu'il n'était pas autorisé à en dire plus. Cet aveu était sans doute déjà énorme mais pour obtenir le soutien de mon gouvernement, il allait pourtant falloir qu'il se montre plus loquace.

— Washington voudra connaître tous les détails et notamment les noms des officiers impliqués dans le putsch.

Le général leva la main pour m'arrêter.

— Tâchez d'obtenir l'accord de votre gouvernement et nous discuterons des détails ensuite.

Nous étions arrivés à la limite de la ville et nous rebroussâmes chemin. Le général était attendu à Ankara où il devait rencontrer les principaux responsables de l'état-major de l'armée turque pour discuter du coup d'État. Un hélicoptère de l'armée de l'air turque l'attendait de l'autre côté de la frontière.

— Je sais qu'il y a une question que vous aimeriez me poser, mais peut-être êtes-vous trop poli ? me glissa le général alors que nous marchions vers la petite maison où je l'avais accueilli. Oui, nous savons ce que nous faisons. Et nous connaissons le prix à payer pour un échec. La sécurité de Saddam est très au point, je suis bien placé pour le savoir. Durant la guerre, j'ai rencontré le président trois ou quatre fois, pour l'informer de la situation sur le terrain. Je vais vous raconter comment ces rendez-vous étaient organisés... On m'ordonnait de me rendre à un certain coin de rue et d'attendre — une attente qui se prolongeait parfois deux à trois heures.

Finalement, une voiture stoppait à ma hauteur. On me disait de monter à l'arrière et de m'allonger sur le plancher et on me jetait une couverture sur la tête pour que je ne voie rien. La voiture roulait dans Bagdad pendant au moins une heure. Je n'avais pas la moindre idée de l'endroit où je me trouvais. Et puis elle s'arrêtait. Je descendais et je me retrouvais nez à nez avec Saddam Hussein, qui attendait sur le perron d'une maison très ordinaire, sans doute réquisitionnée à titre exceptionnel pour ce rendez-vous. Une fois l'entretien terminé, le même manège recommençait. La sécurité de Saddam Hussein est draconienne, mais nous en connaissons les points faibles. Je vous demande de me croire, nous savons ce que nous faisons.

Au moment où le général allait partir, il abaissa la vitre arrière de sa voiture pour me dire un dernier mot.

— Tout ce que nous demandons à votre gouvernement, c'est de jouer franc jeu avec nous. Il faut que nous sachions si Washington veut vraiment se débarrasser de Saddam Hussein. Rien d'autre. Je serai de retour d'Ankara dans deux ou trois jours. J'espère que vous aurez la réponse à ce moment-là.

Aussitôt rentré dans mon bureau de fortune, j'envoyai un rapport au siège sur ma discussion avec le général.

Je savais que mes supérieurs feraient peu de cas du message du général, qui serait jugé trop vague, mais j'espérais que Washington prendrais sa défection au sérieux. Non seulement il s'agissait du premier officier supérieur à rompre avec le dictateur depuis la fin de la guerre, mais il appartenait à une famille politiquement très influente. En outre, il était d'obédience sunnite, comme Saddam Hussein, et si les Sunnites ne représentaient qu'environ 20 % de la population irakienne, ils contrôlaient l'armée et les services de sécurité d'une main de fer. Pas un char, pas un avion, pas une unité de taille supérieure à une compagnie ne pouvait s'ébranler sans l'autorisation exprès d'un officier sunnite acquis au maître de Bagdad. Sans le soutien des sunnites irakiens, Saddam Hussein n'aurait pu rester au pouvoir un seul jour. C'était pourquoi la défection de ce général, présageant peut-être celle d'une grande tribu sunnite, inquiétait tant le président irakien.

Dans le passé, Saddam Hussein avait toujours ostensiblement ignoré les défections mais dans ce cas, il avait réagi autrement. Non seulement il avait envoyé des bandes de tueurs aux trousses du général, mais, et c'était une première, il avait ordonné au chef religieux de son clan de le dénoncer publiquement — version musulmane de l'excommunication. Saddam voulait empêcher à tout prix une contagion de la révolte dans les autres clans sunnites. Et il redoutait visiblement que d'autres officiers supérieurs songent à imiter l'exemple du général félon.

Même si Washington refusait de soutenir le putsch, nous avions tout intérêt, selon moi, à réexaminer la solidité des fondements du régime de Saddam Hussein. Son « noyau dur » sunnite était-il en train de se désagréger ? Nous devions sans doute accueillir les déclarations du général avec circonspection, mais la CIA aurait dû être en mesure de vérifier ses informations auprès de sources clandestines irakiennes — à savoir des officiers généraux sunnites ou des proches de ceux-ci. Mais en 1995, trois ans et demi après la défaite du dictateur irakien, terrassé par une armée de 500 000 hommes, la CIA, dont c'était pourtant la mission, ne disposait pas, en Irak, d'une seule source capable de corroborer ou de réfuter les dires du général qui nous avait contactés. Pas une seule !

Et non seulement la CIA n'avait aucune source humaine en Irak, mais dans les pays voisins, Jordanie, Iran, Turquie, et Arabie Saoudite, aucun agent ne rapportait sur l'Irak ! S'agissant de Bagdad, notre appareil de renseignements était aveugle et sourd. Il allait falloir vérifier la crédibilité du général et la véracité de ses informations par d'autres procédures beaucoup plus laborieuses.

La solution idéale aurait été de rencontrer les officiers qui complotaient contre le régime et de les interroger directement, mais ce n'était pas possible. L'Irak était ce que la CIA appelait une zone « verrouillée ». Toute communication supposait le recours à des intermédiaires, parce qu'aucun officier de l'Agence ne pouvait pénétrer dans les régions contrôlées par Saddam Hussein. Et comme les militaires irakiens n'avaient pas le droit de quitter leur pays, ni même de voyager dans le nord, désormais sous administration kurde, la situation était sans issue. En outre, un officier de la CIA capturé par les services irakiens était automatiquement supprimé par immersion dans un bain d'acide — perspective qui avait de quoi dissuader les plus audacieux. Il ne restait donc que la solution du courrier, du messager capable de franchir les frontières sans se faire remarquer. C'était un pis-aller, mais nous n'avions pas d'autre option.

Une semaine après réception de mon câble exposant les intentions du général, le siège me renvoyait une réponse laconique et cinglante ainsi formulée : « Ce n'est pas un plan. »

Je reconnus le style abrupt d'un officier de la CIA qui avait travaillé avec moi dans le Groupe des opérations irakiennes. Ce monsieur n'avait passé qu'un an à l'étranger — au Vietnam, vingt-cinq ans plus tôt — et n'avait jamais mis les pieds au Proche-Orient. Je trouvais pourtant cette réaction bizarre. On ne me demandait pas de détails supplémentaires, on ne me prodiguait aucun encouragement. Comme si la CIA disposait de centaines d'agents sur le terrain et que nous étions parfaitement au courant des moindres aléas de la vie politique irakienne.

Dès le lendemain, je venais frapper à la porte du

général. L'ameublement spartiate de l'endroit trahissait un déménagement express. Le général et sa famille n'avaient emporté que ce qui était facilement transportable. Assis en tailleur sur le sol du petit salon, nous bûmes le thé que son épouse nous servait, pendant que ses enfants nous épiaient par une porte entrouverte. J'avais déjà décidé qu'il était inutile de lui parler du message reçu de Langley. Il n'aurait pas compris et je risquais de perdre le peu de confiance qu'il m'avait accordé. J'avais interprété le câble de la façon suivante : mes supérieurs ne rejetaient pas le putsch mais ils avaient besoin de plus de détails, à commencer par les noms des officiers concernés.

Quand j'expliquai au général que je n'avais pas encore reçu de réponse à mon message, il ne put masquer sa déception. Le comité secret avait espéré une réaction rapide ; des courriers traversaient les lignes chaque soir, dans l'espoir de transmettre la réponse de Washington. Pour le général, il était incompréhensible que les Américains soient incapables de prendre une décision sur un sujet aussi grave en quelques heures.

J'essayai de changer de sujet de conversation. Nous évoquâmes la situation dans le nord, les problèmes qu'il rencontrait pour scolariser ses enfants, la pénurie alimentaire.

Au moment où je me levais pour partir, le général me fit signe de rester :

— Voici ce que vous direz à Washington...

Je compris que le général allait ouvrir une porte qu'il aurait préféré garder fermée et me donner les détails du putsch. Si j'avais raison, il n'y avait plus de retour en arrière possible. Le général et ses collègues plaçaient leurs vies entre nos mains, et rejetaient l'hypothèse souvent admise que la CIA avait trahi le coup d'État de 1993. Je compris qu'ils avaient pris cette décision parce qu'ils sentaient bien que c'était le seul moyen d'être pris au sérieux par Washington. Ils étaient toujours convaincus qu'il leur fallait la permission de l'Amérique pour faire chuter Saddam. Et j'avais raison.

Pour obtenir le soutien de la CIA, le général me raconta tout ce que je voulais savoir.

Le putsch devait s'appuyer sur trois unités aguerries, la 76e brigade, la 15e division d'infanterie et la 5e division mécanisée. À elles trois, plaidait le général, elle représentaient une puissance de feu suffisante pour tenir en respect toute unité fidèle à Saddam, y compris une division de la garde républicaine, ultime rempart du chef de l'État. Les conjurés, qui n'auraient pu faire face à une riposte combinée des unités loyales au dictateur irakien, devaient donc impérativement prendre de vitesse les loyalistes. Pour réussir, leur plan supposait une vitesse d'exécution fulgurante.

Une quatrième unité était impliquée dans le putsch, une compagnie d'élèves officiers attachée à l'École des blindés de Salah al-Din, située à proximité de Tikrit. Son commandant, un colonel, devait donner le signal du coup d'État. Dès qu'il aurait reçu le feu vert du comité, il foncerait, à la tête d'un convoi de douze chars, sur le complexe de Saddam Hussein, à Awjah. Il s'agissait d'acculer le dictateur dans son repaire juste le temps nécessaire pour que les autres unités aient le temps d'accourir et de sonner l'hallali.

Awjah, petit village à l'est de Tikrit, lieu de naissance de Saddam Hussein, représentait un sanctuaire pour lui et les siens auquel il demeurait très attaché. C'était l'endroit où il s'était réfugié chaque fois qu'il sentait son pouvoir chanceler. Après son accession au pouvoir, il avait fait construire un domaine, en bordure d'Awjah, un complexe assez facile à investir, selon les insurgés. Ceux-ci avaient prévu de créer une diversion, probablement à Bagdad, qui inciterait le dictateur à gagner son refuge d'Awjah. Dès son arrivée, le colonel devait lancer ses chars sur la petite bourgade. Même si le comité savait pouvoir compter sur cette réaction du dictateur irakien, il n'avait rien laissé au hasard. Un informateur au sein des services de sécurité présidentiels devait prévenir les conspirateurs dès que Saddam Hussein quitterait Bagdad pour Awjah.

La clé du succès du putsch résidait dans le secret absolu. Rien ne devait filtrer avant l'heure H. Saddam Hussein ne devait surtout pas soupçonner qu'il était « attendu » à Awjah. Et le meilleur moyen de le garantir était de comploter en famille. Tous les comploteurs avaient des liens de sang, la plupart étant cousins germains. « C'est le seul type de complot qui puisse aboutir dans l'Irak d'aujourd'hui sans être aussitôt trahi », m'avait expliqué le général.

L'embargo de l'ONU, en désorganisant l'économie et l'État irakiens, avait fait resurgir les solidarités tribales traditionnelles. Ainsi, la plupart des soldats qui devaient participer au putsch appartenaient à la confédération des tribus Shummar.

Le comité estimait que si le secret de l'opération n'était pas éventé et que des mouvements de troupes ne gênaient pas le *blitz* des chars, ces derniers pouvaient rallier Awjah en vingt minutes. Il fallait compter encore dix à vingt minutes pour que les autres unités arrivent sur les lieux. Saddam, cerné, aurait alors le choix entre capituler et périr sous le pilonnage des insurgés. Et toute l'opération devait impérativement durer moins d'une heure.

Dans les deux semaines qui suivirent, le général me donna les noms des quatre commandants et de leurs unités. Il m'expliqua en détail la généalogie et les liens familiaux unissant les conspirateurs. Il me fournit aussi la liste des officiers qui devaient composer le gouvernement militaire de transition. Trois d'entre eux n'étaient même pas au courant du putsch et encore moins du rôle qu'ils étaient censés y jouer. Ils ne devaient être prévenus qu'au moment où les chars du colonel fonceraient vers Awjah. Tout avait été conçu pour laisser filtrer un minimum d'informations et garder dans toute la mesure du possible le secret jusqu'au bout.

Après chaque réunion, j'envoyais un message au QG. Je savais que les CV des participants faisaient l'objet d'une vérification attentive dans la base de données de l'Agence, mais mes supérieurs ne m'avaient toujours pas informé de leur décision.

Fin février, le général me rendit visite. Il était découragé par le silence persistant de Washington. Lors de notre dernier entretien, il m'avait demandé si nous pouvions convenir du signal suivant : un chasseur américain devait survoler le centre de l'Irak à un jour et une heure convenues d'avance pour indiquer au comité que les États-Unis soutenaient le putsch. Je n'avais pas transmis ce message ; vu les réticences visibles de mes supérieurs, ils risquaient d'être quelque peu indisposés par cette idée saugrenue.

Une fois le thé servi, et après un long moment de silence, habituel entre nous, le général se tourna vers moi et posa sa main sur mon bras.

— Les Kurdes sont sur le point de tout gâcher. Tâchez de faire en sorte qu'ils concluent une trêve, je vous en prie. Cette trêve nous fournira le signal attendu pour renverser Saddam.

16

2 mars 1995. Salah al-Din

Le général avait vu juste. Les Kurdes, qui n'avaient aucun rôle à jouer dans le putsch, du moins au début, étaient en revanche tout à fait capables de le faire échouer. À la mi-février, la guerre civile s'était propagée dans tout le nord du pays, l'Iran et la Turquie étaient sur le point d'intervenir et l'on sentait Saddam Hussein de plus en plus tenté de s'immiscer dans les affaires kurdes.

Les origines des dissensions kurdes se perdaient dans la nuit des temps. Fin février 1995, elles avaient pris la forme d'une lutte à couteaux tirés entre d'une part le Parti Démocratique du Kurdistan (PDK) et, d'autre part, l'Union Patriotique du Kurdistan (UPK). Aucun des partis n'était arrivé à prendre le dessus malgré des combats acharnés et la guerre civile semblait ne jamais devoir finir. Mais, plutôt que de décréter une trêve, comme des généraux sensés s'y seraient sans doute résignés, les deux chefs pratiquaient la politique de la terre brûlée. Pire, le constat de leur impuissance faisait planer la menace d'un arbitrage de Saddam Hussein, ce même Saddam Hussein qui n'avait pas craint d'utiliser l'arme chimique contre le peuple kurde en 1988, tuant des milliers de civils[1]...

---

1. On estime à 5 000 le nombre des victimes du gazage massif de la ville kurde de Halabja, le 16 mars 1988 (*N.d.T.*).

Tout appel des Kurdes au dictateur irakien aurait porté un coup mortel aux projets des mutins. Les troupes contrôlées par les officiers factieux ne pouvaient en effet refuser de gagner le Kurdistan si elles en recevaient l'ordre. La moindre hésitation de chefs d'unité aurait donné lieu à une répression immédiate et impitoyable de la part du dictateur irakien. Le général insistait sur la nécessité pour le comité de maintenir le *statu quo* jusqu'à la dernière minute, mais la situation pouvait basculer du jour au lendemain. Une invasion du Kurdistan par l'armée irakienne aurait représenté une victoire symbolique majeure pour Saddam Hussein, rendant beaucoup plus incertaine la réussite du putsch. Obnubilés par leur théorie de la conspiration, les Irakiens l'auraient interprétée comme une confirmation du soutien américain à leur président — décidément, Washington voulait maintenir Saddam Hussein au pouvoir.

Peu importait que la logique de ce raisonnement fût paranoïaque. Si Saddam Hussein devait être un jour renversé, personne d'autre que son peuple ne pourrait se charger de ce travail. C'était donc la perception irakienne de la situation qui comptait et non la nôtre. Il suffisait que les officiers irakiens soient convaincus que les États-Unis étaient opposés au renversement du régime de Saddam Hussein pour qu'ils en concluent que toute tentative d'insurrection était vouée à l'échec.

Les Kurdes n'étaient pas les seuls à désespérer de leur avenir. Ahmed Chalabi, le chef du CNI, le Congrès National Irakien, comprenait lui aussi très bien à quel point la situation était fragile.

Le CNI chapeautait l'ensemble des groupes d'opposition au régime en place. Quand je rencontrai Chalabi pour la première fois, à Washington, un après-midi torride d'août 1994, cet élégant homme d'affaires me parut incapable de menacer sérieusement l'homme qui tenait l'Irak d'une poigne de fer. Traversant le grand hall de l'hôtel Marriott Key Bridge dans son costume coupé sur mesure par un tailleur anglais, avec sa cravate en soie Armani à 150 dollars et ses escarpins vernis cousus main, il tenait plus du richissime banquier levantin que du baroudeur capable d'investir le palais présidentiel de Bagdad à la tête d'une division blindée. On sentait qu'il devait sa bedaine proéminente aux trop nombreuses heures passées sur les moelleux fauteuils des restaurants les plus luxueux d'Europe. Quand ce petit homme rondouillard me serra la main, la première chose qui me frappa fut l'odeur entêtante de son eau de toilette.

Si son apparence physique augurait mal de ses capacités militaires, la lecture de son CV réduisait à néant tout espoir qu'il mène un jour à la victoire l'opposition irakienne. D'abord, il était musulman chiite, handicap quasi insurmontable en Irak où les sunnites étaient bien décidés à ne jamais laisser les chiites accéder au pouvoir. Ensuite, la famille de Chalabi avait été contrainte de fuir au Liban en 1958 après la chute de la monarchie hachémite. Chalabi, qui avait treize ans au moment de son exil, avait grandi au Liban et il en avait gardé l'accent. Il avait ensuite poursuivi ses études aux États-Unis, décrochant une maîtrise au Massachusetts Institute of Technology et un doctorat de mathématiques à l'université de Chicago. Il parlait donc couramment l'anglais. Bref, Chalabi avait beau multiplier les professions de foi nationalistes, ses compatriotes irakiens le considéraient comme un apatride. Enfin, le chef de l'opposition irakienne avait été le propriétaire de la banque Petra, en Jordanie, laquelle, après une retentissante faillite en 1989, s'était vue incapable de rembourser les dépôts de ses clients. Des centaines de millions de dollars s'étaient mystérieusement volatilisés. On n'avait jamais établi clairement les responsabilités de cette faillite, mais Chalabi avait été poursuivi en justice et un tribunal jordanien l'avait condamné pour détournement de fonds.

Si, à l'extérieur de son pays, Chalabi était considéré comme un aigrefin, en Irak même il était quasiment inconnu. Je dus pourtant me rendre à l'évidence. Ses références laissaient à désirer, mais son énergie, son sens politique et son intelligence en avaient fait un des ténors incontestés de l'opposition irakienne. Le Congrès National Irakien qui en rassemblait les différentes tendances était un panier de crabes : religieux chiites, chefs de tribus bédouines, apparatchiks communistes, officiers en rupture de ban, ex-responsables du parti baassiste évincés, chefs kurdes... L'aversion qu'ils éprouvaient les uns pour les autres ne le cédait en rien à la haine qu'ils vouaient à Saddam Hussein.

Qui plus est, tous étaient persuadés d'être plus qualifiés que Chalabi pour diriger le CNI.

Ce dernier, élu président du CNI lors d'une convention qui s'était tenue en 1992 à Vienne, était parvenu durant deux ans à imposer son autorité. Mais quand je le rencontrai, à la mi-1994, celle-ci était sérieusement remise en question. Les principaux groupes d'opposition chiites s'étaient installés à Téhéran où Chalabi était considéré comme un fantoche à la solde de la CIA. La menace la plus tangible venait pourtant de l'« Iraki National Accord [1] », l'un des groupes les plus influents du Congrès. Avec un art consommé, l'INA conjuguait chantage permanent à la scission et manœuvres de coulisses pour se débarrasser de Chalabi. Si bien qu'au début de 1995, ce dernier ne dirigeait plus guère que l'opposition kurde. Une invasion du Kurdistan par les troupes du président irakien aurait privé Chalabi du soutien des chefs kurdes et de sa base d'opérations. Il aurait sans doute aussi été contraint à un nouvel exil et Chalabi savait mieux que quiconque que Saddam n'allait pas être destitué par une poignée d'opposants réduits à refaire le monde dans quelque café européen.

Pour un opposant disposant d'un soutien quasiment nul en Irak, Chalabi avait cependant réussi un sans-

1. Pacte national irakien (*N.d.T.*).

faute politique et il menait sa barque avec une habileté rare. En témoignait notamment un long article programmatique intitulé « Fin de Partie », publié en 1991. En mars 1991, à la fin de la guerre du Golfe, chiites et Kurdes s'étaient soulevés pour essayer de renverser le régime de Saddam Hussein et des tribus sunnites qui le soutenaient. Cet article, que Chalabi me fit lire lors de notre deuxième rencontre dans un restaurant japonais de Georgetown, avait été bien reçu dans l'*establishment* washingtonien. Les réflexions qu'il contenait, sans être très originales, avaient contribué à asseoir la stature politique de son auteur. Et puis, nous ne croulions pas vraiment sous les plans pour renverser Saddam Hussein.

Depuis Salah al-Din où il séjournait la moitié de l'année, Chalabi m'appelait de temps à autre sur un téléphone sécurisé pour me supplier d'installer une base de la CIA dans le nord du pays. La guerre civile kurde échappait à tout contrôle, m'expliquait-il, et seul une présence américaine officielle semblait susceptible d'imposer une trêve. Faute de mission diplomatique dans le nord de l'Irak (une perspective que le Département d'État refusait), seule la CIA pouvait représenter les États-Unis. J'estimais, quant à moi, la demande de Chalabi parfaitement justifiée, mais l'Agence n'y accéda, sur ma recommandation pressante, qu'après la défection du général. Ce fut à ce moment que je parvins à convaincre mes patrons de me laisser former une équipe et de gagner le Kurdistan.

J'avais prévu d'installer mon équipe à Zakhu, un village bordant la frontière turque. Zakhu était au moins provisoirement épargné par la guerre civile et le général devait nous y retrouver après son entretien avec les hauts responsables d'Ankara. Le QG ne tenait pas à ce que nous séjournions à Salah al-Din, siège de combats quotidiens entre indépendantistes kurdes. Mais Chalabi ne voulait rien savoir. Moins d'une heure après que le général m'eut confié les détails du putsch, l'ex-banquier reconverti, au téléphone, me pressait d'accourir.

— Il faut absolument que vous soyez présent à Salah al-Din pour la visite de Litt, criait-il dans le combiné grésillant de parasites. N'attendez pas le général à Zakhu. Les Kurdes ne comprendraient absolument pas que vous n'accompagniez pas Litt.

David Litt, directeur de la section du « Golfe du Nord » au Département d'État, était l'émissaire officiel du gouvernement pour l'Irak. Voyageant une ou deux fois par an dans la région, il n'y restait que quelques heures à chaque fois. À la différence des employés de la CIA qui devaient traverser le nord de l'Irak en voiture, un périple qui prenait des jours, il voyageait dans un Blackhawk de l'armée de l'air. Appréciable confort !

J'avais rencontré Litt à Washington et ce haut fonctionnaire terne et totalement dénué d'humour m'avait quelque peu déçu. Il m'avait aussi donné l'impression de ne pas apprécier la CIA. Ce qui ne m'avait pas empêché, une fois commencée ma mission au sein du Groupe d'opérations irakiennes, de lui téléphoner pour lui proposer de lui rendre compte des activités de l'Agence en Irak. Litt ne m'avait jamais rappelé. J'avais encore essayé de le contacter à plusieurs reprises mais toujours sans succès. En revanche, j'avais appris, avant de quitter Washington, que la visite de Litt coïncidait à peu près avec le moment où nous devions arriver dans la région. J'avais donc appelé le Département d'État pour demander le programme de sa visite. Le diplomate de service n'avait même pas voulu me communiquer la date de l'arrivée de Litt. Et voilà que c'était Chalabi qui me l'apprenait et, suprême humiliation, m'invitait aux festivités !

Ce dernier dut sentir mon hésitation. « Ne vous en faites pas. Le pilonnage a cessé. Je viens de parler aux Kurdes. Ils m'ont promis de se tenir à carreau. »

Arrivé à Salah al-Din un peu après 13 heures, je me rendis directement à la maison de Chalabi. La rue était encombrée de véhicules et de militants armés de lance-roquettes et de fusils d'assaut AK-47. Le second de Chalabi m'apprit que Litt avait déjà rencontré les chefs kurdes et que son entretien avec le dirigeant du CNI était presque terminé.

Quand Litt me vit passer le seuil de la maison il m'ignora complètement, n'eut pas un mot pour moi, pas même un hochement de tête. Se tournant vers un monsieur distingué en costume anthracite, il lui murmura quelques mots à l'oreille. Tous deux se levèrent, échangèrent des poignées de main avec Chalabi et se dirigèrent vers la sortie. Quelques secondes plus tard, j'entendais leurs voitures démarrer dans un concert d'avertisseurs, sous l'ovation des maquisards kurdes. Peu de temps après nous entendions le ronron du rotor du Blackhawk au-dessus de la maison.

Chalabi sortit de son bureau avec un grand sourire.

— Qui était le type en costume avec Litt ? demandai-je.

— Un Turc. En charge des affaires irakiennes au ministère des Affaires étrangères.

Chalabi savourait l'ironie de la situation. Le gouvernement turc était associé à l'action diplomatique américaine en Irak, tandis que le représentant de la CIA restait sur la touche.

— Et puis ? lui ai-je demandé.

— M. Litt a deux rendez-vous très intéressants : le premier avec Talabani, le second avec Barzani.

Jalal Talabani était le chef de l'UPK et Massoud Barzani le numéro 1 du PDK.

— Je suppose que Litt leur a demandé de cesser leurs chamailleries, faute de quoi les États-Unis allaient retirer leur couverture aérienne ?

Chalabi s'esclaffa.

— Tenez-vous bien, mon ami. Litt leur a annoncé que les États-Unis allaient dépêcher une force d'interposition pour imposer une trêve aux combattants kurdes. Il a même promis de verser 2 millions de dollars.

— D'où vient l'argent ? demandai-je, sachant le

Département d'État était bien incapable d'avancer une telle somme...

— De chez vous, mon cher ! C'est le fric de la CIA !

Chalabi était plié en deux. Rien ne le faisait plus jubiler que d'être témoin des tiraillements internes du gouvernement américain.

Je m'empressai d'appeler mes chefs. Personne n'avait entendu parler de ces 2 millions de dollars. Une heure plus tard, le QG me rappelait. Non seulement la CIA n'avait jamais donné son accord pour rétribuer une force d'interposition mais une telle intervention se situait en dehors de tout cadre légal. Mais le mal était fait. Les Kurdes ignoraient la différence entre Département d'État et CIA. Litt avait fait une promesse irresponsable et c'était moi qui allait devoir payer les pots cassés.

Quand il devint clair, après quelques semaines, que la force d'interposition promise par Litt relevait, faute de subsides, de l'utopie, la guerre civile reprit de plus belle. Les caisses du UPK de Talabani étaient archivides. On s'attendait à ce qu'il lance une ultime offensive contre le PDK ou qu'il appelle au secours Saddam Hussein. Seule une intervention d'urgence pouvait empêcher la situation d'empirer encore.

— Le temps est compté ! me lança Chalabi un soir après le dîner. Litt a ruiné votre crédibilité. Les Kurdes ne vous écouteront plus, maintenant. Seul une action d'éclat peut encore sauver la situation.

Chalabi avait raison. J'hésitais à lui parler du complot que préparait le général et ses amis du comité secret, mais si Chalabi en avait été informé, il aurait sans doute été encore plus frustré.

— Que fera Washington si j'organise un soulèvement ? me demanda-t-il. C'est le seul moyen d'empêcher Talabani d'attaquer.

Les hauts responsables américains, indifférents aux

dissensions fratricides des Kurdes, n'accorderaient pas le moindre crédit à l'insurrection projetée par Chalabi. Tout ce qu'ils escomptaient, au fond, était que la presse ne fasse pas ses gros titres d'un massacre supplémentaire dans la région. *On a eu assez de mauvaises nouvelles en provenance d'Irak pour une décennie* : voilà en gros ce que pensaient les oracles de Washington. S'ils avaient pris au sérieux le soulèvement envisagé par Chalabi, ils auraient peut-être été conduits à s'intéresser d'un peu plus près aux plans du général...

— Préparez votre soulèvement et on demandera l'approbation en haut lieu, lui suggérai-je.

Ce que fit Chalabi. Le lendemain, il me priait d'informer Washington que le grand jour était fixé au 4 mars, à 10 heures précises. Son plan était simple. Il s'agissait essentiellement de demander aux combattants de l'UPK et du PDK de lancer des opérations de harcèlement simultanées sur différents fronts. Une cinquième colonne kurde serait chargée de déclencher des troubles à Kirkouk et à Mawsil et d'organiser le sabotage d'infrastructures à travers tout le pays. Au même moment, dans le sud, des groupes d'opposition chiites devaient s'en prendre aux forces armées irakiennes. En vingt-quatre heures, selon Chalabi, l'armée se mutinerait et rallierait l'opposition. C'était à peu de choses près le plan que le chef de l'opposition avait décrit dans son article « Fin de Partie ». Bien que ni Talabani, ni Barzani ne lui aient encore promis leur soutien, Chalabi estimait qu'une fois les dés jetés, ils joindraient leurs forces aux siennes, surtout si les États-Unis approuvaient l'insurrection.

J'écrivis un message à Washington qui exposait le plan de Chalabi en précisant le jour et l'heure. Connaissant l'opinion négative de mes supérieurs sur Chalabi et sa vision — selon eux dépassée — de la « fin de partie » de Saddam Hussein, j'étais convaincu de recevoir illico une réponse du style : « Annulez » ou, au moins « Ajournez ». Naïf que j'étais !

Quand il fallut convaincre les Kurdes de s'associer au soulèvement, le plus difficile à rallier fut Massoud Barzani.

Massoud Barzani était le fils du célèbre chef kurde rebelle Moustafa Barzani, alias « le Mollah Rouge », surnom sous lequel il était devenu célèbre aux États-Unis. Moustafa avait mené une guérilla sporadique contre Saddam Hussein jusqu'en 1974, époque où Henry Kissinger et le Chah d'Iran avaient d'un commun accord décidé de le mettre hors jeu. Contraint d'abandonner la lutte armée, Moustafa Barzani s'était exilé aux États-Unis, un exil qui l'avait brisé. Il s'était éteint dans son lit à McLean, en Virginie, quelques années plus tard. Son fils Massoud avait donc quelques raisons de se méfier de l'Amérique en général et de la CIA en particulier. Et il n'avait accepté qu'à contrecœur l'implantation du quartier général du CNI à Salah al-Din, ville que son parti contrôlait.

En outre, Barzani s'accommodait très bien du *statu quo*. Après avoir passé la plus grande partie de sa vie en exil, le partisan kurde avait l'impression de régner enfin sur un petit royaume, même virtuel. Après tout, la couverture aérienne mise en place par les États-Unis (opération « Provide Comfort »[1]) ne lui avait rien coûté, les Américains se gardaient bien d'intervenir dans ses affaires et, fin 1994, son trafic de pétrole irakien l'enrichissait rapidement.

Les mois précédant la guerre du Golfe, l'ONU avait imposé un embargo total sur les exportations en provenance d'Irak et notamment le pétrole. Ledit embargo avait aussitôt été contourné. Par des tankers qui appareillaient de nuit, ou encore par des camions censés acheminer des légumes en Turquie mais qui transportaient du pétrole dans des réservoirs supplémentaires

1. À la suite de la guerre du Golfe, l'ONU avait décidé de créer une zone de sécurité au nord de l'Irak. Défendue par les troupes occidentales, elle visait essentiellement à protéger les civils kurdes de la répression irakienne. Dès lors, le nord de l'Irak devenait de fait un territoire kurde autonome pour les Kurdes d'Irak (et un sanctuaire pour les rebelles kurdes de Turquie) (*N.d.T.*).

fixés sous leur train de roulement. En 1995, on estimait à 100 000 barils par jour la quantité de pétrole exportée illégalement vers le voisin du nord. Pour parvenir en Turquie, l'or noir devait traverser une portion de territoire contrôlée par le PDK et Barzani prélevait sa dîme sur chaque camion. Ce trafic constituait aussi une manne pour Saddam Hussein. Les bénéfices engrangés servaient à renflouer les caisses des services secrets et de la Garde républicaine, piliers vitaux de son régime. Bref, ce trafic de pétrole semblait profiter à tout le monde sauf à Talabani qui n'y gagnait pas un sou, puisque l'itinéraire suivi par les camions contournait les territoires sous son contrôle. Et les juteux bénéfices de Barzani avaient fini par lui conférer un avantage considérable dans la guerre civile.

Il suffisait d'ailleurs de parcourir quelques kilomètres en territoire kurde pour saisir l'ampleur de la contrebande. Les camions chargés de pétrole formaient devant la frontière une file interminable (qui pouvait atteindre 30 kilomètres et quand la demande s'accroissait subitement en Turquie jusqu'à 100 kilomètres !). Les conteneurs montés à la hâte fuyaient et les routes, de plus en plus glissantes, étaient devenues dangereuses.

Washington, parfaitement informé de cette contrebande à grande échelle, fit comme s'il en ignorait tout. Autant que je sache, ni le Département d'État ni notre ambassade à Ankara n'exigèrent du gouvernement turc qu'il prenne des mesures pour empêcher ce trafic, alors qu'un simple coup de téléphone aurait suffi. Une part du problème venait de l'irritation de la Turquie devant les retombées de la guerre du Golfe. Nous avions promis à Ankara une guerre éclair sans jamais mentionner la possibilité d'un embargo interminable ni les dégâts durables qu'il infligerait à l'économie turque. Il existait en outre un obstacle bureaucratique à une stricte application de l'embargo. Notre ambassade d'Ankara relevait de la division Europe du Département d'État. Saddam Hussein, les dissidents irakiens, les séparatistes kurdes, le pétrole de contrebande, tous ces problèmes relevaient de la division Proche-Orient. Le problème numéro 1 de l'ambassadeur américain en Turquie, c'était de s'attirer les bonnes grâces d'Ankara et si les Turcs exigeaient un pétrole bon marché pour leurs raffineries, eh bien il n'y avait qu'à s'incliner.

Il aurait pourtant suffi de demander à l'Arabie Saoudite de vendre à la Turquie une centaine de milliers de barils au rabais pour régler la situation. Ankara aurait alors certainement accepté de stopper cette importation illégale. Pourquoi la Maison-Blanche n'intervenait-elle pas ? Mystère. J'en étais réduit à me demander si dans les hautes sphères, on ne voulait pas aider Saddam à renflouer ses caisses.

Ceux que cette situation n'étonnait nullement, c'étaient les Irakiens, convaincus que si l'Amérique fermait les yeux sur le trafic, c'était pour subventionner sans en avoir l'air la Garde prétorienne du dictateur et contribuer à semer la zizanie chez les Kurdes : retour au sempiternel procès d'intention.

Mes relations personnelles avec Massoud Barzani tournèrent au vinaigre dès notre rencontre, ou presque. Quand je le rencontrai dans son bureau de Sar-i-Rash, ancien immeuble gouvernemental à cinq minutes de route de Salah al-Din, Barzani se mit à se trémousser sur son fauteuil dès que je soulevai le sujet de la guerre civile. Comme mû par un invisible ressort, il se redressa sur son siège de toute sa hauteur (ses pieds ne touchaient pas le sol) et lâcha une bordée d'injures contre Talabani. Je décidai alors que le rendez-vous était terminé. Lors d'un autre entretien, je lui dis que ces dissensions perpétuelles exaspéraient mon gouvernement et que les États-Unis allaient finir par laisser tomber les rebelles kurdes. Furieux, il braqua un index vengeur dans ma direction et siffla, mâchoires serrées : « Ne me menacez pas ! »

Mes rapports avec lui se dégradèrent un peu plus

quand la lutte reprit de plus belle avec son vieil ennemi. Le 17 février, je l'interrogeai sur ses relations avec l'Iran. Il nia toute relation avec Téhéran sur le ton rageur qu'il adoptait systématiquement avec moi tout en se gardant bien d'évoquer un projet d'assaut contre l'UPK depuis le territoire iranien. Le lendemain, je rendis visite à Talabani à Qolat Cholan, son campement près de la frontière iranienne. Il venait d'apprendre que Barzani avait passé un accord avec Téhéran pour faire passer son artillerie en territoire iranien afin d'attaquer l'UPK par l'est. Barzani voulait s'emparer de Panjwin, une ville proche de la frontière iranienne et contrôlée par l'UPK.

Un peu avant six heures du matin, Talabani me réveilla pour m'annoncer que, comme il l'avait prédit, les forces de Barzani bombardaient Panjwin depuis les contreforts montagneux situés en territoire iranien. Si cette information se confirmait, elle était catastrophique. Mon gouvernement voulait à tout prix éviter que l'Iran n'intervienne en Irak. Quand j'appelai Barzani sur mon téléphone satellitaire, il me jura ses grands dieux que ses soldats ne se trouvaient pas en territoire iranien et qu'ils ne bombardaient pas Panjwin ni d'Iran ni d'ailleurs. Qui mentait ? Je décidai de me rendre sur place pour en avoir le cœur net.

Talabani me prêta quatre Toyota tout terrain et un pick-up équipé d'une mitrailleuse calibre 50 et il nous fallut environ quatre heures pour rallier Panjwin par des routes enneigées. En descendant vers la petite ville, on n'apercevait pas le moindre signe d'un pilonnage d'artillerie. Un commandant de l'UPK et le maire de la ville vinrent nous accueillir à l'entrée de Panjwin. Et là, en revanche, j'aperçus les cratères fumants. Je ramassai un éclat d'obus de 107 mm, encore tiède. Le maire m'expliqua que les tirs avaient cessé quand la rumeur avait couru que l'« ambassadeur américain » arrivait.

À mesure que nous traversions le village, les habitants commencèrent à sortir des ruines et à nous suivre. Un villageois était si furieux qu'il souleva un rocher et qu'il le lança sur un éclat d'obus en maudissant Barzani.

J'accélérai ma petite tournée d'inspection en me dirigeant vers la frontière iranienne. Et là, je constatai *de visu* que les soldats qui brandissaient les obusiers de 107 mm étaient bien les pechmergas de Barzani. J'aperçus aussi, derrière eux, des Iraniens en treillis kaki. C'étaient des Gardiens de la révolution, les inévitables Pasdarans.

Sitôt regagné le campement de Talabani, j'appelai Barzani pour lui faire part de ce que j'avais observé à Panjwin. Quelle ne fut pas ma surprise de l'entendre riposter : « Vous m'avez trahi ! »

Certes, j'avais osé mettre sa parole en doute et j'avais circulé dans un 4 X 4 de Talabani. Il fallait cependant tout l'aplomb de ce personnage haut en couleurs pour inverser les rôles et me traiter de traître après avoir tenté de me berner de manière aussi grossière !

Le frère ennemi de Barzani, Jalal Talabani, n'était pas seulement affable et policé, c'était en outre un comédien de première force et un homme politique d'une grande finesse. Petit et rond comme une barrique, avec un sourire qui fendait son visage d'une oreille à l'autre, Talabani adorait jouer le rôle du brigand au bon cœur. Un jour que je lui reprochais d'avoir attaqué sans raison une position de Barzani, il s'était esclaffé et m'avait offert un cigare en me promettant de ne plus recommencer. Promesse aussitôt oubliée. Dès le lendemain, ses guerriers se ruaient sur ceux d'en face. Les deux dirigeants kurdes avaient un respect très relatif de la parole donnée, mais il était toujours très agréable de traiter avec Talabani.

Ce dernier était un nationaliste irakien. Il se battait pour que les Kurdes bénéficient d'une certaine autonomie, mais il refusait la perspective d'une partition de l'Irak entre ses différents groupes ethniques. À la différence de Barzani, Talabani semblait sincèrement souhaiter le départ de Saddam Hussein et il était prêt à tous les sacrifices nécessaires pour réaliser son objectif. Il avait même conçu son propre plan pour renverser le dictateur irakien.

Il l'évoqua une première fois devant Tom et moi lors d'une rencontre à Kui Sinjaq, son village natal, le 2 mars. Talabani nous fit entrer dans sa chambre pour que les responsables politiques et militaires qui attendaient dans son salon surpeuplé ne puissent l'entendre. Livres et liasses de papiers s'empilaient aux quatre coins de la pièce, sur le lit, sous le lit, contre les murs. Indifférent à l'odeur de renfermé qui régnait dans la petite chambre aux rideaux tirés, Talabani nous invita à nous asseoir sur la couche aux draps en désordre.

« Je me trouve à la croisée des chemins », commença Talabani qui parlait couramment l'anglais mais avec un fort accent.

Il avait le choix entre deux options aussi risquées l'une que l'autre. Soit poursuivre avec son vieil ennemi une guerre d'usure dans laquelle aucun des deux camps n'avait jusqu'alors été en mesure d'infliger à l'autre une défaite décisive. Mais le temps ne jouait pas en sa faveur ; cet équilibre menaçait de se rompre, parce que Barzani s'enrichissait chaque jour davantage grâce à l'argent du pétrole, et que, contrairement à celles de son rival, les caisses de Talabani étant quasiment vides, il lui restait de quoi tenir environ une semaine ou deux. Soit, autre tactique possible, lancer une offensive de la dernière chance contre le PDK avant d'être complètement à court de munitions. Outre les risques inhérents à ce genre de pari, une guerre totale risquait d'attirer sur les Kurdes les foudres de la Turquie ou de l'Iran, voire de Saddam Hussein lui-même.

— J'ai de bonnes raisons de craindre une violente réaction de sa part, m'expliqua Talabani.

Il avait appris par un espion qui le renseignait sur le PDK que Barzani, pour l'emporter coûte que coûte, était prêt à faire cause commune avec Bagdad contre lui. Barzani avait promis à Saddam Hussein de ne pas s'allier avec Talabani au cas où ce dernier fomenterait un soulèvement contre le président irakien. En retour, Barzani, escomptait l'aide de Bagdad pour chasser Talabani d'Irbil, la capitale administrative du Kurdistan conquise l'année précédente par l'UPK.

— C'est un homme faible, me confia Talabani à propos de son rival. Il a une vision du monde étroitement tribale, il se fiche pas mal de l'opposition ou du soulèvement de Chalabi et chasser Saddam Hussein du pouvoir ne l'intéresse guère. Tout ce qui compte pour lui c'est le clan des Barzan et il conclurait un pacte avec le diable pour maintenir son influence. Il ne reste qu'à croiser les doigts et à espérer que Saddam Hussein refusera de pactiser avec lui. À moins que... à moins que je ne frappe un grand coup qui empêche toute négociation.

Poussant une pile de livres sur le sol, Talabani déplia une carte de l'Irak sur le lit. Il dessina de l'index une ligne imaginaire sur la carte.

— Vous voyez cette région, au sud d'Irbil ? C'est la ligne de front du 5e corps d'armée.

C'était là que Saddam avait concentré l'essentiel de ses troupes dans le nord, face aux forces du PDK et de l'UPK.

— Que voyez-vous ? poursuivit-il sur un ton de maître d'école.

— Un corps d'armée irakien armé jusqu'aux dents, rétorquai-je, en me demandant s'il allait avoir le culot de m'annoncer qu'il comptait l'attaquer.

— Tstt, tstt, ça c'est ce qui est écrit sur les rapports du Pentagone, où on raisonne en additionnant les chars et les avions. Ça ne veut rien dire du tout. Vous voulez savoir ce que je vois, moi ? Je vois une armée démoralisée, vulnérable, battue d'avance.

Talabani me saisit le bras pour que je l'écoute attentivement — un geste inutile, je ne voulais pas en perdre une miette.

— Voilà ce que je compte faire : retirer mes troupes de la ligne d'Irbil, faire route vers le sud et attaquer le 5e corps d'armée ici, ici, et là, fit-il en pointant du doigt trois secteurs où étaient basées des divisions irakiennes. Et vous verrez, des compagnies entières, des divisions, même, se rendront au premier coup de feu.

— Et si Barzani vous prend à revers ? demandai-je.

— S'il ose faire ça, tout le monde saura que c'est un traître et il ne survivra pas longtemps. Ses propres maquisards le couperont en morceaux.

— Et si vous battez le 5e corps d'armée, que se passe-t-il ensuite ?

— C'est là que vous intervenez. Nous verrons jusqu'à quel point M. Clinton veut se débarrasser de Saddam Hussein.

Une bande de partisans kurdes fonçant à l'assaut d'un corps d'armée irakien, cela me faisait irrésistiblement penser à un saut en parachute sans parachute. Au formidable sentiment d'ivresse du début succédait inévitablement le dur retour à la réalité. Le 5e corps d'armée n'était sans doute pas l'unité la plus performante d'Irak mais il était suréquipé en chars et en pièces d'artillerie et ses positions avancées, face aux lignes kurdes, étaient défendues par des tranchées, des rangées de barbelés et des bunkers en béton. De plus, il était appuyé par une division de la Garde républicaine, constituée, elle, de soldats d'élite, encore mieux armés. Enfin, les forces régulières irakiennes étaient stationnées très en deçà du 36e parallèle, dans une région que les hélicoptères de combat MI-24 de Saddam Hussein avaient le droit de survoler. Harceler le 5e corps d'armée était une chose, l'affronter dans un combat ouvert en était une autre.

L'armée de Talabani se réduisait en tout et pour tout à 2000 Pechmergas légèrement armés. Il avait revendu à l'Iran les quelques chars qu'il avait pris à Saddam. Les pièces d'artillerie qu'il pouvait aligner n'étaient certes pas négligeables mais il était presque à court de munitions. Les Toyota tout terrain, son seul moyen de transport, lui donnaient l'avantage de la vitesse et de la mobilité, mais elles faisaient des cibles rêvées pour les MI-24 de Saddam Hussein.

Pourtant Talabani n'était ni inconscient ni casse-cou. Ce n'était pas la première fois qu'il combattait l'armée du maître de Bagdad et il en connaissait les points faibles comme personne. Si le chef kurde estimait qu'il pouvait se lancer dans une aventure pareille, c'est qu'elle était jouable — tel était du moins, à l'époque, mon sentiment. Tout le problème consistait à évaluer précisément l'état de l'armée irakienne ; or tous les signes donnaient à penser qu'elle était en piteuse condition.

Depuis la fin de la guerre du Golfe, des dizaines de déserteurs passaient chaque jour dans la zone sous contrôle kurde, et ce ruisseau s'était transformé depuis quelques semaines en torrent. Le tableau qu'ils dressaient de l'armée de Saddam Hussein était édifiant : pas de munitions, pas d'essence et pas grand-chose à manger. Les seules unités pour qui la situation était encore supportable, c'étaient les régiments d'élite de la Garde républicaine.

Une décision de Saddam Hussein, prise fin 1994, laissait penser que les défections se multipliaient dans les casernes. Le châtiment applicable en cas de désertion était barbare puisqu'on coupait désormais les oreilles des coupables. Chaque soir, la télévision irakienne diffusait ainsi des images atroces et pathétiques de jeunes soldats aux oreilles coupées, aux joues et au cou maculés de sang.

Bref, la chance semblait abandonner ce dictateur sanguinaire, même si personne ne pouvait certifier que son armée allait se désagréger du jour au lendemain. Le problème était que ni Chalabi, ni Talabani ni moi et encore moins les augures washingtoniens n'auraient pu prévoir qui la chance allait favoriser. L'opération de Talabani conjuguée avec le putsch du général et la « Fin de Partie » imaginée par Chalabi avaient-elles une chance de chasser Saddam Hussein du pouvoir ? Talabani jouait-il franc jeu avec moi, ou essayait-il de m'impliquer dans une manœuvre de diversion destinée à lui permettre de tirer son épingle du jeu alors qu'il était militairement acculé par son rival Barzani ?

Impossible de répondre à ces questions. Ma seule boussole, c'était la position américaine — à savoir telle que je la comprenais, que les États-Unis soutiendraient toute tentative de renverser le régime de Saddam Hussein. Tels étaient les ordres que j'avais reçus, et la mission qui nous avait conduits, moi et mon équipe, au Kurdistan irakien. Et ces ordres j'avais l'intention de les appliquer.

— Alors que dois-je faire ? me demanda Talabani. Qui dois-je combattre ? Barzani ou Saddam Hussein ?

— Concluez une trêve avec Barzani.

— C'est trop tard. Barzani est sur le point de traiter avec Saddam Hussein et quand il aura signé, on aura tous perdu la partie, les Kurdes, l'opposition et vous...

— Et sa promesse de rallier l'insurrection de Chalabi le 4 mars ?

— Il n'attend que l'occasion de la trahir. S'il souhaitait vraiment la victoire de l'opposition et l'unité des Kurdes, il aurait accepté depuis longtemps de partager l'argent du pétrole.

J'hésitai quelques instants. Que répondre ? Chaque mot comptait.

— Jalal, si vous n'avez le choix qu'entre une invasion du nord par Saddam et donner l'assaut au 5e corps d'armée, si c'est vraiment votre seule alternative, vous savez de quel côté je me rangerai.

— Je savais que vous me répondriez ça, s'esclaffa Talabani en me serrant la main dans sa poigne de fer. Venez, on va l'annoncer aux autres !

Il y avait juste assez de sièges dans le petit salon de Talabani pour asseoir tout le monde. J'examinai les chefs militaires qui composaient son état-major. Ils formaient un groupe assez hétérogène avec d'une part les marxistes non repentis qui avaient passé la moitié de leur vie en Europe et n'étaient de retour au pays que depuis mars 1991, pour lutter contre Saddam, et d'autre part les grognards endurcis dont l'unique motivation était d'égorger le plus possible de soldats irakiens.

Debout à l'extrémité de la table, Talabani attendit patiemment que ses hôtes se taisent. Et resta lui-même silencieux une bonne minute. Puis, les yeux rivés sur son auditoire, il s'exclama :

— Il est temps de tourner nos fusils contre Saddam !

La pièce retentit de cris de joie et d'applaudissements. Le discours de Talabani dura environ un quart d'heure. Je n'en comprenais pas le sens puisqu'il était prononcé en kurde mais je sentais son auditoire vibrer. À la fin, ses commandants se seraient jetés tête la première contre les murs s'il le leur avait demandé. Talabani se rassit et aussitôt des Pechmergas coiffés de foulards et harnachés de cartouchières apportèrent d'énormes plateaux de ragoût de mouton, de riz et de *nan*, un pain indien.

Après le repas, Talabani nous raccompagna, Tom et moi, à la voiture. Juste au moment où j'allais monter, il me prit par le bras et m'attira à l'écart.

— Vous savez que je ne peux agir seul. Que fera Washington quand j'attaquerai ?

— Washington veut se débarrasser de Saddam.

Ce n'était pas la réponse qu'il espérait mais à quoi bon lui dire que mon sort, le sien et celui de l'Irak n'intéressait guère Washington ? Mes supérieurs n'avaient même pas daigné répondre au message que je leur avais envoyé mi-février et dans lequel j'annonçais la date exacte du soulèvement projeté par Chalabi.

Il est clair que la façon dont j'interprétais ma mission s'écartait de plus en plus de l'idée que s'en faisaient mes chefs. Mais, à la différence de ceux-ci, je m'efforçais de gérer une poudrière. D'ailleurs je ne mentais pas à Talabani. [redacted]. D'autant que je n'avais pas encore reçu de contrordre explicite, le câble de Tony Lake n'étant arrivé que plus tard. Et ce message, je mis un certain temps à en décrypter les arrière-pensées. Pendant que je sillonnais le Kurdistan, en tâchant d'aider les ennemis de Saddam Hussein à abréger sa carrière, mes chefs avaient décidé de se désintéresser de son sort.

— Jalal, insistai-je une dernière fois, je vous certifie que Washington veut la fin du régime de Saddam Hussein.

17

3 mars 1995. Salah al-Din

Chalabi lut le message de Tony Lake et s'effondra sur le canapé.

— Est-ce que ça signifie que nous devons tout arrêter ? me demanda-t-il d'une voix mourante.

— Ahmed, vous parlez l'anglais aussi bien que moi. Ça signifie que c'est à vous de décider si vous continuez ou si vous arrêtez.

— Vous l'avez montré à Barzani ?

Je savais où Chalabi voulait en venir. Il avait raison. Les réticences de Washington avaient eu pour résultat de pousser le général à faire cause commune avec Chalabi. Barzani, quant à lui, avait observé les préparatifs de Chalabi concernant le soulèvement du 4 mars avec une colère croissante. Il ne pouvait répondre par une dérobade pure et simple. Ses troupes n'auraient pas accepté une telle attitude, mais il escomptait mon intervention pour stopper le président du CNI. Je lui dit que la position de mon gouvernement restait inchangée, à savoir que les Irakiens seraient beaucoup plus heureux sans Saddam Hussein et que nous encouragerions tout mouvement d'opposition qui travaillait sérieusement à un changement de régime. Chalabi et moi savions que le message de Lake constituait l'excuse rêvée dont Barzani avait besoin pour rester sur la touche.

Chalabi, le visage écarlate, se dressa sur ses ergots.

— M. Lake n'a jamais entendu parler de la Baie des Cochons ? cria-t-il. Dès que Barzani lira ce message, il se dépêchera de couillonner tout le monde, ça je peux vous le garantir.

Il froissa en boule le message de Lake et le jeta dans un coin.

— Que Lake aille se faire voir ! Peut-être que son bla-bla va tétaniser Barzani, mais pas moi. J'irai jusqu'au bout !

Chalabi me raccompagna jusqu'à la voiture et m'ouvrit la portière.

— Lake ne pouvait choisir pire moment pour retirer ses billes, poursuivit Chalabi sur un ton sinistre. Je crains seulement qu'à la fin de cette journée, ce soit notre sang qui coule plutôt que celui de Saddam...

Exactement comme Chalabi l'avait prédit, Barzani battit en retraite sans même attendre que je lui montre le message de Lake.

En stoppant la voiture devant le palais de Barzani à Sar-i-Rash, le nid d'aigle au-dessus de Salah al-Din où je l'avais rencontré si souvent le mois précédent, je compris au premier coup d'œil qu'il avait décampé. Les volets étaient fermés, les voitures parties. Quant aux deux miliciens qui gardaient la maison, ils n'avaient pas la moindre idée de l'endroit où leur chef pouvait se trouver.

Je me mis en quête de Nicherwan Barzani, le neveu de Massoud et son second, pour lui remettre le message de Lake. Nicherwan semblait beaucoup plus attiré par les costumes Hugo Boss, les voitures de sport et les filles bien roulées que par la vie de rebelle au Kurdistan. Il possédait d'ailleurs des parts dans une boîte de nuit de Washington. Mais la manne financière se trouvait en Irak : Nicherwan, qui « cogérait » les affaires pétrolières de son oncle avec Oudaï Hussein, le fils aîné de Saddam, prélevait au passage sa dîme sur les revenus dégagés par ce juteux trafic. Bien que les Barzani fussent originaires d'un petit village misérable perché sur un coteau escarpé et aride, leur domaine regorgeait de tapis persans, de meubles de designers italiens et de bibelots de luxe. De toute évidence, ses affaires prospéraient. Ils géraient toute la région contrôlée par le PDK à peu près comme s'il s'agissait de leur propriété privée. Et la dernière chose dont ils avaient besoin c'était d'un conflit avec leur associé Saddam Hussein.

— Massoud est déjà au courant, lâcha Nicherwan sur un ton maussade, à travers la grille de l'entrée. Il l'a appris par notre représentant à Washington.

Quand je lui demandai ce que son oncle avait l'intention de faire concernant le soulèvement du 4 mars, il se contenta d'un haussement d'épaules, mais j'eus le net sentiment que la famille Barzani allait nous mettre des bâtons dans les roues. La confirmation de mes soupçons ne tarda pas. Dans l'après-midi, Chalabi m'annonçait que Massoud Barzani, réfugié à Zakhu, sur la frontière turque, s'apprêtait à passer en Turquie si la situation tournait mal. J'espérais seulement qu'il n'était pas trop tard pour que les conjurés puissent ajourner le putsch.

Chalabi ne modifia pas ses plans d'un iota. Aussi précis qu'une montre suisse, il donna le signal du grand chambardement le 4 mars comme prévu. À 20 heures, l'ancienne école qui abritait le quartier général du Congrès National Irakien brillait de mille feux — Chalabi avait réussi à se procurer un énorme générateur. Le parking était bondé de camions attendant que les soldats embarquent pour foncer vers les lignes irakiennes. De temps à autre, une Land Cruiser Toyota stoppait devant la porte et un soldat sortait remettre un message au chauffeur qui repartait aussi sec dans un crissement de pneus. À l'intérieur du bâtiment régnait une indescriptible frénésie ; sonneries de téléphones, cris, gesticulations, on se serait cru à la corbeille de la Bourse un jour d'euphorie incontrôlable. Seule ombre au tableau, la défection des États-Unis.

Le général m'attendait dans un petit bureau vide. Il avait revêtu son costume de général fraîchement repassé. Son sabre rutilant était posé sur la table devant lui. Il se leva et me serra la main sans grande conviction. Il se préparait à partir vers la ligne de front irakienne où l'attendrait un passeur qui devait l'accompagner jusqu'à Tikrit. L'arrivée du général, qui devait retrouver les conjurés dans la ville natale du président irakien, donnerait le coup d'envoi du soulèvement.

Le général ne fit pas mention du message de Lake que je lui avais remis la veille. Il partageait avec Chalabi la conviction qu'il était trop tard pour faire marche arrière. Le colonel de l'école de chars qui devait conduire l'assaut sur Awjah avait fait dérober des obus qu'il ne pouvait remettre en place sans se trahir. Le général allait-il parvenir à franchir les lignes irakiennes ? Son soulèvement allait-il réussir ? Impossible à prévoir. Je lui serrai la main, convaincu que je ne le reverrais jamais et repartit chez moi. Je savais que je ne pouvais rien pour lui. Sur le chemin, je vis une fusée de feu d'artifice illuminer le ciel nocturne.

Je me couchai en m'attendant à être réveillé par Chalabi, mais je me réveillai de moi-même, le lendemain matin, sans nouvelles de personne. J'arrivai vers 9 heures au QG du CNI. Même si les nouvelles du front étaient mauvaises, je supposais que le QG devait être en pleine effervescence. Je me trompais, l'immeuble était complètement vide et le générateur avait disparu. Il n'y avait plus un seul véhicule sur le parking, pas même un garde pour m'apprendre ce qu'il était advenu des responsables du CNI. Le vent, qui soufflait en bourrasque, faisait claquer la porte d'entrée ouverte. À l'intérieur, les bureaux étaient déserts. Il ne restait plus rien. Le mobilier, les ordinateurs, les placards, tout avait été déménagé. Je me souviens de ma demi-surprise en constatant que les radiateurs n'avaient pas été arrachés et emportés.

En revenant vers le bureau, je rédigeai en moi-même le message que je comptais envoyer au siège de la CIA. Il commençait ainsi :

Cher Langley,
J'ai de mauvaises nouvelles à t'annoncer. Hier soir, j'ai égaré l'opposition irakienne...

Heureusement l'un des assistants de Chalabi m'attendait à la maison. Barzani avait fait arrêter le général un peu après minuit, juste au moment où il se préparait à franchir les lignes irakiennes pour gagner Tikrit. Il n'avait été relâché que six heures plus tard, laissant largement le temps à l'armée irakienne de « sceller » hermétiquement la ligne de cessez-le-feu avec le Kurdistan. À peu près au moment où il arrêtait le général, Barzani avait téléphoné à Chalabi pour lui annoncer qu'il n'avait pas l'intention de se joindre au soulèvement prévu, et qu'il ne devait compter sur le soutien de personne, en tout cas au Kurdistan. Sur ce, Nicherwan avait fait arrêter tous les membres du CNI trouvés en possession d'un fusil. De plus, Barzani répétait à qui voulait l'entendre que Washington était responsable de l'échec du soulèvement, comme l'attestait le message de Lake, parfaitement limpide : le CNS voulait stopper le général et Chalabi. Confronté à une trahison massive, Chalabi s'était enfui à Irbil. Talabani, qui contrôlait la ville, n'avait pas fait mine de lever le petit doigt pour se joindre au soulèvement, mais au moins, il continuait à soutenir, en paroles, les opposants à Saddam Hussein.

Le lendemain matin, 6 mars, je vis la voiture du général s'arrêter devant chez moi. Il avait échangé son uniforme de général contre une veste à carreaux bon marché. Même sa moustache semblait en berne.

— Je dois partir, maintenant, m'annonça-t-il d'un ton égal en s'asseyant sur le canapé. Je pars pour Damas, où je vais inscrire mes enfants à l'école.

Et pourquoi pas ? me dis-je. Ses courriers, le comité secret, le colonel, tous les conjurés avaient été arrêté. On pouvait compter sur Saddam Hussein pour les châtier sans merci. À quoi bon attendre qu'un tueur vienne le supprimer lui et sa famille ?

Je sentais bien qu'il en avait gros sur le cœur. Il avait tout risqué — son pays, sa famille, sa vie. Il avait fait confiance à la CIA, il m'avait fait confiance et nous l'avions laissé préparer le putsch avant de le laisser tomber à la dernière minute sans un avertissement, sans la moindre explication décente. Mais il garda le silence et nous bûmes un thé en silence. Je ne vois pas d'ailleurs, aujourd'hui encore, ce que j'aurais pu lui dire... Que Washington n'avait pas voulu se mouiller, que mes chefs, au dernier moment, avaient jugé plus sage de se retirer ? Que malgré mes rapports quasi quotidiens ils avaient tergiversé pour finalement décider que les risques étaient trop grands et le *statu quo* préférable ? Que Washington, au fond, ne se souciait guère du sort de quelques pauvres bougres luttant contre la dictature dans une contrée lointaine, à des milliers de kilomètres de la civilisation ? Je me contentai de raccompagner le général, de lui serrer chaleureusement la main et de regarder sa voiture s'éloigner et tourner au coin de la rue.

De retour au bureau, je demandai à Tom de joindre la station relais en Virginie du Nord. La débâcle empirait d'heure en heure mais je n'étais pas encore prêt à capituler. Je voulais savoir si les satellites avaient repéré des mouvements de troupes, une division, une compagnie ou même un simple char. Mais les nouvelles étaient désastreuses. Depuis la veille à midi, le 5 mars donc, l'armée irakienne était placée en état d'alerte maximale. Les blindés qui patrouillaient dans les rues de Mawsil et Kirkuk depuis le 28 février s'étaient évanouis comme par enchantement. Pas le moindre signe de mouvement dans les garnisons de la 76e brigade, de la 15e division d'infanterie ni de la 5e division mécanisée, les trois unités formant le fer de lance du coup d'État. Mais ce qui m'intéressait surtout c'était la garnison du colonel près de Tikrit. Rien d'anormal. Fichu ! Si ses chars étaient sortis le 4 mars, ils étaient revenus au bercail entre-temps.

À 22 h 22 ce soir-là, mon téléphone sécurisé sonna. C'était Bob [redacted], mon chef à Washington. Depuis que j'étais basé dans le nord, c'était la deuxième fois qu'il m'appelait.

— Qu'est-ce qui se passe là-bas ? demanda-t-il.

— Rien, on est assis autour de la piscine à boire des daïquiris.

— Épargne-moi tes blagues douteuses. Ce que je vais te dire, tu ne dois le répéter à personne, compris ?

Sa voix était devenue cassante.

— OK.

— Y a-t-il quelqu'un dans ton équipe qui utilise le pseudonyme de Robert Pope ?

— Jamais entendu ce nom.

Tous les membres de notre équipe, sauf moi, utilisaient un pseudonyme mais pas celui de Robert Pope.

— J'espère que tu ne me racontes pas d'histoires, parce que si c'est le cas, ton compte est bon. Je n'ai pas le droit de t'en dire plus. Je n'aurais même pas dû te poser cette question à propos de ce pseudonyme. Donc cette conversation n'a jamais eu lieu. Pigé ?

Ce n'était visiblement pas la peine de lui demander de quoi il parlait, parce que s'il avait pu, Bob aurait craché le morceau. Colonel de marine ayant intégré la CIA après sa retraite, il obéissait aux ordres. Bob n'était pas toujours d'accord, mais il obtempérait sans discuter. Il n'y avait donc rien de plus à en tirer.

— Rentre à Washington dès que possible. À Ankara, tu ne dis rien à personne. À personne. Tous ceux que tu croiseras sont des témoins potentiels. Et une fois à Washington, ne téléphone à personne. Et surtout à personne du Groupe des opérations irakiennes. Ce sont aussi des témoins potentiels.

Des *témoins* ? Ce terme avait une consonance

déplaisante, mais c'était encore un problème, un de plus, que je ne pouvais résoudre à 10 000 kilomètres de la capitale américaine.

— Bob, je ne peux pas rentrer tout de suite. L'opposition est en mauvaise posture, mais tout n'est pas encore fichu. Donne-moi deux semaines et je peux encore rattraper le coup.

— Tu n'as pas entendu ce que je viens de te dire ? Tu es rappelé, Bob, tu peux dire adieu au Kurdistan.

— Mais j'ai des gars aux quatre coins de la région. Je ne peux pas tout laisser en plan comme ça.

— OK. Tu as quatre jours, pas un de plus.

Ce n'est qu'après que Bob eut raccroché que je réalisai qu'il n'avait pas dit un mot de la diversion ni du putsch. C'était la confirmation que j'attendais. Washington avait décidé de laisser tomber les opposants. J'en savais assez sur les mœurs de la capitale pour comprendre que mes messages n'ayant pas eu l'heur de plaire, les stratèges en place avaient décidé de torpiller les messagers, à savoir Chalabi et le général. Par conséquent la ligne officielle dans la capitale tenait en trois mots : Rien à signaler. Il n'était rien arrivé en Irak le 4 mars 1995, rien du tout. Et franchement, vu la façon dont le coup avait capoté, je n'étais pas loin de donner raison à mes supérieurs.

18

6 mars 1995. Salah al-Din

Je trouvai Tom sur le toit de la maisonnette en train d'observer à la jumelle les lignes irakiennes. Il écouta en silence ma relation du coup de fil, du mystérieux Robert Pope et de notre rappel aux États-Unis. Tout en parlant, je pointais sur une liste mentale toutes les tâches à accomplir avant de quitter la région.

— Je suis sûr que Talabani va attaquer ce soir et Washington risque d'avoir bien d'autres soucis qu'un certain Robert Pope, prophétisa Tom en me tendant les jumelles.

Je ne distinguai que quelques lueurs éparses dans les plaines environnant Salah al-Din. Et soudain, plus au sud, une mince traînée étincelante, suivie d'une lueur blanchâtre. Quelques secondes plus tard un éclair aveuglant, sans doute un coup de canon. Impossible de se prononcer avec certitude, à une telle distance. Une minute plus tard, une batterie de canons lançait une salve ; les écho des détonations se répercutèrent sur les montagnes de Salah al-Din. Subitement, le ciel s'embrasa et on aurait pu croire le bouquet final d'un feu d'artifice qui venait seulement de commencer.

Pour être honnête, ma première réaction frisait l'exaspération : « Ces satanés Kurdes remettent ça ! » Mais à y regarder de plus près, les explosions provenaient de la région sud d'Irbil, quelque part entre les lignes de Talabani et de Barzani. Tom avait raison. Talabani ne s'en prenait pas à son frère ennemi, il avait décidé d'attaquer le 5e corps d'armée irakien.

Je descendis l'escalier quatre à quatre pour appeler Paul, l'officier que j'avais envoyé au PC de Talabani à Irbil. Malgré le vacarme ambiant, Paul réussit à me faire comprendre en criant dans le combiné qu'environ 200 miliciens de Talabani venaient d'encercler une brigade de la 38e division à Guwayr et qu'ils étaient sur le point de l'emporter. Paul me téléphona à intervalles réguliers, cette nuit-là, pour me tenir au courant de la situation. Avec seulement deux blessés, les Pechmergas de Talabani avaient annihilé la 848e brigade de la 38e division et s'étaient rendus maîtres de son quartier général. Ils avaient aussi capturé la 601e batterie et fait prisonniers environ 80 soldats irakiens dont l'officier commandant la brigade, le colonel Abd al-Aziz Namuri. Les hommes de Talabani avaient dynamité les bunkers du bataillon et détruit ses canons de 152 et 130 mm, chargeant dans leurs Toyota les armes légères et les munitions sur lesquelles ils avaient pu faire main basse avant de filer. Puis ils s'en étaient pris à une unité de la Garde républicaine accourue en renfort, détruisant un blindé et plusieurs camions de transports de troupes. La férocité de l'assaut avait stupéfié le commandant de l'unité de la Garde républicaine qui avait renoncé à essayer de secourir la 848e brigade et ordonné à ses troupes de se replier. La victoire de Talabani était écrasante et c'était la première fois depuis le soulèvement de mars 1991 que les Kurdes flanquaient une telle raclée à l'armée irakienne.

Dès le lendemain matin, heure de Washington, j'appelai le Groupe des opérations irakiennes.

— Ouais, on a lu votre rapport.

C'était l'officier de permanence trop maquillée aux cheveux filasses qui me considérait comme un cow-boy. Avant que je quitte Washington pour le nord, elle avait tenu à m'informer qu'elle trouvait déplorable que la CIA installe une base en Irak.

— Nous avons obtenu quelques renseignements collatéraux.

— Mais encore ?

— Il semble qu'il y ait eu des combats dans la zone du 5e corps d'armée la nuit dernière. Essentiellement roquettes et mitrailleuses. Ça a cessé vers 6 heures ce matin, votre heure. On signale qu'une trentaine de prisonniers auraient été emmenés à Irbil. Mais nous n'avons pas confirmation

— Comment ça, vous n'avez pas confirmation ? Les échanges d'artillerie ont duré toute la nuit. Je les ai vus de mes yeux.

— Nous n'avons aucune confirmation photo.

— Évidemment, les combats ont eu lieu de nuit...

— Je me contente de vous répéter ce qu'on m'a dit.

— Vous insinuez que Talabani a bluffé, qu'il a concocté un petit show d'artillerie juste pour nous impressionner ?

Je raccrochai sans attendre la réponse. Pas la peine d'argumenter avec le QG. Cela n'aurait mené à rien et, pire, leur aurait donné l'impression que je « perdais mon objectivité ». Tant que le grand œil dans le ciel n'avait rien enregistré, pour Washington il ne s'était rien produit. RAS.

Quant à moi, j'étais convaincu par ce que j'avais vu et je décidai que le moment était venu de voir à quoi ressemblait le champ de bataille après cette nuit mouvementée.

— Tom, fais les valises, on va rendre une petite visite à notre ami Talabani.

Une dizaine de jerrycans d'essence et d'eau, deux AK-47, quelques rations, une boussole, un système GPS, une carte de navigation aérienne d'Irak et notre téléphone satellite LST-5 — notre vieux pick-up Nissan Patrol ne pouvait en contenir plus. Je décidai de ne pas emmener de gardes du corps. Un convoi aurait trop attiré l'attention.

Entre Salah al-Din et Irbil, nous ne croisâmes pas une seule voiture. Même les champs, où l'on voyait en général des femmes en habit traditionnel aux couleurs vives occupées à semer les céréales de printemps, étaient déserts. En traversant la plaine d'Irbil, nous aperçûmes les tranchées, les positions d'artillerie et les bunkers de Talabani abandonnés. Si Barzani l'avait voulu, il aurait pu prendre la ville sans coup férir.

À Irbil, j'engageai une escorte pour nous accompagner jusqu'à Suleymanieh, au nord-est de l'Irak, près de la frontière iranienne. Sur la route, près de Dukah, nous mangions des brochettes au bord d'un lac quand j'avisai une enseigne rouillée pendue à un clou qui proclamait : « bateaux à louer ». Je me demandai ce qui était arrivé à ces bateaux et combien d'années seraient encore nécessaires avant qu'il puissent voguer de nouveau.

Il fallait redoubler de vigilance. Nous avions franchi le 36e parallèle et nous aurions fait une cible tentante pour les hélicoptères de combat irakiens.

Quand nous arrivâmes à Suleymanieh, il faisait nuit, les rues étaient désertes et l'on n'apercevait pas la moindre lumière à l'exception du QG de Talabani. Une foule de gens, jeunes et vieux, se pressait devant, essayant d'entrer.

— Des volontaires, commenta notre escorte en nous ouvrant le chemin.

Le commandant de Suleymanieh nous fit entrer dans son bureau et nous offrit une tasse de thé. Il montra une carte punaisée au mur et, pointant une règle sur les zones sensibles, s'efforça de nous faire comprendre l'évolution des combats. Mais ses informations semblaient limitées aux mouvements de l'armée irakienne. Finalement, il abandonna la partie, haussa les épaules et suggéra que nous partions aussitôt pour le camp de Talabani qui avait envoyé un émissaire nous chercher.

La Toyota roula tous phares éteints sur la route boueuse et dénuée de toute signalisation qui traversait les montagnes au sud de Suleymanieh. Un exercice dangereux, certes, mais les hélicoptères de Saddam faisaient feu sur tout véhicule suspect. Un peu après minuit, nous empruntâmes une petite route de campagne qui aboutissait dans une clairière, au milieu de laquelle se dressait une sorte de bungalow bas en parpaings, apparemment désert. Pourtant, à peine avions-nous stoppé qu'une dizaine de pechmergas surgissaient et nous aidaient silencieusement à décharger. Ils avaient pour consigne de ne pas laisser de véhicule garé devant le bâtiment.

Talabani sortit de la maison de son pas d'ours rondouillard, me serra contre lui et me souleva de terre.

— Il était temps que vous arriviez ! Vous avez raté les meilleurs moments, murmura-t-il. En votre honneur, cette nuit nous ne dormirons pas dans les champs mais dans mon palais !

Il passa un bras autour de mon épaule et me guida dans la maison plongée dans l'obscurité. C'était une école, abandonnée depuis la guerre de 1988 entre les Kurdes et le gouvernement central. Seuls Talabani, Tom et moi allions dormir sur place. Les miliciens kurdes s'étaient dispersés dans les collines et les grottes environnantes, partout où les hélicoptères de Saddam ne pouvaient les repérer. La pièce où dormait Talabani, au bout du couloir, était vide à l'exception d'une demi-douzaine de cartons remplis de papiers, de livres et de quelques couvertures étendues sur le sol. La seule lumière était dispensée par une lampe tempête à pile. Il nous fit asseoir sur un tapis posé à même le sol de ciment.

— On y retourne dès ce soir, reprit Talabani, tout en fourrageant dans une grosse boîte à cigares d'où il sortit trois Cohiba cubains. Nous allons frapper Karablakh. Mes hommes sont en train de s'infiltrer à travers les lignes en ce moment même.

Comme je n'avais jamais entendu parler de Karablakh, Talabani roula sur lui-même pour me dénicher une carte et me montrer la zone en question.

Dopé à l'adrénaline, Talabani se laissa emporter par le lyrisme et prophétisa l'anéantissement imminent de l'armée irakienne. Ses miliciens allaient s'emparer de Kirkouk, plaque tournante de l'industrie pétrolière irakienne, et lui-même prendrait la tête du mouvement séparatiste kurde. Il se gargarisa aussi de déclarations ronflantes sur l'avenir de l'Irak démocratique. Ce monologue finit par me lasser. Mes paupières se fermaient insensiblement.

— Il est temps que vous alliez dormir, concéda-t-il enfin. Mais d'abord, où est la cavalerie ?

— Il me semble que vous vous en sortez très bien tout seul !

— Je serai bientôt à court de munitions.

— Ne vous inquiétez pas, Jalal. Washington vient seulement d'apprendre ce qui se passe. Leur plan reste le même, se débarrasser de Saddam.

J'étais convaincu de ce que j'affirmais au chef kurde. [redacted]. D'ailleurs, Tony Lake, dans son câble, n'avait pas ordonné à Talabani ni à ses collègues du CNI de renoncer à leurs plans de coup d'État. Il s'était contenté d'une formule assez sibylline :

Si vous menez à bien [cette action], *vous en assumerez seuls la responsabilité.*

Talabani comprenait très bien cette position et il était convaincu comme moi que le peuple irakien ne connaîtrait jamais la paix tant que Saddam Hussein serait au pouvoir.

Le chef kurde tira deux autres cigares de sa boîte.

— Tenez, Bob, prenez ça et appelez Washington.

— Jalal, il y a autre chose que je dois vous dire.

Il me jeta un regard perçant.

— Nous partons mais une nouvelle équipe va nous remplacer.

Talabani me tendit le cigare sans rien répondre.

— Allez vous coucher, nous sommes tous fatigués, conclut-il finalement.

Dix minutes plus tard, Talabani frappait à ma porte, entrait et me tendait un rapport qu'on venait de lui faxer de Karablakh. Ses troupes venaient d'écraser un bataillon de l'armée irakienne.

— Vous voyez, m'annonça-t-il l'œil brillant, l'armée s'effondre !

Je joignis le numéro deux du Groupe des opérations irakiennes sur le téléphone satellite et lui répétai les propos de Talabani. Il me répondit, impassible :

— Où es-tu ?

— À Singaw.

— Où ça ?

— Un petit village au sud du 36e parallèle. En territoire sioux. Je suis avec Talabani.

L'autre poussa un hoquet de stupeur.

— Tu déconnes complètement, ou quoi ? Tu vas te faire sérieusement sonner les cloches à ton retour, je peux te le garantir...

Je fis comme si je n'avais pas entendu et lui annonçai, avant de raccrocher, que j'allais me joindre aux troupes de Talabani qui partaient à l'assaut de Kirkouk.

J'allais m'endormir quand Talabani frappa de nouveau à ma porte.

— Saddam panique. Il se met à tirer des obus sur toute la ligne de front !

Il referma la porte doucement. Je l'entendis glousser dans la couloir menant à sa chambre.

Talabani n'avait visiblement pas l'intention de dormir. Quant à moi j'étais si exténué que je me fichais pas mal de savoir que les hélicoptères de combat, lancés à nos trousses par le président irakien, devaient rôder dans le secteur.

À 6 heures le lendemain matin, Talabani sonna le branle-bas de combat. Ses miliciens, rassemblés dans les champs qui entouraient l'école, étaient absorbés par les préparatifs d'une nouvelle journée de combat qui s'annonçait rude. Ils nettoyaient leurs armes et chargeaient leurs 4 X 4 Toyota. Quand Talabani passa parmi eux, ils se pressèrent autour de lui, s'inclinant et lui baisant la main. Un aide de camp nous apporta un plateau avec du thé sucré. Nous le bûmes tout en l'accompagnant.

Talabani me pria de rester avec lui, mais je n'avais

plus le temps. Si je voulais être à Ankara le surlendemain, je ne pouvais me permettre qu'une brève incursion sur le front. Le chef kurde nous embrassa une dernière fois et nous nous jurâmes de nous retrouver bientôt.

— À Bagdad ! lança le chef kurde en partant d'un grand rire sardonique.

Il faisait beau, la route était pavée et nous espérions arriver à Chamchamal en moins d'une heure. Ce fut à ce moment que nous le vîmes ; un hélicoptère de combat irakien MI-24 se tenait immobile, à l'aplomb d'une colline, à cinq kilomètres de là. Aux aguets. Tout ce que nous pouvions espérer était qu'il ne nous avait pas repérés — il n'y avait pas un rocher, un arbre ou une grotte où se cacher — et que le milicien de Talabani avait étalé assez de boue sur la carrosserie de la Nissan pour la revêtir d'un camouflage efficace. Il n'aurait guère fallu plus d'une minute au MI-24 pour pivoter sur lui-même, s'approcher à portée de tir et nous pulvériser. J'attendis un moment, qui nous sembla interminable, que l'hélicoptère disparaisse derrière la colline et je fonçai en priant pour qu'il ne resurgisse pas.

Chamchamal était étrangement silencieuse. Des badauds examinaient les étals du marché en plein air, mais dès que je stoppai le moteur, on entendit les bangs des canons qui pilonnaient la ville. Sur les coteaux, à l'est de la ville, s'élevaient des panaches de fumée gris-blanc.

Je continuai tout droit en direction de la ligne de front. À quelques kilomètres de là, j'aperçus un groupe de combattants de l'UPK assis autour d'une petite bicoque censée matérialiser la frontière entre Kurdistan et Irak. Ils furent incapables de me dire comment tournait la situation de l'autre côté de la frontière. Ils savaient seulement que la police irakienne avait abandonné ce poste-frontière et que celle-ci était donc grande ouverte.

Avant Salah al-Din, nous nous arrêtâmes une dernière fois à Irbil. En pénétrant dans le principal campement des soldats de l'UPK, il nous restait à contempler une foule, une mer de prisonniers irakiens, sur un rectangle d'environ 500 mètres par 400. Ils étaient des centaines, debout, assis, allongés. Les pièces d'artillerie capturées étaient alignées dehors le long de la route. Camions Kamaz, lance-roquettes, monceaux d'AK-47, tout le précieux butin que les Pechmergas avaient rapporté à Irbil pour leurs prochains raids. La quantité de matériel reposant sur la route était si énorme qu'il s'étendait à perte de vue.

L'officier de l'UPK commandant le camp nous reçut dans son PC. Il supposait que nous étions venus pour interroger les prisonniers. Je n'avais pas le cœur de lui dire que nous n'avions pas et que nous n'aurions jamais les équipes pour mener ces interrogatoires, mais je voulais m'entretenir avec au moins un officier irakien. Il me conduisit dans une pièce où une dizaine d'officiers étaient assis sur un banc contre un mur. Je choisis un capitaine au hasard. Il devait être âgé d'une trentaine d'années et semblait épuisé. Il me raconta sa nuit. Il s'était levé vers 2 heures du matin pour faire la tournée des sentinelles et avait découvert à sa grande stupeur que les postes avancés étaient tous abandonnés. En revenant au PC de la compagnie pour comprendre ce qui se passait, il avait été surpris par un tir nourri d'armes automatiques. Il avait attendu que ses hommes répondent mais il n'y avait pas eu un seul coup de feu côté irakien. Et quelques secondes plus tard, les Pechmergas de Talabani avaient investi les lieux. Ils étaient partout. Comme s'ils avaient creusé un tunnel et qu'ils venaient de remonter à la surface tous ensemble d'un coup. Il n'avait pas eu d'autre choix que de se rendre. Je remerciai le capitaine et lui donnai la dernière ration qui me restait.

Avant de partir, je revis le commandant du camp qui répondit à mes question sur le dernier assaut des forces kurdes. Ses troupes venaient de vaincre la 847e brigade. Kirkouk n'était plus imprenable désormais et

Talabani pouvait s'en emparer pourvu qu'il dispose de munitions en quantité suffisante.

Sur le chemin de retour vers Salah al-Din, Tom me décrivit l'équipement kurde, qu'il avait pu examiner à loisir. Selon lui, il n'y avait guère de doute ; il venait d'être pris aux Irakiens. Tom était assez expérimenté en la matière pour savoir que ces armes ne pouvaient provenir que d'une unité régulière irakienne.

De retour à la maison, j'envoyai un message au QG pour annoncer la défaite de la 847e brigade, suivi d'un coup de fil.

— Nous n'avons toujours rien du ciel concernant ces combats, me susurra la fille trop maquillée des opérations.

— Vous n'êtes pas sérieuse. Vous croyez vraiment qu'il s'agit d'une guerre pour rire ? J'arrive d'Irbil. Nous avons vu de nos propres yeux des milliers d'Irakiens prisonniers. Sans compter les pièces d'artillerie prises à l'ennemi.

Les prisonniers, l'artillerie, la confirmation de Tom, mon rapport d'officier chevronné, tout ça ne pesait visiblement pas lourd pour elle.

— Parfait. En ce qui me concerne, je vous crois, mais le reste de la communauté a de gros doutes, à commencer par le Pentagone.

Je savais qu'elle parlait de la CIA et n'avait mentionné le Pentagone que pour détourner mon indignation, mais ça ne me réconfortait pas vraiment.

— Eh bien dites à ces connards de se donner un peu de mal et peut-être qu'ils verront autre chose que les Martinis qui sont posés sur le bar devant eux.

— Je vous répète seulement ce qu'ils m'ont dit.

— Ça, j'avais compris. S'ils ne l'ont pas lu dans le *Washington Post* ou le *New York Times*, ça ne peut pas être vrai. Ce serait marrant qu'un de ces brillants correspondants se goure d'avion et atterrisse au Kurdistan pour que je puisse lui montrer le front.

Silence.

— Passez-moi Bob, s'il vous plaît, lui dis-je.

Elle obtempéra, mais Bob, mon chef direct, n'était pas d'humeur à m'écouter.

— Et si tu te calmais un peu ? commença-t-il aussi sec.

— Écoute-moi un instant. C'est la guerre, la vraie, ici. Dans une semaine, il n'y aura plus de 5e corps d'armée.

— L'Agence n'en a rien à faire des Kurdes, tu piges ? La prochaine fois que tu m'appelles, que ce soit pour m'annoncer que tu as franchi la frontière turque.

— Tu dois comprendre que, au moins dans l'esprit des opposants, je suis personnellement associé à l'offensive contre le 5e corps d'armée. Si tu me rappelles, l'offensive s'arrêtera...

— Et toi, tu ferais mieux de comprendre que Tony Lake veut ta peau. Tu as rendez-vous avec Fred Turco à 9 heures le 15 mars. Et tu as sacrément intérêt à être là !

Comme prévu, l'offensive de Talabani tourna court et le 5e corps tint bon. Mais le vieux chef kurde survécut, cependant, avec assez de Pechmergas pour poursuivre la lutte contre Barzani. La guerre civile avait encore de beaux jours devant elle. Chalabi, pour sa part, sillonna quelque temps la région du front et finit par retourner à Salah al-Din. Barzani, sans doute sur l'ordre de Saddam Hussein, finit par l'expulser. Le général, dont la défection m'avait amené en Irak du Nord, rallia comme prévu Damas, puis Londres. Et ces péripéties ne gênèrent que modérément Saddam Hussein.

Peu après, le président irakien démarrait son programme « pétrole contre nourriture », lequel permit de soulager les souffrances de son peuple juste assez pour tarir le torrent des désertions dans l'armée — ce qui signifie que si nous voulons nous débarrasser de lui aujourd'hui, ce sera sans doute au prix d'une nouvelle guerre et non seulement d'un putsch.

Mais l'avenir de l'Irak avait subitement cessé de me concerner. Je devais être présent au rapport à Langley, Virginie, le 15 mars à 9 heures et je fis en sorte d'y être.

19

Un apprentissage politique. Mars 1995. Washington DC

Le matin de mon retour au siège, lorsque Fred Turco m'expédia au bureau du Conseil juridique je ne peux pas dire que j'étais très enthousiaste. Et mon humeur ne changea guère lorsque les deux types du FBI qui m'attendaient m'annoncèrent que je faisais l'objet d'une enquête interne. On venait de m'arracher à ce que je considérais comme une occasion historique de détrôner Saddam Hussein, pour me lâcher dans un nid de vipères. Mais je dois dire en toute honnêteté que je n'étais pas particulièrement inquiet.

Quoi que Tony Lake ait pu penser, il n'y avait jamais eu dans le nord de l'Irak d'équipe parallèle du Conseil National de Sécurité dirigée par « Robert Pope », alias Bob Baer. Toutes ces rumeurs étaient l'œuvre de Chalabi, une invention géniale que Lake avait gobée en bloc. Je ne prétendais pas être un enfant de chœur, mais je n'avais pas pour autant violé le décret 12333, ni le code fédéral sur les tueurs à gages. Et je faisais encore suffisamment confiance au système pour croire que la vérité prévaudrait. C'est d'ailleurs ce qui se produisit.

Le 22 mars 1995, on me soumit au détecteur de mensonges du FBI. Le test marqua un tournant dans l'enquête lancée par Lake. Les agents du FBI fouillèrent les dossiers de la CIA. Ils repartirent bredouille, pour la raison simple qu'il n'y avait rien à trouver. Le 4 avril 1996, le Département de la Justice devait finalement envoyer à la CIA un avis officiel selon lequel il n'y avait pas assez de preuves pour entamer une poursuite judiciaire. La CIA s'excusa comme elle pouvait, et mon équipe y gagna une bonne note.

Mais rien de tout cela ne correspondait à une véritable libération. J'avais vexé le conseiller du NSC et provoqué un tremblement de terre à Langley. Ce qui impliquait deux à trois années de quarantaine et aucun poste à l'étranger tant que la direction n'aurait pas changé, que les souvenirs ne se seraient pas estompés. Mais si je me tenais à carreau et que je la fermais, je finirais peut-être par pouvoir repartir sur le terrain. Encore un coup en dehors des États-Unis, me disais-je, et je pourrai prendre ma retraite — à la Direction des opérations, les années à l'étranger comptaient plus que les autres. Si on en avait fait assez, on pouvait partir à cinquante ans.

Ce qui était certain, c'est que je n'aurais plus jamais de promotion. Il y aurait toujours quelqu'un pour se rappeler que j'avais mis en rogne un conseiller de la Maison-Blanche avec ma virée dans un char russe. Quelques ricanements autour de la table de la commission des promotions et mon dossier n'accéderait jamais à la pile des postes de « direction ». Mais en tout cas, la CIA me laisserait tranquille si je ne m'attirais plus d'ennuis.

Mes nouvelles fonctions d'adjoint au Groupe Sud de la division Asie centrale avaient tout de la planque idéale. La division avait beau couvrir huit postes dans la région, mon travail n'avait rien à voir avec la gestion des agents ni celle des coups d'État. Je n'avais qu'à entretenir la paperasserie et répondre au courrier interne — et je disposais pour cela de vingt-cinq personnes travaillant sous mes ordres. Quand un problème épineux surgissait, comme par exemple celui de savoir s'il fallait remplacer la voiture du chef de poste de Bichkek[1], je pouvais toujours renvoyer la décision à Len, mon chef direct, qui lui-même la ferait peut-être remonter au directeur de division, et ainsi de suite. Le travail à Langley me semblait être une véritable sinécure. Du moins, au début.

Je ne tardai pourtant pas à comprendre à quel point j'étais perdu dans la culture de la CIA et de Washington. Cela se voyait d'abord aux détails matériels. Lors de mon précédent séjour, un officier traitant pouvait encore se permettre quelques petits luxes. Mais l'immobilier avait grimpé en flèche depuis, et les restaurants étaient devenus tellement chers que seuls ceux qui pouvaient se faire rembourser leurs notes de frais s'y risquaient encore de temps en temps.

Après avoir plus ou moins risqué ma vie pendant vingt ans dans des pays où peu de gens iraient habiter par choix, je gagnais le même salaire qu'un fonctionnaire en milieu de carrière qui n'a jamais quitté son bureau. Le pire était le sentiment que mes qualifications étaient complètement dépréciées.

Plus que le salaire relativement mince que je touchais, c'était cela le vrai choc — que mes compétences professionnelles soient si peu reconnues, et que je sois moi-même si mal équipé pour faire face à ce monde nouveau. J'en savais plus sur l'organisation et le commandement du moindre mouvement terroriste proche-oriental que sur mon propre pays. La dynastie wahhabite saoudienne n'avait pas de secret pour moi, mais je ne comprenais pas le fonctionnement du Congrès ni du Sénat. Quand j'avais posé mon sac au Tadjikistan et au Soudan, chaque fois j'avais appris un maximum de détails sur la culture du pays. J'entrepris donc à Washington le même type d'apprentissage. Je montai moi-même mon programme d'études politiques, et m'y attelai avec la méthode d'un officier traitant : en parlant à toutes sortes de gens, tous ceux qui pouvaient me renseigner — volontairement ou pas — sur le fonc-

1. Bichkek : capitale du Kirghizstan (*N.d.T.*).

tionnement de la capitale fédérale. Je bénéficiai de cours gratuits à la pelle et je finis par en apprendre bien plus que ce que j'espérais.

Je m'aperçus avec étonnement qu'une audition devant une commission parlementaire ou une fuite organisée dans la presse pouvaient s'avérer presque aussi efficaces dans l'entretien de querelles de clocher qu'un poseur de bombe kamikaze. Ce fut avec consternation que je découvris que les tentacules des grands pétroliers s'étendaient de la mer Caspienne jusqu'à la Maison-Blanche. J'appris enfin, avec quelle rage et quelle colère, combien les instances directement chargées de notre protection étaient motivées bien plus par l'argent que par la préservation des vies humaines ou de la sécurité nationale.

Tout se passait comme dans *l'Odyssée*. Pendant que nous étions partis pour la guerre de Troie, ceux qui étaient resté ici avaient bu et ripaillé sans vergogne. Ils se moquaient bien de la vie de ceux qui combattaient au front, et ils ne voulaient surtout pas les écouter à leur retour.

Mais je prends de l'avance sur mon histoire.

Ma première leçon — et la plus marquante — sur la vie politique de Washington, commença le 17 mai 1995. Elle prit les traits de la secrétaire du Groupe Sud, une femme aussi charmante qu'intelligente. Entrant dans mon bureau un peu avant midi, elle brandissait d'une main une feuille de papier et de l'autre se pinçait le nez.

— Tiens, me dit-elle. En voilà une qui pue la merde.

Elle avait la langue aussi aiguisée que l'esprit.

Il s'agissait d'une demande d'information signée par Sheila Heslin, du NSC, qui voulait que nous lui transmettions tous les renseignements que nous avions sur trois citoyens américains : Rob Soubhani, professeur à l'université de Georgetown, et républicain très en vue du

Maryland ; Sahag Baghdarasian, un médecin californien ; et enfin Roger Tamraz, négociant en pétrole de son état.

Je ne connaissais pas les deux premiers, mais j'avais beaucoup entendu parler de Tamraz pendant — et depuis — mon séjour à Beyrouth. Il était banquier, associé d'Amine Gemayel, l'ex-président libanais qui avait donné l'ordre de relâcher les suspects de l'attentat contre l'ambassade américaine en 1983. Tamraz et Gemayel avaient gagné ensemble beaucoup d'argent mais, en 1989, à la fin du mandat présidentiel, la banque de Tamraz avait fait faillite et la justice libanaise l'avait poursuivi pour escroquerie sur des dépôts. Tamraz avait rejeté la responsabilité de sa déconfiture sur la Syrie, qu'il accusait d'avoir comploté contre lui pour le punir d'avoir été l'émissaire de Gemayel en Israël. Quoi qu'il en soit, le Liban avait saisi Interpol. C'était un très mauvais point pour Tamraz, qui l'avait empêché de faire des affaires dans la plupart des pays du Proche-Orient. Mais, toujours prêt à rebondir, il avait trouvé refuge dans les pays de la mer Caspienne. Il avait ainsi été l'un des premiers pétroliers à apparaître au Turkménistan après l'indépendance, où il avait rapidement fait fructifier une valise de dollars d'origine inconnue dans deux concessions pétrolières de tout premier ordre. En 1994, il avait refait parler de lui avec le projet d'un oléoduc qui devait acheminer le pétrole de la mer Caspienne jusqu'à la Méditerranée, via l'Arménie.

Sheila Heslin avait noté, en marge de sa note, qu'elle avait besoin de renseignements à usage diffamatoire sur ces trois hommes. Dans le cas de Tamraz, ce serait un jeu d'enfant. Mais il y avait un léger problème : comme le disait si gentiment ma secrétaire de groupe, Sheila était « complètement folle ! ». Quels que fussent ses actes, Roger Tamraz était citoyen américain, et depuis l'Opération Chaos [1] et l'affaire du Watergate, les

1. Opération Chaos : une opération illégale de surveillance des citoyens américains, lancée en 1959 par la CIA en liaison avec d'autres agences gouvernementales, et qui a duré plus de quinze ans (*N.d.T.*).

officiers de la CIA n'espionnaient plus leurs compatriotes, un décret de 1981 le leur interdisait. Dans le manuel de la CIA, les activités de renseignement sur les Américains étaient aussi condamnables que l'assassinat d'un homme d'État étranger. J'essayai de me montrer indulgent. Peut-être la nouvelle équipe de la Maison-Blanche était-elle trop jeune pour se rappeler Richard Nixon.

— Pourquoi Mme Heslin veut-elle absolument traîner ces types dans la boue ? demandai-je innocemment.

— Je ne sais pas, moi. C'est peut-être une maîtresse délaissée qui cherche à se venger...

— Mais qu'est-ce qu'on a à voir là-dedans, nous ?

J'avais remarqué que la note était adressée à la Direction du renseignement, pas à celle des opérations.

— Sheila Heslin pense que Tamraz est l'un des nôtres — un de nos agents.

Ce qui jetait un nouvel éclairage sur sa requête. D'abord, un accord passé en 1977 entre le Département d'État et la CIA obligeait la Direction des opérations à informer les responsables fédéraux des contacts qu'elle entretenait avec ses agents. Ensuite, les membres du NSC étaient considérés comme décideurs politiques, et, enfin, Heslin devait rencontrer Tamraz le 2 juin suivant : trois raisons plus que suffisantes pour lui communiquer les liens qu'il avait eus avec la CIA. Bref, l'accord de 1977 l'emportait sur le décret de 1981.

Sheila Heslin avait en partie raison. D'après un dossier que nous avait transmis la division du Proche-Orient, Roger Tamraz avait été en contact avec nos agents traitants pendant les années 70. Il avait même procuré à deux d'entre eux des couvertures dans l'une de ses banques. Lorsque l'on apprit plus tard que la banque en question était affiliée à la BCCI (la Banque internationale de crédit et de commerce) — favorite des narcos, blanchisseurs d'argent sale et autres spécialistes du transfert de fonds douteux — la CIA rompit ses relations avec lui. Mais là où Sheila Heslin se trompait, c'est qu'il n'avait jamais été recruté comme agent de la CIA.

Il n'avait pas reçu d'argent, ce qui, dans nos registres, signifiait qu'il n'avait à aucun moment travaillé pour nous. Il n'était d'ailleurs pas facile de traiter avec ce genre d'homme. Tamraz n'agissait que pour son compte et il n'aidait la CIA que lorsque cela servait ses propres intérêts.

Lorsqu'un de mes assistants m'apporta la réponse que l'on devait envoyer à Sheila Heslin, je ne la lus même pas. Je lui dis simplement de la faire signer par Len, le chef du Groupe Sud.

Même si je ne voulais pas en endosser la responsabilité, je dois reconnaître que cette histoire m'intriguait. Comment Tamraz avait-il réussi à obtenir un rendez-vous avec Sheila Heslin ? Comment était-elle au courant de ses liens avec la CIA ? Et surtout, pourquoi une membre du NSC rencontrerait-elle un type de ce genre ?

Le 19 mai, à 12 h 02 exactement, le Groupe Sud faxait à Sheila Heslin deux notes classées top secret. L'une soulignait les relations de la CIA avec Tamraz. L'autre expliquait que Soubhani, qui n'était pas seulement professeur d'université mais aussi conseiller pétrolier d'Amoco, était l'un des contacts occasionnels de notre chef de poste à Bakou [1]. Il ignorait probablement qu'il s'agissait de quelqu'un de la CIA, mais nous préférions ne pas prendre de risques et en informer Sheila Heslin. La Direction du renseignement lui envoya son propre rapport sur Tamraz.

Huit jours plus tard, la secrétaire du groupe était dans mon bureau :

— Sheila Heslin est sur le sentier de la guerre !

Je la regardai d'un air interdit.

— Elle est convaincue que nous cherchons à protéger Tamraz.

Cette fois-ci, je lus attentivement la note que nous avions envoyée. On y disait clairement que Roger Tamraz était recherché au Liban pour détournement de fonds émanant de ses propres banques, ainsi que pour quelques autres délits.

---

1. Bakou : port de la mer Caspienne, capitale de l'Azerbaïdjan (*N.d.T.*).

— Mais qu'est-ce qu'il lui faut de plus ? Le délit d'escroquerie me semblait suffisant pour l'enfoncer.

— Elle veut des preuves concrètes pour le démolir. Et elle soutient que nous refusons de les lui fournir.

Sheila Heslin s'était mise en rogne en comparant notre rapport à celui de la Direction du renseignement. Les autres lui avaient fait parvenir une revue de la presse libanaise à sensation, accusant Tamraz de toutes les horreurs possibles, à l'exception peut-être des violences à enfant. Elle attendait de nous la même chose, si ce n'était plus, et avait demandé à la Direction du renseignement si nous ne suivions pas à la trace tous les hommes d'affaires américains opérant à l'étranger.

Je me repassai le film des longues nuits que j'avais passées à attendre mes agents sur la ligne verte à Beyrouth, en espérant ne pas me faire enlever ni tuer par le Hezbollah. J'avais été apparemment tout à fait à côté de la question. Ce que voulait la Maison-Blanche, c'était des infos sur le monde des affaires, la peau de Tamraz en l'occurrence, bien plus que des renseignements sur les groupes terroristes.

Sheila Heslin avait tout de même besoin qu'on lui explique un certain nombre de choses. Elle avait l'air d'ignorer que les dossiers de la Direction des opérations ne contenaient que des rapports de contacts et des câbles relatifs à la gestion des agents. On n'y stockait ni les coupures de presse, ni les preuves contre nos agents, dans l'espoir de pouvoir un jour les faire accuser. Certes, si nous trouvions sur eux des informations contraires à la loi, nous transmettions un rapport au siège et nos preuves à la justice. Mais nous ne cherchions pas automatiquement à les incriminer.

Saisissant le taureau par les cornes, j'appelai Sheila Heslin au téléphone, pour lui expliquer tout cela. Je voulais aussi lui rappeler, comme nous l'avions précisé sur la couverture de notre rapport, que le reste du dossier était archivé et qu'il nous faudrait du temps pour en faire un résumé complet.

Mes explications ne lui firent ni chaud ni froid.

Après quelques grognements impatients, elle me raccrocha au nez.

À Washington, un ennui ne vient jamais seul.

À la fin du mois de mai, Bill [redacted], le directeur adjoint du bureau de New York, passa la tête par ma porte entrouverte :

— Dis-moi, ça vous intéresserait, un homme d'affaires américain qui fait des affaires dans le pétrole de la mer Caspienne ?

Chaque fois qu'un officier traitant proposait de vous refiler un agent, il fallait vous en méfier comme de la peste.

— Personne à New York n'a le temps de s'en occuper, continua-t-il. Et puis cette région-là, c'est trop compliqué pour nous.

Trop compliqué, et pourquoi ? Peut-être le type en question n'était-il disponible que le week-end...

— Dis-moi toujours qui c'est.

— Roger Tamraz.

Surprise. Rien dans le dossier n'indiquait que New York était encore en contact avec lui.

Tout officier de la DO doué d'un tant soit peu de bon sens serait parti en courant. Le terrain était complètement miné : un intermédiaire libanais poursuivi par la justice de son pays, un contrat pétrolier douteux en Transcaucasie, une conseillère du NSC qui nous en voulait à mort, sans parler de mon contentieux avec Tony Lake — on pouvait difficilement imaginer pire. Mais à perdre au jeu, j'étais toujours prêt à doubler la mise.

Je n'avais aucune idée de ce que je ferais de Tamraz, mais le fait que Sheila Heslin le détestait suffisait à me donner envie de le rencontrer. Et comme la DO n'avait aucune source dans le Caucase, ce serait toujours mieux que rien.

— D'accord, lançai-je. Dis-lui de m'appeler à ce numéro.

Je griffonnai sur un bout de papier mon numéro non protégé — celui qui est attribué officiellement à la CIA, et que l'on reconnaît à ses trois premiers chiffres, les autres, ceux des lignes « stériles », étant répertoriés sous de faux noms et de fausses adresses : une agence de gravure en lointaine banlieue, une morgue et autres fantaisies du même genre. Je ne voulais pas que Tamraz s'imagine que nous allions devenir copains.

J'avais vu sa photo dans son dossier et je le reconnus dès qu'il franchit la porte du restaurant *The Four Seasons*. Mince, les cheveux blond roux, lunettes à monture d'écaille et costume bien coupé, il n'avait rien d'un Libanais. Il était suivi d'Ed Pechous, ex-directeur du bureau de New York. Ce dernier avait été l'officier traitant de Tamraz, et il travaillait avec lui depuis son départ en retraite.

M'ayant rapidement identifié de loin, Tamraz traversa la salle comme s'il en était le propriétaire, avec la démarche assurée du banquier new-yorkais qu'il était devenu. Avant même que nous ayons fini les présentations, il murmura quelques mots à l'oreille de Pechous, lui tendit son attaché-case, et lui tourna ostensiblement le dos. Pechous s'éclipsa immédiatement.

Pas mal joué, Roger ! pensai-je. La suffisance naturelle de l'escroc oriental de haut vol qui se payait des barbouzes à la retraite, des agents secrets, des colonels et des ambassadeurs. Beaucoup moins coûteux qu'un jet privé ou un yacht à Miami, et surtout beaucoup plus facile à liquider en cas de problème financier.

Le serveur nous apporta du café et je passai tout de suite aux choses sérieuses :

— Alors, comment s'est passé votre entretien avec Sheila Heslin ?

— À merveille. L'idée du tracé par l'Arménie lui a beaucoup plu.

J'eus par la suite un autre compte rendu de l'entrevue. Elle l'avait purement et simplement mis à la porte de son bureau, après vingt minutes d'un entretien absolument glacial.

Tamraz sortit de son attaché-case une carte du Caucase et de la Turquie, et la tourna vers moi.

— Je vais relier la Caspienne et la Méditerranée par un oléoduc. C'est l'affaire du siècle.

Il traçait du doigt une ligne qui traversait l'Azerbaïdjan, le Haut-Karabakh, l'Arménie et la Turquie.

Il passa une bonne demi-heure à ronronner sur ce qu'il appelait son « oléoduc de la paix ». Je crois qu'il pensait sincèrement que cette histoire réussirait à amener l'Arménie et l'Azerbaïdjan à la table des négociations. Peu lui importaient les leçons de l'Histoire, qui voulaient que dès que la tension montait entre deux pays, la première chose qui mettait le feu aux poudres était justement un projet d'oléoduc.

— J'ai l'impression que tout cela va coûter très cher, risquai-je, pour l'écarter de son sujet et écourter notre entretien. Qui va payer tout ça ?

— Les Chinois.

Il brandit alors une photo de Matt Steckel, le président de Tamraz's Oil Capital Limited, prise au cours de la prétendue cérémonie de signature qui entérinait l'accord de financement des Chinois. Je n'avais que sa parole pour me prouver qu'il ne s'agissait pas du règlement de la faillite de sa boîte.

— Tout cela est très intéressant. Il faudra qu'on en reparle plus en détail. Y a-t-il autre chose que je puisse faire pour vous maintenant ?

Il marqua une petite pause avant de se lancer.

— Effectivement, puisque vous m'en parlez, il faut que je puisse rencontrer le Président.

Tamraz semblait présumer de mes capacités d'influence. Il pensait sans doute que la CIA était une espèce de sésame capable d'ouvrir par magie les portes de tous les politiciens de Washington, y compris celles de la Maison-Blanche. Il avait dû rater dans la presse l'épisode de Bill Clinton envoyant promener ses conseillers de la CIA dès le lendemain de son élection.

— Vous savez, Roger, nous n'avons plus les mêmes entrées qu'autrefois à la Maison-Blanche. Moi-même j'ai bien du mal à obtenir un rendez-vous avec le NSC.

— Que dois-je faire, alors ?

— Eh bien, je crois que les gens comme vous font appel à un *lobbyist*.

Il me demandait visiblement de lui conseiller quelqu'un. Je venais de lire quelque chose dans le *Washington Post* sur Lloyd Cutler, ex-conseiller de Clinton, paraît-il assez bon dans le genre. Je lui donnai son nom.

Tamraz me regarda comme si j'étais une bénédiction tombée du ciel.

— Nous restons en contact, dit-il en me serrant la main, avant de filer vers un autre rendez-vous.

Je devais plus tard apprendre que Tamraz en savait déjà long sur l'art du *lobbying*. En 1994, il avait déjà acheté un droit d'accès au gouvernement de Washington chez Arnell & Hastie, qui se disaient très proches de Ron Brown, le Secrétaire au Commerce. Ce cabinet lui avait en effet obtenu un certain nombre de rendez-vous avec le ministre. Satisfait, Roger leur avait versé un gros acompte pour lui retenir une place dans l'avion de Ron Brown qui devait emmener une délégation commerciale à Moscou. Mais au dernier moment, le ministre avait eu vent du mandat d'arrêt d'Interpol contre Tamraz et avait refusé de l'emmener. Que faire si la Russie honorait le mandat d'arrêt et cueillait le Libanais à l'aéroport ? Et si les Russes s'étaient mis en tête de saisir l'avion qui transportait un escroc recherché par toutes les polices ? Les contrats d'affaires bilatéraux s'en seraient trouvés fort compliqués.

Arnell & Hastie se moquaient bien de savoir si Tamraz pourrait partir ou non. Le billet d'avion n'était ni remboursable ni transférable et ils voulaient être payés intégralement. Ils firent un procès, qu'ils gagnèrent, contre Oil Capital Limited, qui fut condamnée à leur verser 130 000 dollars. Une victoire sans grand effet, d'ailleurs, la société — dont le siège était au Panama — disposant d'exactement 23 cents sur son compte en banque !

Roger Tamraz avait aussi harcelé le Département d'État, avec des succès divers. Au cours de son dernier voyage en Turquie, il avait réussi à provoquer une dispute entre les ambassadeurs américains en Arménie et en Azerbaïdjan, qui s'était envenimée au point que, depuis, les deux diplomates ne s'adressaient plus la parole.

Lorsque je commençai à me renseigner auprès de mes contacts dans l'industrie pétrolière, ils eurent tous la même réaction : « Pourquoi la CIA cherche-t-elle des renseignements sur l'un des siens ? » Je comprenais pourquoi Sheila Heslin était au courant des liens entre Tamraz et nous : il en avait parlé à tous les gens qu'il connaissait.

J'allai voir un homme d'affaires du pétrole qui, sur les marchés douteux, en savait plus long que Tamraz, et ce pour y avoir trempé lui-même encore plus souvent. Sa première remarque me prit au dépourvu :

— Quand on veut parler à la mafia, on s'adresse directement à elle.

Et comme je lui avouais que je ne voyais pas ce qu'il voulait dire :

— Savez-vous comment Tamraz a débuté dans le pétrole ?

— Non...

Son sourire prouvait qu'il était content d'être le premier à me raconter l'histoire. Avant de commencer, il se servit un armagnac bien tassé et se prépara un cigare.

— Tamraz travaillait à l'époque à Beyrouth, pour le compte du cabinet Kidder Peabody, sur la liquidation de l'Intra Bank. En fouillant les coffres de la banque, il a découvert un dossier sur Kamal Adham, l'ancien chef des services secrets d'Arabie Saoudite. Comme ce document avait une valeur cruciale pour le règlement d'un litige en faveur d'Adham, Tamraz l'a immédiatement proposé au Saoudien, qui lui a demandé combien il lui devait. « Rien, a répondu l'autre, mais nous restons en contact. » Quelque temps après, Adham a appelé Tamraz pour lui demander son aide pour la signature d'un contrat avec l'Égypte. Il s'agissait d'un projet d'oléoduc entre la mer Rouge et la Méditerranée, qui impliquait des commissions énormes, et le Saoudien ne voulait pas qu'on y trouve ses empreintes digitales. Tamraz s'est exécuté, l'oléoduc a été construit, et il a empoché sa part tout en se taillant une réputation d'intermédiaire débrouillard. Peu lui importait de n'avoir été que l'instrument d'un tour de passe-passe orchestré par Adham. Il avait tellement bien joué ce coup-là qu'il s'est mis à fureter un peu partout pour en trouver d'autres. Et il n'a pas tardé à trouver, en Italie cette fois.

Mon interlocuteur s'interrompit pour rallumer son cigare et se servir un deuxième armagnac. Puis il reprit :

— Vous souvenez-vous des problèmes d'Amoco en Italie ?

— Allez-y, racontez-moi.

— Alors là vous allez vous régaler. Amoco ne savait plus à quel saint se vouer pour résoudre ses problèmes de main-d'œuvre là-bas. Ils étaient prêts à fermer leurs raffineries italiennes et leurs réseaux de distribution, bref à tout abandonner. En fin limier, Tamraz a flairé là une opportunité que les autres ne voyaient pas. Il a persuadé Kadhafi de racheter tous les équipements italiens. Ayant trouvé l'acheteur, on dit qu'il s'est alors servi des contacts personnels qu'il avait en Sicile pour faciliter l'affaire. Tout a marché comme sur des roulettes. Les problèmes sociaux se sont réglés comme par enchantement et le contrat a été signé. Tamraz a touché 5 % de commission, avec une prime très intéressante ; comme les Libyens estimaient qu'il valait mieux ne pas faire apparaître leur nom sur les enseignes des stations-service, Tamraz leur a prêté le sien. Voilà pourquoi on trouve des stations Tamoil en Europe.

Je pris ensuite rendez-vous avec un négociant en pétrole qui pouvait aussi me renseigner sur mon Libanais.

— Saviez-vous qu'il est l'associé d'Ozer Ciller — le mari de Tansu Ciller, Premier ministre turc ?

Ma réponse était non. Mais je savais que Tamraz avait passé beaucoup de temps en Turquie pour la promotion de son oléoduc arménien, et qu'il avait rencontré au moins une fois Tansu Ciller. Selon notre ambassade à Ankara, les présentations avaient été faites par l'entremise des Loups gris, un groupe d'ultranationalistes turcs.

Quant au mari, on savait qu'il n'avait que de mauvaises fréquentations. Il était lié à Omar Luftu Topal, le baron du trafic de stupéfiants qui allait être tué en 1996 lors d'une guerre des gangs à Istanbul. À l'époque, il faisait l'objet d'un mandat d'arrêt aux États-Unis pour trafic de drogue.

— Et qu'est-ce qu'ils font ensemble, Ozer et Tamraz ?

— Du pétrole. Tamraz paie Ozer, qui lui sert de façade.

En épluchant les dossiers je découvris qu'Oil Capital Limited partageait un bureau au Turkménistan avec une société de Topal qui blanchissait des narcodollars. La société nationale turque d'oléoducs, Botas, avait comme par hasard son bureau dans le même immeuble. Un joli petit arrangement, bien confortable.

Une semaine plus tard, le même négociant me rappelait :

— Je ne peux vous confirmer cette information, ne la prenez donc pas pour argent comptant. J'ai des amis au Turkménistan qui me disent que Tamraz et Ozer étaient associés pour Block I.

Block I était le nom de la concession de Tamraz au Turkménistan — un terrain de grande valeur, les réserves du sous-sol étant estimées à 358 millions de barils de pétrole et 1 000 milliards de mètres cubes de gaz. Les analystes de la CIA s'étaient toujours demandé où Tamraz avait trouvé l'argent pour l'acheter.

— Mais pourquoi Ozer Ciller investirait-il dans le pétrole turkmène ? m'étonnai-je. Cela n'a pas de sens.

— Effectivement, quand on ne comprend pas le monde du pétrole. Ce n'était pas l'argent d'Ozer. Lapis Holding lui servait de façade. Ils ont intégralement payé Block I, y compris une prime à la signature de 30 millions de dollars, qui est sans doute allée directement dans la poche du président turkmène, Saarmurat Niyazov.

— Et pourquoi Lapis a-t-il fait ça ?

— Ce n'était pas leur argent non plus. C'est la TYT, la Banque d'investissement et du tourisme turque, qui a prêté l'argent à Lapis. Ozer et Lapis ont saigné à blanc la banque, qui a fait faillite. Les actifs et les passifs sont passés en profits et pertes. Pour répondre à votre question, ce sont les déposants de la banque qui ont payé Block I.

— Vous en êtes absolument certain ?

— Non, mais c'est ce qu'on m'a dit.

— Alors qui a corrompu qui, dans cette affaire ?

— Pour pouvoir disposer des 30 millions en pots-de-vin pour tout le monde, vous ne croyez pas que Tamraz pouvait y être un peu de sa poche ?

C'était trop beau pour être vrai. Il fallait que je raconte cela à quelqu'un. J'appelai donc Sheila Heslin. Cette fois encore, elle répondit par des grognements et raccrocha sans commentaire. Mais j'appris peu après qu'elle avait pris quelques notes. Voilà ce que cela donnait : « Lundi... Roger Tamraz... pots-de-vin au mari de Ciller... 28 sept... Renseignements : Bob Baer. »

On aurait pu penser que ce travail me vaudrait une décoration. Si Roger Tamraz versait des pots-de-vin à des responsables gouvernementaux, il violait la loi américaine, et cela signifiait qu'elle le tenait. Sans le soutien des États-Unis, il ne réaliserait jamais son projet d'oléoduc en mer Caspienne. Mais j'ignorais que si Sheila Heslin voulait passer la corde au cou de quelqu'un, c'était à moi, pas à Roger Tamraz.

Je découvris une autre combine de Tamraz, terriblement ragoûtante elle aussi — sa possible implication dans une obscure histoire de coup d'État en Azerbaïdjan, avec Ozer Ciller et Omar Topal.

En mars 1995, au moment où il faisait sa tournée en Turquie et en Arménie, le président azerbaïdjanais Heidar Aliyev avait failli être renversé par une insurrection organisée par son ministre de l'Intérieur, Rawshan Javadov. Le coup d'État avait finalement échoué et Javadov avait été tué, vraisemblablement au moment où il tentait de se rendre. Voilà pour les faits dont nous étions certains, du moins dans un premier temps. Mais quelques semaines plus tard, deux officiers de renseignement turcs qui travaillaient en Azerbaïdjan furent arrêtés et torturés pour avoir participé à cette tentative de coup d'État. C'était absurde, car la Turquie soutenait Aliyev. Puis l'on découvrit que les deux officiers avaient peut-être opéré sous les ordres directs de Tansu Ciller, qui les finançait sur une caisse noire. La rumeur courut bientôt que les Loups gris avaient eux aussi été impliqués, ainsi qu'Omar Topal. Comme c'était par leur intermédiaire que Tamraz avait connu Ozer Ciller, et que Tamraz et Topal étaient associés d'affaires, il semblait prudent de nourrir au moins quelques soupçons.

Je fis une dernière tentative pour essayer d'épingler Roger Tamraz. Il m'avait un jour montré avec fierté un fax à l'en-tête d'Avis Capital. Il disait avoir des parts dans cette société basée à Manhattan, qui devait participer au financement de son oléoduc. Je demandai donc à un ami new-yorkais d'aller y faire un tour. L'adresse que j'avais lue sur le fax existait bien — un immeuble ancien de Bowery — mais de la fameuse société, point de trace. Le gardien disait qu'il n'en avait jamais entendu parler, et qu'aucun courrier n'était jamais arrivé à ce nom.

J'avais vu assez d'arnaqueurs étrangers se frayer un chemin jusqu'à Washington pendant l'Irangate pour me rendre compte que si Tamraz réussissait à se faire recevoir à la Maison-Blanche, les retombées risquaient d'être fort désagréables. Surtout pour les seconds couteaux comme moi.

Et pendant ce temps-là, la CIA resserrait tous les boulons.

Lorsque le FBI avait arrêté Rick Ames le 21 février 1994, j'étais à Douchanbe. En voyant sur CNN l'agent double, menottes aux poignets, debout devant sa Jaguar XJ-6 flambant neuve, je m'étais étonné qu'un officier de la CIA puisse posséder une voiture aussi luxueuse. Ceux qui auraient pu s'en offrir dans le passé — les quelques frais émoulus des grandes universités de la côte Est qui avaient combattu avec l'OSS pendant la Seconde Guerre mondiale et qui avaient participé à la fondation de la CIA en 1947 — ne faisaient plus partie du personnel. La Jaguar de Rick Ames devait être la seule dans le parking du siège. Comment la sécurité ne l'avait-elle pas remarquée plus tôt ?

Mais les défaillances de la sécurité ne marquaient que le début de nos souffrances. Rick Ames n'était pas exactement ce qu'on appelle un espion ordinaire. En livrant une douzaine d'agents soviétiques au cours d'un seul déjeuner bien arrosé, il s'était imposé comme l'un des plus grands traîtres de l'Histoire, au même titre que Benedict Arnold[1], les époux Rosenberg[2] ou Kim Phil-

1. Benedict Arnold : officier américain, héros de la guerre d'Indépendance, qui a par la suite livré des renseignements militaires aux Britanniques (*N.d.T.*).

2. Époux Rosenberg : citoyens américains exécutés en 1953 pour avoir livré aux Soviétiques des documents atomiques secrets (*N.d.T.*).

by[1]. Et de même que le MI-6[2] britannique n'arriverait jamais à faire oublier Philby, la CIA traînerait toujours l'affaire Ames derrière elle. Comme Philby, Ames avait livré nos bijoux de la couronne, notre raison d'exister. La seule différence entre les deux hommes était que l'Anglais travaillait pour une cause, tandis que le nôtre n'avait trahi que pour de l'argent.

Quand je rentrai au siège en août 1994, les ravages entraînés par la trahison de Rick Ames étaient déjà visibles. Jim Woolsey, le directeur, était en train de transférer au FBI tout le contre-espionnage, une décision qui devait s'avérer presque aussi destructrice pour l'Agence que l'affaire Ames elle-même. Il est vrai qu'il n'avait guère le choix. Après un tel fiasco, la CIA ne pouvait plus exiger qu'on lui accorde confiance pour faire son propre ménage. Le Congrès talonnait Woolsey de près, et la presse exigeait impitoyablement son dû. Pour apaiser tout le monde et tenter d'expier nos péchés, Woolsey laissait entrer dans la place notre pire ennemi à Washington. Au début de la guerre froide, John Edgar Hoover[3] avait voulu garder sous sa coupe toutes les opérations de sécurité nationale, aux États-Unis comme à l'étranger. On avait l'impression que son fantôme avait enfin eu gain de cause.

Ed Curran, un fonctionnaire du FBI, fut choisi comme exécuteur des hautes œuvres. Dès le premier jour de sa prise de fonction, il nous fit comprendre qu'il avait l'intention de diriger le contre-espionnage comme une unité de commando derrière les lignes ennemies. Il commença par virer tous ceux qui savaient quelque chose, et particulièrement les plus anciens — toute la mémoire de la CIA sur l'espionnage soviétique. Les gens brillants faisaient peur à Curran. À la suite de quoi, pour bien montrer qu'il y avait en ville un nouveau shérif, il rouvrit tous les dossiers de contre-espionnage non

1. Kim Philby : agent double britannique qui travaillait pour le KGB (*N.d.T.*).
2. MI-6 : services anglais de renseignements et d'espionnage (*N.d.T.*).
3. J. Edgar Hoover : patron du FBI de 1924 à sa mort, en 1972 (*N.d.T.*).

résolus. Tous sans exception, que le responsable fût parti à la retraite ou qu'il ait été muté sur un poste sans aucun intérêt. L'idée de Curran était de semer la peur et la paranoïa dans toute la maison. Et le moins qu'on puisse dire, c'est qu'il y parvint.

Rod Smith avait été en fait nommé responsable CIA du contre-espionnage, et donc patron en titre de Curran, qui, en théorie, avait la bride sur le cou. Mais Smith était un ancien juriste qui n'avait passé que six mois sur le terrain en Europe, avant de revenir au siège où il avait laborieusement gravi les échelons bureaucratiques. Il ne connaissait strictement rien à sa nouvelle responsabilité, et en un rien de temps, non seulement Curran n'en fit qu'à sa guise, mais Smith lui obéit comme un mouton. Et Curran n'y allait pas de main morte.

Un employé de la CIA en vacances en Italie ne pouvait pas sympathiser avec le serveur de son hôtel sans être accusé d'entretenir des contacts suspects avec un étranger. Les détecteurs de mensonges reprirent du service. Mortifiés par leur échec avec Rick Ames, qui était sorti indemne des tests au plus fort de son activité, ils mirent les bouchées doubles. La moindre émotion était interprétée comme une forte tension nerveuse, et le test évidemment déclaré mauvais. Curran ne manquait donc pas de cas à traiter, et la chasse aux sorcières battait son plein. Les dossiers étaient passés au peigne fin, et transmis à la police. Après un accord entre Woolsey et le Congrès, le FBI fut officiellement mis à contribution et prit en charge tous les cas suspects. Des braves flics croulaient sous les dossiers, qu'ils s'empressaient de laisser tomber malgré les exhortations de Curran, car ils savaient qu'il leur fallait se concentrer sur d'autres cas, beaucoup plus sérieux. Mais à Langley, le mal était déjà fait. Ceux qui faisaient l'objet d'une enquête du FBI, fondée sur le moindre petit indice, pouvaient dire adieu aux promotions, aux postes à l'étranger et à tout accès aux documents secrets. La cafétéria était pleine de gens qui prenaient leurs repas seuls, comme s'ils étaient marqués du sceau de l'infamie.

Les chiffres parlaient d'eux-mêmes. Fin 1995, plus de 300 personnes étaient soupçonnées. Beaucoup d'autres vivaient dans la terreur de devenir les victimes innocentes de ce jeu de massacre. Arrivant comme de rien un matin au bureau, vous pouviez vous retrouver coffré le soir même dans un des lieux sûrs du FBI. Tout le monde avait un ami ou un collègue au purgatoire.

Louis Freeh, le chef du FBI, était aux anges. Il était en train de démanteler la CIA, de la dépecer morceau par morceau, sous l'œil complaisant de la presse qui faisait de lui un Monsieur Propre venu faire un grand nettoyage chez les ivrognes qui roulaient en Jaguar. Le Congrès lui votait automatiquement les budgets qu'il demandait. Il se mit à embaucher à tour de bras, mais comme la manne pleuvait encore, il ouvrit à l'étranger des antennes qui devaient remplacer un jour les nôtres. Comme il avait un sens aigu de l'ironie, il fit même revenir, pour le conseiller sur la localisation de ces bureaux, un ex-officier de la CIA que Woolsey avait viré lors de la débâcle de l'immédiat après-Ames.

C'était à la même époque que, de son côté, Robert Hanssen livrait à la pelle les secrets du FBI.

Je ne pus évidemment pas échapper au zèle de Curran. Par une belle matinée, assis tranquillement à mon bureau, je parcourais mon courrier lorsque je vis entrer en trombe l'officier de sécurité de la division, accompagné d'un jeune limier du contre-espionnage. Ils avaient tous les deux le même air surexcité et prirent bien soin de claquer la porte derrière eux pour marquer le sérieux de leur visite.

— Comment se fait-il que vous soyez encore en contact avec des Russes de Douchanbe ? me demanda *ex abrupto* l'officier de sécurité.

Je le voyais venir de loin. La vieille tactique d'interrogatoire qui consistait à accuser d'emblée pour déstabiliser le suspect et lui arracher des aveux. On appelait cela un processus d'accusation.

Je le regardai d'un air ahuri.

Voyant que sa méthode ne marchait pas, il mentionna le nom d'une femme russe que j'avais connue là-bas, et qui m'avait présenté à ses compatriotes venus faire du ski au Tadjikistan. Je n'avais plus aucun contact avec elle depuis que j'avais quitté le pays.

— Nous allons être obligés de vous travailler là-dessus, déclara le petit fasciste, de son ton le plus menaçant.

Avec ses bottes de cow-boy en peau de serpent, il était visiblement venu semer la terreur chez les bureaucrates de Washington. Et il ajouta :

— Nous sommes prêts à employer la méthode dure...

Deux passages en six mois par le détecteur de mensonges, le rythme me paraissait excessif, mais je n'avais guère le choix si je voulais continuer à gagner ma vie dans cette maison.

Deux heures plus tard, je croisai dans un couloir l'officier de sécurité et lui demandai de bien vouloir m'éclairer sur les raisons de cet interrogatoire absurde. Je le connaissais depuis longtemps et nous nous entendions assez bien. Il me livra le fin mot de l'affaire : [redacted], mon collègue de Tachkent [1], s'était mis dans la tête de surfer sur la vague du contre-espionnage pour obtenir une promotion. Il avait ramassé une rumeur qui traînait là-bas sur la femme russe et moi, l'avait habillée comme il fallait, et l'avait envoyée ici par câble ultra-secret. Exactement le genre de procédé que Curran adorait.

Le seul passage amusant de l'affaire — et il fallait savoir rire jaune —, ce fut lorsque je dus remplir le questionnaire préalable au test. À la question qui demandait si j'avais eu des problèmes avec la loi américaine depuis le test précédent, je répondis bien proprement au crayon noir : *Oui, j'ai fait l'objet d'une enquête du FBI pour tentative de meurtre.*

---

1. Tachkent : capitale de l'Ouzbékistan (*N.d.T.*).

Tout se passa à merveille. J'eus droit au plus vieux spécialiste de tout le service, qui en avait vu de toutes les couleurs. Il maîtrisait parfaitement les règles du jeu, et distinguait d'emblée une vraie taupe d'un recruteur hors pair. Le test ne dura même pas une heure.

Mes collègues n'eurent pas tous la même chance que moi. Beaucoup d'entre eux tombèrent sur des débutants qu'on était allé chercher Dieu sait où, de jeunes imbéciles pour qui tous les étrangers étaient des communistes.

Comme il fallait s'y attendre, la purge de Curran ne fit que renforcer la prudence de la CIA. Les gens n'évitaient plus seulement les rencontres avec les étrangers pendant leurs vacances, mais aussi dans le cadre de leur travail.

Les résultats s'en faisaient sentir partout. Nous n'avions plus la moindre antenne dans aucun des huit pays que j'étais censé couvrir. Personne n'échangeait plus avec personne. Pas une seule AOP pour de nouveaux agents, pas un seul rapport de contact. Au Groupe Sud, nous étions bien contents quand nous recevions un câble administratif de l'un des postes aux frontières de notre zone. Et les autres groupes de la division Asie centrale étaient tout aussi mal en point. Aux réunions quotidiennes de chefs de groupe, on discutait budgets, projections, détachements et mutations, échéances pour la paperasse — jamais recherche de sources.

Pendant ce temps, dans tout le monde musulman, les vieilles rancunes refaisaient surface et les islamistes recrutaient à tour de bras avec pour objectif numéro un la destruction de l'Occident des Infidèles. Mais l'Agence n'avait plus personne sur place pour faire remonter l'information.

La nomination de Dave Cohen à la tête de la Direction des opérations n'arrangea en rien cette situation. Notre nouveau directeur était un bureaucrate type. Il ne connaissait absolument rien aux opérations de terrain, n'avait jamais rencontré ni recruté d'agent, et n'avait apparemment aucune idée de ce que pouvait être un *access agent*. Une de ses premières décisions consista à les virer tous, un par un. Je me souvenais de celui qui, à Madras, m'avait fait entrer en contact avec Mouhammad, l'officier arabe en mission auprès de la police indienne, et de ceux de Beyrouth qui avaient remonté les réseaux de Moughniyah. Je me disais que Cohen ne m'aurait jamais autorisé à les faire travailler.

Toujours dans le même esprit d'inefficacité, les bureaucrates de Washington se virent proposer par la DO des postes de terrain. Cohen entreprit de confier des fonctions de chef-[redacted] comme celui de Riyad, de Tel-Aviv ou de Nairobi, à des gens qui n'étaient absolument pas compétents. La seule qualification du directeur de poste de Riyad était d'avoir travaillé comme conseiller de George Tenet au NSC. Malgré mes protestations, le Groupe Sud fut victime des mêmes aberrations. Celui qui me remplaça à Douchanbe n'était pas officier traitant, et ma secrétaire de groupe à la langue de vipère décrocha un poste important dans un autre pays de la Caspienne. Elle avait beau être très maligne, elle n'était jamais allée sur le terrain et n'avait jamais travaillé avec des agents.

La veille de son départ, elle passa la tête par ma porte entrouverte, pour me dire au revoir :

— Je te signale, Bob, que je ne vais pas là-bas pour recruter. Ce n'est pas mon boulot.

En voilà une qui avait bien saisi la nouvelle doctrine selon laquelle les chefs de poste ne s'occupaient pas des agents, mais n'étaient là que comme « représentants de la CIA ». On marchait sur la tête. Comme si un flic de quartier refusait d'arrêter un malfaiteur sous prétexte que sa tâche était désormais de « représenter » la police.

Cohen lui-même fut remplacé par un retraité. Et, quant au successeur de ce dernier, il n'avait pas travaillé à l'étranger depuis plus de dix ans. Et encore, dans un bled d'Allemagne sans intérêt pour la CIA. Si l'Agence s'intéressait encore aux opérations de terrain, le comportement de ses responsables tendait plutôt à prouver le contraire.

En matière de renseignement, les effets de la nouvelle politique furent bien entendu catastrophiques. Je fis moi-même ma petite enquête personnelle. Depuis 1986, tous les rapports de source directe — c'est-à-dire émanant de personnes en chair et en os — étaient informatisés et regroupés sur un seul serveur auquel je m'étais arrangé pour avoir accès. Je commençai par y chercher tout ce qu'on y trouvait sur les Pasdarans, les Gardiens de la révolution iraniens. Vers la fin des années 80, le dossier commençait à s'amenuiser. Et en 1995, il ne contenait plus un seul rapport. Or le gouvernement américain aurait dû se montrer plus que jamais attentif aux activités des Pasdarans, qui en 1996 avaient fomenté l'attentat contre la caserne américaine d'El-Khobar[1] en Arabie Saoudite.

Je mis également mon nez dans les dossiers concernant la famille royale saoudienne.

[redacted]

1. Le 13 novembre 1995, une voiture piégée explosait devant un bâtiment abritant des conseillers militaires de la garde nationale saoudienne à Riyad, faisant 7 morts, dont 5 Américains, et une soixantaine de blessés (*N.d.T.*).

J'avais vu lancer les mêmes écrans de fumée chez les gens du siège qui s'occupaient de l'Irak. Sur un total de 35 personnes, on comptait 4 officiers mal notés, autant d'alcooliques et une dizaine de retraités réembauchés sous contrat. Quant aux autres, ils ne se préoccupaient guère de savoir ce que nous avions comme sources sur place. Le Congrès versait à la CIA des millions de dollars pour l'Irak, mais ces largesses ne servaient pas beaucoup à recruter des agents.

En revanche la direction ne mesurait pas ses subsides à certains employés privilégiés. Ainsi, une conseillère américaine en poste à Londres touchait un salaire supérieur à ceux du directeur de la CIA et du Président des États-Unis réunis. Elle bénéficiait en permanence d'un billet *open* en première classe sur les vols transatlantiques, et avait loué l'espace de bureaux le plus cher de Londres. Au cours d'une inspection, la CIA s'aperçut qu'elle le sous-louait. J'ai calculé qu'elle avait ainsi détourné un million de dollars, et son cas n'était pas unique. J'en connaissais une vingtaine d'autres semblables.

Soit dit en passant, la responsable à Langley de cette gabegie ahurissante démissionna de la CIA un vendredi pour aller travailler dès le lundi suivant dans la même boîte que la fille de Londres. L'Inspection générale des services découvrit alors avec horreur qu'elle avait fait passer deux autres contrats tout aussi juteux au bénéfice de la société en question, pour laquelle elle travaillait désormais. Mais la CIA estima qu'il serait trop dommageable pour son image d'en référer au ministère de la Justice et, aujourd'hui encore, la conseillère londonienne continue sans problème à pomper l'argent du Congrès.

Mais la maison ne laissait pas filer que l'argent. En 1997, les autorités britanniques découvrirent que mon ancien ami irakien Ahmad Chalabi louait son appartement londonien au docteur Sa'd El-Fakih, dissident saoudien et grand ami d'Oussama Ben Laden. Ce dissident avait pour tout programme de renverser la famille régnante en Arabie Saoudite et de chasser la Grande-

Bretagne et les États-Unis du Proche-Orient. Chalabi avait sans doute de bonnes raisons pour nous tourner le dos — nous l'avions abandonné au moment où il avait besoin de nous. Mais je trouvais déchirant de voir des gens qui avaient cherché à devenir nos alliés se mettre à faire cause commune avec nos ennemis.

Et le Proche-Orient n'était pas la seule région où la CIA semblait avoir jeté l'éponge. En 1996, un de nos chefs de poste en Asie centrale nous proposa un jour de mettre en place des installations destinées à surveiller un site chinois d'essais d'armes nucléaires, à Lob Nor. L'endroit choisi par notre correspondant était idéalement situé, au fond d'une vallée qui constituait un corridor où seraient canalisées les ondes et les données électroniques des explosions expérimentales. Au même moment, notre ministère de l'Énergie était informé que les Chinois étaient en train de procéder à des essais de têtes nucléaires miniaturisées. Mais on ne pouvait pas vérifier ces renseignements car les essais étaient réalisés à des puissances inférieures au seuil de nos capacités de réception. Le nouveau site d'observation était censé remédier à cette lacune.

— Je suis désolée, mais le NSC a refusé le projet, nous annonça Peggy [redacted], la responsable des opérations en Chine. Ils ne veulent pas prendre le risque d'agacer les Chinois en collectant des informations à partir de l' Asie centrale.

On finit par trouver un compromis : installer sur le toit d'une de nos ambassades un « renifleur », lequel, situé beaucoup trop loin de Lob Nor, ne captait absolument rien. Il faut savoir dans quel contexte cette décision fut prise. Un responsable chinois nous avait envoyé par courrier express un document qui semblait être une description par le gouvernement de Pékin du W-88, la plus sophistiquée de nos têtes nucléaires miniaturisées. Les Chinois se livraient-ils à des essais sur une imitation du W-88 ? Pour le savoir, il ne nous restait plus qu'à attendre de recevoir, un jour, une autre carte postale de là-bas.

Mais le pire de tout était que la CIA donnait l'impression de ne plus se soucier de ses propres hommes, et en particulier de ceux qui prenaient le plus de risques. Je ne supportais plus Washington, et au printemps 1996 je me portai volontaire pour une mission anti-terroriste à Sarajevo. Il s'agissait d'aller évaluer la présence du renseignement iranien en Bosnie. J'avais 6 personnes sous mes ordres, dont un couple qui travaillait dans la même équipe de surveillance. Comme les étrangers se faisaient remarquer en ville, je leur conseillai d'habiter à l'extérieur et de faire en voiture le trajet qui les séparait de leur poste. Au volant d'un véhicule muni de plaques de l'armée, ils ne risquaient pas grand-chose. Mais pendant une semaine, la voiture fut requise pour une autre mission et on leur donna en échange une petite Volkswagen avec une immatriculation locale. Ils rentraient chez eux un soir quand une voiture leur fit une queue de poisson pour essayer de les envoyer dans le fossé. Ils réagirent comme on leur avait appris à le faire. La femme s'aperçut la première que le conducteur était armé, et se mit à crier. Surpris, son mari fit une embardée et réussit à contourner la voiture. Il fut balayé au passage par une rafale d'arme automatique, et sa femme fut touchée dans le dos. Ils survécurent tous les deux à leurs blessures, mais le plus dur fut la réaction bureaucratique de Washington.

— Ils auraient dû abandonner la voiture, décréta la responsable du siège pour la Bosnie. C'est ce que nous aurions fait en Amérique du Sud.

On croyait rêver. Je savais que cette pantouflarde n'avait passé que deux ans à accomplir des tâches purement administratives dans un petit poste bien tranquille. Qui plus est, elle ne savait rien sur la Bosnie. Elle ne parlait pas la langue et elle avait même refusé d'aller y faire un tour de reconnaissance. Je lui aurais pardonné si elle n'avait pas proposé de faire passer le couple devant le Comité d'évaluation du personnel, en forme de remontrance pour ne pas avoir laissé la Volkswagen sur le bord de la route. Allez vous étonner ensuite qu'un QG peuplé de si piètres officiers ait été incapable de localiser l'ambassade de Chine à Belgrade, sur laquelle un missile américain a été lâché « par erreur » en 1999.

20

Le lobby du pétrole. 1996. Washington DC

À force d'écouter Roger Tamraz m'expliquer comment il allait s'enrichir rapidement, je finis par comprendre pourquoi la CIA avait si longtemps maintenu ses relations avec lui. On pouvait, par son intermédiaire, contacter n'importe qui, n'importe où. Son carnet d'adresses devait être gros comme l'annuaire téléphonique de New York.

Il me rappela très tôt un matin, encore plus exubérant que d'habitude ; il avait dîné la veille chez le sénateur Ted Kennedy avec Al Gore.

— J'ai vendu mon idée d'oléoduc au Vice-président. Merci de m'avoir recommandé Lloyd Cutler !

Ce qu'il ne me dit pas, et que je découvris plus tard, c'est qu'en plus de Lloyd Cutler, il s'était payé les services de Victoria Kennedy, la femme du sénateur. Elle était censée l'aider à récupérer l'argent qu'il avait perdu au Liban. Le chèque de Tamraz avait dû, pour commencer, régler la facture du dîner.

Notre ancien — et probablement toujours actuel — escroc international était ravi de ses nouvelles relations. Et il semblait être devenu soudain très copain avec Bill Clinton, qui avait selon lui déjà appelé Aliyev, son homologue azerbaïdjanais, pour insister sur la nécessité de « tracés multiples » pour les oléoducs. J'étais certain que

Clinton serait beaucoup plus favorable à un itinéraire passant par la Turquie que par l'Arménie. Amoco et BP, partenaires dans la Caspienne, arrosaient abondamment leurs lobbyistes pour qu'ils persuadent la Maison-Blanche de soutenir l'option turque, de Bakou à Ceyhan[1].

Lloyd Cutler aurait tout de même pu dire à Tamraz que la décision était quasiment prise. Mais ce dernier n'était pas homme à accepter une défaite sans se battre, ni à se laisser intimider par une paire de géants du pétrole. Et d'ailleurs, les gens d'Amoco n'étaient-ils pas venus lui demander de les aider à résoudre leur problème en Italie ?

— Le *lobbying*, ça vaut vraiment le coup, répéta-t-il avant de raccrocher.

J'appris par la suite que Clinton avait effectivement téléphoné à Aliyev, et que le contenu de cette communication avait été largement dicté par Sheila Heslin. Mais même sans les connaître avec précision, j'étais convaincu que les motivations de Clinton n'allaient pas forcément dans le sens des intérêts de Tamraz.

Les rapports entre la Maison-Blanche et le NSC n'allaient pas tarder à s'éclaircir pour moi. Il fallait pour cela que je fasse le voyage jusqu'en Azerbaïdjan.

Le crépuscule baignait de rose les montagnes du Caucase quand l'avion d'affaires Gulfstream amorça sa descente sur Bakou. Quelques minutes après, l'appareil roulait sur la piste en direction d'une sinistre aérogare en construction, qui faisait penser à un décor de *Star Wars* à demi démoli.

Après un trajet en taxi assez ébouriffant, et un dîner servi dans un restaurant d'État, une interminable attente commença. Vers minuit, au moment où nous avions décidé d'aller nous coucher, un chauffeur de la

1. Ceyhan : ville du sud-est de la Turquie (*N.d.T.*).

Présidence vint nous chercher pour nous conduire à l'entretien promis.

Aliyev était l'un des seuls dirigeants soviétiques restés au pouvoir après l'effondrement de l'URSS. Ancien membre du Politburo du Parti et président du KGB, il aurait eu de bonnes chances d'accéder aux plus hautes fonctions si l'Union soviétique n'avait pas implosé. Il lui avait fallu se contenter de l'Azerbaïdjan, une petite république arriérée, mais assise sur d'immenses réserves de pétrole et bénéficiant d'une position stratégique sur la côte occidentale de la mer Caspienne. Aliyev avait bien l'intention d'exploiter ce potentiel au maximum. Sans pour autant prendre le chemin de la démocratie, il ouvrait largement ses richesses aux investisseurs étrangers, et en particulier aux grosses compagnies pétrolières américaines.

Il avait signé le 20 septembre 1994 un premier contrat accordant des droits de forage dans ses réserves offshore aux pétroliers Amoco, Pennzoil, Unocal, Ramco, Statoil, Delta et BP. Toutes ces compagnies étaient regroupées dans un consortium international d'exploitation, l'AIOC. Avec des réserves exploitables de près de 4,5 milliards de barils, et une production de pointe estimée à 700 000 barils par jour en 2001, la concession de l'AIOC rivalisait avec certains gros gisements d'Arabie Saoudite. Les services de communication des sociétés membres parlaient de « l'affaire du siècle ». En plus des liquidités dont il avait grand besoin, Aliyev voyait dans ce contrat un moyen de s'assurer le soutien politique des États-Unis et de la Grande-Bretagne, alors que son pays excitait la convoitise de voisins puissants, notamment la Russie au nord et l'Iran au sud.

Il était plus de 1 heure du matin lorsque nous fûmes admis dans le bureau très soviétique du Président. Aussi à l'aise avec les étrangers qu'il l'était dans les arcanes de la politique, il fit le tour de la pièce pour serrer toutes les mains avec une grande amabilité, et un tonus remarquable chez un homme de plus de soixante-dix ans.

Aliyev attaqua la conversation par le récit interminable du coup d'État manqué de mars 1995, dans lequel la CIA soupçonnait Mme Ciller, Premier ministre turc, d'avoir joué un rôle indirect. D'après lui, tous ses voisins étaient impliqués, des Russes aux Turcs. Il évoqua les noms de dissidents azéris vivant aux États-Unis. Je pris quelques notes au début. Vite lassé par une accumulation de détails de plus en plus insignifiants, j'étais au bord de l'assoupissement lorsqu'il aborda, avec une pointe de colère dans la voix, la question d'Exxon et de l'Iran.

— Vous savez, messieurs, je suis tout à fait prêt à aider les États-Unis, à condition que, de leur côté, ils respectent les termes de notre contrat.

Il balaya la pièce du regard et, devant notre perplexité, décida de s'expliquer.

En mars 1995, il avait reçu un coup de téléphone de Joan Spiro, la Sous-Secrétaire d'État aux Affaires économiques du Département d'État, qui disait parler au nom du ministre Warren Christopher[1]. Elle l'avait menacé en termes très clairs. Si l'Azerbaïdjan voulait maintenir de bonnes relations avec les États-Unis, il devait concéder 5 % de son pétrole à Exxon. Aliyev avait objecté que ce changement de la donne provoquerait de violentes réactions en Iran, mais Joan Spiro avait écarté le problème : « Ne vous inquiétez pas, nous vous aiderons ! » Ce premier appel téléphonique avait été immédiatement relayé par celui de Bill White, Secrétaire adjoint à l'Énergie, qui avait renouvelé l'exigence formulée par Joan Spiro. À la mention de l'obstacle iranien, White avait rétorqué : « Nous nous en chargerons. Mais arrangez-vous pour qu'Exxon obtienne ses 5 %. »

— Maintenant qu'Exxon a sa part, que comptez-vous faire avec les Iraniens ? nous demanda Aliyev. Je partage avec eux une frontière très étendue et très poreuse...

Comment ne pas en conclure que l'administration

1. Warren Christopher : Secrétaire d'État (ministre des Affaires étrangères) de Bill Clinton (*N.d.T.*).

Clinton travaillait pour Exxon ? Et comment avais-je pu être assez naïf pour croire que le rôle de la Maison-Blanche était de soutenir toutes les entreprises américaines, et non pas telle ou telle en particulier ? D'autant que d'autres sociétés, et notamment Mobil, auraient été ravies d'obtenir le même pourcentage en mer Caspienne, qu'elles auraient probablement payé plus cher.

Lorsqu'on apprit par la presse qu'au moment de sa nomination à la tête du NSC, Tony Lake détenait avec sa femme — et contrairement à la règle — 304 000 dollars d'actions pétrolières, je ne pus m'empêcher de le soupçonner d'avoir été pour quelque chose dans les coups de fil de Joan Spiro et de Bob White. Dans ce cas, l'ambiance conjugale devait être à couper au couteau chez les Lake. Il était actionnaire d'Exxon et sa femme de Mobil.

Mais le scandale était bien plus profond. Ce fut à cette époque-là que le Soudan, lassé d'héberger Oussama Ben Laden, vint nous l'offrir comme sur un plateau. Si la Maison-Blanche et le NSC avaient passé moins de temps à se préoccuper des performances financières d'Exxon, de Mobil et d'Amoco, ils auraient peut-être pu éviter de laisser échapper un personnage aussi dangereux, qui devait reformer son réseau terroriste en Afghanistan. Un peu plus de sagacité nous aurait probablement épargné bien des malheurs par la suite.

Le lobby du pétrole était omniprésent à Washington. Jim Giffen était Monsieur Kazakhstan. Si l'on voulait obtenir une concession pétrolière là-bas, c'était lui qu'on allait voir, parce que Mercator Corporation, son cabinet de consultants, détenait les clés du pays. Et si l'on voulait se défaire d'une concession au Kazakhstan parce qu'on s'y était fait arnaquer, c'était toujours à lui qu'on s'adressait. Il récoltait et distribuait les commissions en toute discrétion, pourvu qu'il ait son chèque.

Mais les compétences de Giffen allaient beaucoup plus loin que les affaires pétrolières. Il était *de facto* l'ambassadeur du Kazakhstan. Lorsque le Président Nazarbayev voulut venir en visite à Washington, il ne passa pas par Beth Jones, notre ambassadrice en poste à Alma Ata[1], mais par Giffen, dont le bureau de New York s'occupa de tout — voyage, rencontres, sécurité. Ce fut également lui qui prit en charge tout l'aspect juridique et le *lobbying* de la visite, par l'intermédiaire de son cabinet d'avocats, Shearman & Sterling, auquel Nazarbayev n'eut qu'à signer un chèque de plusieurs millions de dollars.

Le contact privilégié de Giffen à Washington était Toby Trister Gati, une haut fonctionnaire qui dirigeait le Bureau de renseignement et de recherche du Département d'État. Dès qu'il était question du Kazakhstan, elle n'appelait plus ni son propre bureau ni la CIA, mais s'adressait directement à Giffen, chez qui elle trouvait tout ce qu'elle voulait. Par exemple, lorsque la CIA s'aperçut que Nazarbayev vendait à la Corée du Nord et à l'Iran des armes sophistiquées — comme le S-300, l'une des armes défensives sol-air russes les plus avancées — un ou deux coups de fil de Toby Gati à Giffen suffirent à régler discrètement le problème — et grâce à la coopération internationale, les Coréens et les Iraniens trouvèrent rapidement un autre fournisseur. Tout cela était extrêmement convivial, chacun en sortait gagnant. Seul bémol, un beau jour, Beth Jones découvrit que Toby Gati avait montré à Giffen un rapport top secret de la CIA sur la corruption au Kazakhstan. Même ses fonctions officieuses d'ambassadeur ne justifiaient pas qu'il ait accès à ce type de documents. Après quelques échanges de câbles déplaisants avec l'ambassadrice, le Département d'État finit par laisser tomber l'affaire. Toby Gati était protégée par sa fonction et mieux valait éviter d'éventuelles complications.

Pour ma part, je compris à quel point Toby Gati était

1. Alma Alta : capitale du Kazakhstan, aujourd'hui Almaty (*N.d.T.*).

impliquée dans les contrats pétroliers lorsque le NSC me convoqua en décembre 1996 pour un entretien urgent. Dans la majestueuse salle de conférence, toute la nomenklatura habituelle était présente : Coit Blacker, patron de Sheila Heslin ; Rand Beers, chef du renseignement du NSC ; Jennifer Sims, assistante de Toby Gati au Département d'État, épouse du doyen de l'Institut des affaires étrangères de l'université de Georgetown ; plus quelques figurants du Pentagone et du Département d'État.

Jennifer Sims alla droit au but. Il fallait absolument que nous procurions à Edouard Chevardnadze, le président de la Géorgie, un système anti-missiles Matador, qui permettait de détecter les missiles et les systèmes d'acquisition radar, pour protéger ses avions et ses hélicoptères. Chevardnadze était le seul dirigeant du Caucase à s'être engagé pour le grand oléoduc, et les États-Unis ne pouvaient pas se permettre de perdre un tel allié.

Je me souviens avoir pensé que, puisque ce projet était si important pour eux, les groupes pétroliers pourraient peut-être régler eux-mêmes la facture. Mais je continuai à prendre sagement des notes, jusqu'à ce que Jennifer Sims lâche sa bombe. Il revenait à la CIA d'assurer le financement du Matador. Je crus d'abord que je m'étais assoupi et que je rêvais. Comment le Département d'État avait-il déjà pu oublier qu'après l'assassinat de Fred Woodruff aux abords de Tiflis [1], Chevardnadze s'était arrangé pour faire étouffer l'enquête ? Et on demandait maintenant à la CIA de le récompenser de sa complicité de meurtre en lui faisant un cadeau de plus de deux millions de dollars pour sa sécurité ? Tout cela pour que Mobil, Amoco et Exxon puissent s'assurer des réserves dans leurs bilans financiers ?

J'étais sûr au moins de pouvoir enfoncer un clou.

— Impossible ! lançai-je, sans laisser à Jennifer Sims le temps de terminer son exposé.

Tous les regards se tournèrent vers moi.

— Quel est le problème, Bob ? demanda Beers qui s'attendait visiblement au pire.

1. Tiflis : ou Tbilissi, capitale de la Géorgie (*N.d.T.*).

— Mme Sims propose d'offrir un Matador à un assassin.

Bouche bée, Blacker se passa la main dans les cheveux d'un geste nerveux. Je crus un instant qu'il allait se précipiter vers moi pour m'étrangler.

— Désolé, Bob, mais je ne vois pas où vous voulez en venir.

— Le chef de la sécurité de Chevardnadze, celui auquel justement vous pensez confier l'utilisation du Matador, est un assassin. Nous possédons une vidéo où on le voit tirer dans la nuque de 6 prisonniers menottés. Ce n'est pas très joli à regarder, mais je me ferai un plaisir d'aller vous la chercher. Chevardnadze bafoue allègrement les droits de l'homme. Je regrette beaucoup, mais il n'est pas question que la CIA finance sa protection aérienne.

Je n'inventais rien. Nous avions bien cette cassette à Langley. Personne ne demanda à la voir, mais je n'entendis plus jamais parler du Matador pour la Géorgie.

Toutes ces petites manigances ne faisaient qu'aiguiser ma curiosité sur les rapports entre le NSC et le *lobby* pétrolier. J'entrepris de fureter un peu partout dans Washington pour en savoir plus. Il semble que le rôle de Sheila Heslin se soit limité à celui de porteuse d'eau pour un club très fermé, le Foreign Oil Companies Group, qui servait de couverture à un cartel de grosses compagnies pétrolières ayant des intérêts en mer Caspienne. C'était ce même club qui avait cherché à descendre Roger Tamraz. Le Libanais n'était pas le seul à les gêner, mais ils le détestaient tout particulièrement parce qu'il réagissait toujours beaucoup plus vite qu'eux. Il avait le chic pour arriver le premier sur les meilleures concessions, dans le but de les revendre ensuite avec un énorme bénéfice, ce qui faisait grimper les coûts d'exploitation des grands groupes qui passaient derrière lui. Le club en question citait comme preuve l'achat de

Block I au Turkménistan, dans lequel Tamraz n'avait pas investi un seul dollar. Son seul objectif était de faire la culbute dans l'opération. Les gros pétroliers ne détestaient rien tant que d'engraisser des intermédiaires quand ils auraient pu l'éviter.

Autre chose intéressante que j'appris sur Sheila Heslin, elle ne travaillait pas en solo. Son patron, Sandy Berger, numéro deux du NSC, dirigeait également une commission sur la mer Caspienne réunissant plusieurs agences gouvernementales. Ce qui faisait de lui l'ambassadeur idéal du gouvernement auprès du cartel. Avec un portefeuille de 90 000 dollars d'actions Amoco, il n'était d'ailleurs pas vraiment désintéressé. C'était probablement le membre le plus influent du cartel, et celui qui devait le plus se méfier de Tamraz. Un deuxième gros consortium, dirigé celui-là par Chevron, avait perdu beaucoup de temps et d'argent à se débarrasser d'un autre trouble-fête nommé John Deuss, pour un contrat similaire dans la région. Personne n'avait l'intention de laisser Tamraz mener la danse cette fois-ci.

Plus je me renseignais, plus je découvrais que l'argent du pétrole de la mer Caspienne éclaboussait tout Washington. Les télécopieurs des ambassades de la région étaient saturés de courrier émanant de cabinets d'avocats et de lobbyistes qui vendaient des droits d'entrée à la Maison-Blanche. Le plus agressif était probablement Hogan & Hartson, l'ancienne société de Berger, qui garantissait ces entrées noir sur blanc. Il n'y avait qu'à demander, il y en aurait pour tout le monde. De son côté, le Turkménistan avait opté pour la filière israélienne, mise en place par le cabinet Merhav, qui entretenait d'étroites relations avec la commission sur les affaires israélo-américaines.

Une donnée en tout cas était bien claire. Que l'on soit compagnie pétrolière ou pays producteur, si l'on voulait obtenir quelque chose du gouvernement, mieux valait être prêt à payer.

Sans se laisser intimider, Roger Tamraz était en train de donner un coup d'accélérateur à sa campagne de *lobbying*. Il m'appela au bureau deux jours après mon retour d'Azerbaïdjan.

— J'ai donné vos coordonnées à Don Fowler, me dit-il sans autre préambule. Il va vous appeler. Je lui ai parlé de vous et de notre projet.

Je restai un instant sans voix.

— À qui ?

— À Don Fowler, le président du Parti démocrate. Il est de notre côté.

— Et vous lui avez donné le numéro de téléphone sur lequel vous m'appelez ?

Tamraz ne voyait pas du tout où était le problème, mais cela ne m'étonnait pas de lui. Moi, j'en voyais un, gros comme une montagne. C'était le numéro qui m'identifiait comme CIA, et l'histoire de Washington avait depuis longtemps prouvé que les partis politiques et les services de renseignements formaient un mélange détonant. Je trouvai moyen d'écourter la conversation pour appeler Fowler le plus vite possible. Il n'était pas à son bureau, mais je laissai un message lui demandant de m'appeler à l'autre numéro (celui de ma couverture), en espérant qu'il oublierait le premier.

Au début de l'après-midi, il me rappela sur mon téléphone CIA.

— Ici Don Fowler. (J'entendais des haut-parleurs. Il devait m'appeler d'une cabine d'aéroport.) Je suis un ami de Roger. Il me dit que vous êtes en train de rédiger un rapport sur lui pour le NSC.

J'avais en effet parlé à Tamraz de notre correspondance avec Sheila Heslin. Si la CIA communiquait au NSC le contenu de mes conversations avec Tamraz, qu'elle s'était engagée à garder secrètes, le moins que je pouvais faire était de tenir au courant l'intéressé. C'était lui qui risquait le plus gros dans l'affaire.

— Dites-moi, mon vieux, il me faudrait une copie de ce rapport, pour le Président. Il faut qu'il soit au courant de tout ce que Tamraz a fait dans ce pays. Faites-moi savoir quand je peux envoyer quelqu'un la chercher.

Il fallait réfléchir très vite. Je pouvais nier que je connaissais Tamraz, mais était-il prudent de mentir à un proche du Président ? Je pouvais aussi prétendre qu'il n'y avait pas de rapport, c'était déjà mieux. Mais je trouvai un meilleur moyen de m'en sortir.

— Je ne peux pas vous parler de ce que Tamraz a fait ou n'a pas fait ici. Et s'il existe un rapport, comme il le prétend, il doit être à la Maison-Blanche. C'est là que vous le trouverez.

J'étais fier de moi. J'avais réussi à noyer le poisson en servant à Fowler un bel exemple de langue de bois bureaucratique. Quant au rapport, c'était à Sheila Heslin de le lui refuser.

Fowler avait raccroché, visiblement très contrarié.

La partie commençait à se corser. Fowler savait qu'il avait appelé la CIA et moi, je savais qu'il avait besoin de mon aide pour venir à bout de la vindicte du NSC contre mon Libanais. C'était exactement ce que m'avait demandé Tamraz dès le début, et j'étais certain que c'était aussi ce qu'il souhaitait obtenir de Fowler.

Je sentais surtout qu'un coup de téléphone du président du Parti démocrate à un second couteau de la CIA menacé de toutes parts laissait présager une catastrophe de taille. Je confiai mes inquiétudes à un de mes amis du FBI pour lui demander son avis. Après un sifflement admiratif, il me dicta clairement la conduite à suivre :

— Alors maintenant, tu vas te dépêcher de répandre ton histoire à tous vents dans la CIA. Parles-en à un maximum de gens. Garde toutes les traces possibles de tout ce que tu as trouvé, de tous les entretiens que tu as eus. Parce que si l'affaire éclate, tous les protagonistes de ton histoire seront subitement frappés d'amnésie.

J'attaquai ma tournée avec mon patron direct, le directeur de la division Asie centrale, qui m'eut l'air absolument horrifié. Ensuite, n'ayant pas réussi à trouver le juriste du service, je m'adressai à celui de la division Proche-Orient. Je lui dois une reconnaissance éternelle pour avoir envoyé par e-mail un résumé de ce que je lui avais raconté à Bob Claudel, le juriste de la division Asie centrale, à John Rizzo, celui de la Direction des opérations, ainsi qu'à Rob Davis, le petit génie qui m'avait dit que l'enquête sur l'Irak serait une bonne chose pour moi. Plus tard, lorsque l'affaire explosa, c'est cet e-mail qui me sauva la peau.

Je ne pus résister au plaisir d'appeler Sheila Heslin, espérant la faire hurler de rage. J'avais commencé à tenir un journal détaillé des événements de mon épopée, pour assurer mes arrières. Cet appel est daté du 23 octobre. Voici les notes que j'ai gardées de notre conversation :

Moi : Vous savez que Robert Tamraz va réussir à avoir son entretien avec Clinton.

Elle : Je n'ai rien entendu de plus idiot depuis longtemps. Il est sur la liste noire des Services secrets. Je suis bien placée pour le savoir, c'est moi qui l'y ai inscrit. Il ne peut pas entrer à la Maison-Blanche, un point c'est tout.

Moi : Il va y arriver, grâce à Don Fowler.

Elle : Je vous dis que non. Vous n'avez donc pas de cervelle, à la CIA ?

Bruit sec du récepteur qu'on raccroche nerveusement.

Le 25 octobre, le Groupe Sud finit par mettre au point la suite du rapport sur Roger Tamraz. Avec les congés d'été, les transferts de service à service et les délais d'obtention des dossiers d'archives, le rapport traînait depuis le mois de juin. J'aurais préféré qu'il ait pu être envoyé avant le coup de fil de Don Fowler, pour éviter qu'on nous accuse d'avoir été influencés. Mais le contenu était assez concluant. En plus de toutes les informations négatives que nous avions transmises au NSC le 19 mai, le texte révélait un certain nombre de détails très compromettants sur la BCCI. Cela ne suffirait pas à entamer des poursuites contre Roger Tamraz, mais c'était un honnête compte rendu de tout ce que nous avions pu apprendre sur lui.

Ce fut après la rédaction du rapport que les problèmes surgirent. Roger Tamraz commençait à faire peur à tout le monde et lorsque Dave Cohen, l'adjoint du directeur des opérations, vit atterrir sur son bureau le rapport dûment référencé sous le code DDO 95-3136, il flaira immédiatement l'os. On y apprenait dès la première page que Tamraz avait frayé avec le Parti démocrate et les gens de la Maison-Blanche. Cohen, qui n'avait pas réussi à se faire nommer directeur des opérations pour « manque d'instinct de survie politique », s'empressa de le transmettre au Conseil juridique, accompagné d'une note manuscrite de son assistant : « Nous avons déjà envoyé au NSC des renseignements sur Tamraz. Pour votre information : il est citoyen américain, donc j'ai demandé à la DO d'approuver la transmission du dossier. »

Cohen ne fut pas le seul à ouvrir le parapluie. Le 13 novembre 1995, Paul Redmont, directeur adjoint du contre-espionnage, transmit la version d'octobre à George Tenet, alors numéro deux de la CIA et en passe de devenir numéro un. On y signalait en page titre les rapports de Tamraz avec Sheila Heslin, Don Fowler, et un certain nombre d'autres hommes politiques. Tenet y nota de sa main : « Pas lu le rapport en détail. Merci d'y attacher toute votre attention. » Comment Tenet ne pouvait-il pas trouver le temps de lire une note de deux pages évoquant des liens financiers entre le Président des États-Unis et un escroc recherché par Interpol ? Très franchement, si j'avais été à sa place, j'aurais prétendu avoir été malade ce jour-là, ou trouvé n'importe quelle autre excuse crédible.

Les membres du Conseil juridique ne se laissèrent pas contaminer par l'épidémie de frousse qui régnait au septième étage. Avec leur courte vue de juristes, ils se souciaient peu de savoir si Tamraz était un proche d'Oussama Ben Laden ou du pape. Ils appliquèrent une règle simple, sans se poser de questions subsidiaires : la CIA ne transmettait pas aux autres agences gouvernementales — et pas même à la Maison-Blanche — de renseignements diffamatoires sur un citoyen américain. En conséquence de quoi, le dossier Tamraz quitta le service juridique dûment émasculé, pour retourner sur le bureau de Dave Cohen. Enfin dégagé de toute responsabilité, Cohen le faxa à Sheila Heslin le 26 décembre 1995. Le suivi du premier dossier de mai avait mis sept mois à parvenir au NSC, et Tamraz ressortait blanc comme neige de l'opération. Pas étonnant que, dans sa complète ignorance du fonctionnement de la CIA, la pauvre Sheila Heslin ait été persuadée que nous avions fomenté contre elle un vilain complot motivé par l'appât du gain.

Si seulement l'affaire avait pu s'arrêter là... Tamraz m'avait demandé de venir déjeuner avec lui au Four Seasons le 6 décembre. Il avait réservé une des petites loges en demi-lune qui donnent sur le canal C&O [1], très appréciées des hommes d'affaires qui peuvent s'y asseoir côte à côte et parler sans qu'on les entende.

— Et voilà, déclara-t-il avec fierté. J'ai rencontré le Président !

— Comment avez-vous fait ? m'exclamai-je, tout en regrettant déjà ma question.

— C'est tout simple. Fowler m'a donné le tarif des entrées, classé par montant de participation aux frais de campagne, depuis la nuit dans la Chambre de Lincoln [2] jusqu'à l'entretien en tête-à-tête.

Je dus lui donner l'impression d'avoir avalé mon rond de serviette.

— J'ai commencé modestement, par un café. Mais j'ai pu lui parler du tracé arménien. Bill m'a semblé intéressé et il a voulu en savoir plus long.

J'ai pensé à haute voix :

— Une qui va être ravie, c'est Sheila Heslin.

Je dois dire que moi aussi, j'étais quelque peu

1. C&O : Chesapeake and Ohio (*N.d.T.*).

2. Chambre de Lincoln : utilisée par Bill Clinton comme chambre d'amis, elle abrite le lit où est mort le Président Lincoln (*N.d.T.*).

inquiet de l'entendre appeler le Président par son prénom. Tamraz n'était pas la plus recommandable des fréquentations. Mais il reprit sans se démonter :

— Mais je vais aller beaucoup plus loin. Demain, j'ai mon entretien en tête-à-tête dans le Bureau ovale. Bill et moi allons mettre au point une stratégie pour toute la région. J'ai des contacts en Russie.

En Russie ? La dernière fois que Tamraz avait noué des contacts diplomatiques, il y avait perdu une banque.

— En fait, je reviens d'un rendez-vous avec les Russes à Milan. J'ai rencontré Alexandre Korsakov et Pavel Borodine.

Officiellement, c'étaient les deux hommes qui dirigeaient la Russie les jours — et les nuits — où Boris Eltsine était trop saoul pour trouver le téléphone rouge. Mais ils servaient également de porteurs de valises au Kremlin. Korsakov devait d'ailleurs être arrêté pour une histoire de blanchiment d'argent suisse, en janvier 2001, quand il fit escale à New York avant de se rendre à l'investiture de George Bush.

— Ils m'ont dit qu'Eltsine souhaitait soutenir la réélection de Clinton... par une aide financière.

Je faillis me lever de mon siège. Il avait sûrement perdu la tête. L'intimité forcée de cette table commençait à me peser.

— Et c'est là que tout s'arrange pour notre projet.

Je ne supportais plus qu'il parle de « notre » oléoduc. Il enchaîna, sur le ton de la confidence :

— Eltsine donnera son accord s'il obtient en échange de l'argent pour sa campagne. Cela ne posera pas de problème. Les deux Russes ont évoqué le chiffre approximatif de 100 millions de dollars. Les Chinois m'ont promis tout l'argent que je voulais, et Eltsine accepte d'en laisser filer un peu pour la campagne de Bill. Tout le monde en sort gagnant. J'ai hâte de revoir le Président pour lui annoncer cela.

Après le déjeuner, je filai à Langley pour raconter l'histoire à Bill Lofgren, le chef de la division Asie centrale. Un colérique et un dur à cuire.

— C'est absolument impossible. Ce type a tout inventé !

Pour se conforter dans ses certitudes, il demanda tout de même à sa secrétaire de lui appeler le bureau de Rome. Il voulait savoir si Korsakov et Borodine étaient bien allés à Milan tout début décembre, comme le prétendait Tamraz. Il faut toujours commencer par les faits vérifiables.

Le lendemain matin, nous avions la confirmation de Rome. Pour que Lofgren entende l'histoire de vive voix, je l'emmenai voir Tamraz, qui répéta son scénario mot pour mot. Il avait rendez-vous avec Clinton l'après-midi. Pour appuyer ce qu'il disait, il nous montra une photo de lui et du Président en train de prendre un café ensemble.

De retour au siège, Lofgren alla voir John Deutch, le président de la CIA de l'époque. L'adjoint de Deutch nous rappela peu après pour nous dire que Clinton partait pour Paris, et qu'il n'avait pas de rendez-vous avec Tamraz.

— J'ai l'impression que ce type vous a menti, conclut-il.

Deux jours après, je reçus un coup de fil de Don Fowler.

— Dites-moi, pour ce fameux dossier Tamraz, vous n'avez pas changé d'avis ?

Comme j'ignorais que le rapport d'octobre était en train de subir un petit nettoyage à la Direction des opérations et au Conseil juridique, je répondis à Fowler que la note de la CIA devait être chez Sheila Heslin.

— Cette foutue nana ne veut rien savoir, grommela-t-il.

J'envoyai alors promener toutes mes résolutions de prudence. Si quelqu'un devait savoir que le NSC trempait jusqu'au cou dans les pétrodollars, autant que ce fût Don Fowler.

— Monsieur Fowler, je crois que tout le problème vient des grosses compagnies pétrolières, et plus particulièrement d'Amoco, qui n'apprécie pas qu'un intrus du genre de Tamraz vienne braconner sur ses terres. C'est ce qui explique qu'on cherche à lui bloquer l'entrée de la Maison-Blanche.

— Cela ne m'étonne pas du tout d'Amoco. Je les connais, et Sheila Heslin est leur ambassadrice au NSC.

— J'ai l'impression qu'elle vous a bien doublé.

— C'est ce que nous verrons.

Et il raccrocha sans me dire au revoir.

S'il n'avait été question que de gros sous, ou même de politiciens corrompus, j'aurais peut-être fini par digérer sans trop d'aigreurs tout ce que je venais d'apprendre sur la Maison-Blanche et le NSC. Mais chaque fois que je soulevais une nouvelle pierre, il y avait dessous quelque chose d'encore plus pourri. Et je finis par débusquer un scandale bien plus odieux, celui où des vies humaines étaient sacrifiées. Je crois que c'est cela qui me fit craquer.

Mais commençons par le commencement, c'est-à-dire le contexte. Après la libération des derniers otages américains par l'Iran en 1991, la Maison-Blanche retenait son souffle en espérant que le terrorisme iranien était une affaire close. Les observateurs se rendirent compte dès le mois de décembre que le terrain des hostilités s'était seulement déplacé. La CIA recueillit des informations selon lesquelles plusieurs leaders du Hezbollah saoudien s'étaient rendus à Téhéran. Selon toute vraisemblance, quelque chose se préparait. Après leur visite, les Pasdarans iraniens ouvrirent pour les cadres du Hezbollah une base d'entraînement dans la plaine de la Bekaa. On y délivrait des faux passeports pour les terroristes et on leur fournissait les fonds dont ils avaient besoin. En juillet 1995, les réseaux entraînés par les Pasdarans commencèrent à s'intéresser aux intérêts américains en Arabie Saoudite, et notamment au consulat de Djedda. Lorsqu'un religieux de Qom, la ville sainte iranienne, publia une *fatwa* [1] anti-américaine en Arabie Saoudite, la Maison-Blanche tendit le dos, s'attendant au pire. Le premier attentat, dirigé contre le bâtiment des Gardes nationaux saoudiens de Riyad en novembre 1995, fit 5 morts américains. Et celui de juin 1996, contre la caserne de Khobar, en tua 19.

À la même époque, la CIA apprenait qu'Oussama Ben Laden tentait d'entrer en contact avec l'Iran. En décembre 1995, l'un des ses associés égyptiens rencontra à Téhéran plusieurs officiers du ministère du Renseignement et de la Sécurité. La Maison-Blanche ne savait pas si une alliance stratégique avait été décidée, mais la CIA avait de bonnes raisons de penser que oui. Nous savions en effet que Ben Laden cherchait désespérément à bénéficier de l'expertise des Iraniens en matière de terrorisme. Nos craintes se confirmèrent en juillet 1996, lorsque Ben Laden rencontra un officier de renseignement iranien en Afghanistan, avec lequel il conclut un accord. La possibilité d'une large alliance terroriste contre les États-Unis devenait une menace réelle. Nous ne pouvions pas faire semblant de l'ignorer.

J'étais à l'époque chef de groupe, et je pouvais exiger ce que je voulais de mes directeurs de poste à l'étranger. Je demandai aux bureaux de la Caspienne et d'Asie centrale de prendre pour cible le terrorisme iranien. Début 1996, l'un d'eux proposa de cacher des micros dans un bureau des Pasdarans. Nous n'avions à l'époque aucune idée de ce qu'ils faisaient dans la région, mais il était toujours possible qu'après l'Arabie Saoudite, ils cherchent à y ouvrir un troisième front. Tous les renseignements possibles nous auraient été très précieux.

Obéissant à la règle, j'appelai Sheila Heslin pour lui demander la permission de donner le feu vert à mon chef de poste. Je lui décrivais ce que nous avions l'intention de faire, ce que nous espérions obtenir de ces

1. *Fatwa* : décret religieux musulman (*N.d.T.*).

écoutes, en soulignant le bénéfice évident qu'on pouvait en tirer pour les intérêts américains dans la région. Elle écouta ma demande avec sa froideur habituelle.

Un quart d'heure après, je recevais un appel sur ma ligne verte, celle qui est totalement cryptée et que l'on réserve aux conversations ultrasensibles. C'était Rand Beers :

— Qu'est-ce que c'est que cette histoire de pose de micros chez les Pasdarans ?

— Où est le problème ?

— Sheila Heslin a peur des retombées.

— Quelles retombées ?

— Elle craint que les Iraniens se vengent sur les concessions d'Amoco en Azerbaïdjan.

J'aurais pu me frotter les mains de ce qu'il m'offrait un renseignement aussi précieux sur les dessous du NSC, mais je laissai libre cours à ma fureur :

— Vous voulez dire que nous devons renoncer à une opération contre un groupe terroriste — probablement déjà responsable de la mort de citoyens américains — tout cela pour protéger les intérêts financiers d'Amoco ?

— Ce n'est pas exactement dans ces termes que le problème se présente...

— Très bien. Je vais appeler le Congrès et leur dire que Mme Heslin, l'ambassadrice d'Amoco au NSC, nous demande d'abandonner la cible des Pasdarans, afin de ne pas porter préjudice au bilan financier de son protégé.

En parfait bureaucrate, j'adressai immédiatement à Dave Cohen un rapport ponctuel sur ma conversation avec Beers. Je n'eus pas de réponse de lui, mais Beers me rappela le jour même. Le NSC avait changé d'avis et donnait son accord sur la pose de micros cachés. La question de l'Iran comme les réactions du Congrès trouvaient tout de même un écho à la Maison-Blanche.

Je me rappelle avoir pensé : « *Je devrais être très content de moi.* » Après les atermoiements de cette bureaucratie pusillanime, cette série de querelles internes et externes, j'avais enfin réussi à gagner une bataille. La lutte contre le terrorisme l'avait emporté sur les pétrodollars. Mais j'étais trop fatigué pour me réjouir. Tant d'énergie dépensée pour faire prévaloir la sauvegarde de vies humaines ! La victoire aurait dû être plus facile à remporter.

« *C'est ainsi que finit le monde, non pas dans une explosion, mais dans un gémissement* », écrivait T.S. Eliot dans *The Hollow Men*, « Les hommes creux ».

Roger Tamraz disparut de ma vie aussi soudainement qu'il y était entré. Après le jour où je lui avais fait rencontrer Bill Lofgren, il ne chercha plus à me revoir. Je le croisai plusieurs fois au cours de l'année suivante, mais nos conversations se limitèrent à des banalités formelles. Pas un mot sur ses projets de financement de la campagne de Boris Eltsine. Il savait probablement que je l'avais grillé. « *Manque d'ambition typique des bureaucrates* », devait-il penser.

Lofgren me demanda d'écrire noir sur blanc tout ce que Tamraz m'avait raconté, entre mai 1995, date de notre première rencontre, et la dernière, le 7 décembre de la même année. Je notai tout dans le moindre détail, sans oublier le tarif des faveurs de la Maison-Blanche sous forme de participation aux frais de campagne. Je consacrai même une page entière à la rencontre de Milan et aux projets de financement russe imaginés par Tamraz pour la réélection de Clinton en 1996. Mon rapport quitta le Groupe Sud le 28 décembre 1995, mais un exemplaire fut conservé dans nos archives. Je ne devais plus en entendre parler jusqu'au jour où, deux ans plus tard, il fit les gros titres de la presse.

21

Mars 1997. Washington

En mars 1997, j'appelai Bill Lofgren, qui venait de prendre sa retraite, pour lui parler de mon intention de vendre la mèche sur ce que j'avais appris des rapports de la Maison-Blanche avec les compagnies pétrolières. Il resta quelques instants sans rien dire, et j'avais l'impression d'entendre au téléphone son cerveau ronfler comme un ordinateur qui explore toutes les conséquences possibles.

— Vas-y, finit-il par lancer.

Il ne devait pas lui être facile de me donner ce conseil. Tout d'abord parce qu'il savait aussi bien que moi que ceux qui tiraient le signal d'alarme étaient très mal vus dans le microcosme de Washington, où tous les gens qui comptaient se nourrissaient aux deux ou trois mêmes râteliers. Pourquoi scier la branche sur laquelle on était assis ?

Mais, de plus, mon ancien patron avait en plus un intérêt personnel à ce que je me taise. Lorsqu'il avait quitté la CIA, il s'était reconverti comme consultant sur l'ancienne Union soviétique. Et l'un de ses premiers clients avait été Roger Tamraz, qui lui avait demandé de l'aider à résoudre les problèmes qu'il avait encore avec l'Azerbaïdjan. C'était un petit contrat, mais qui avait permis à Lofgren de se lancer. Quand nous le mettions en boîte sur sa collaboration avec un escroc international, il répondait en riant qu'il ne faisait que marcher sur les traces de prestigieux prédécesseurs. La femme de Ted Kennedy ne lui avait-elle pas monnayé ses services, elle aussi ? Et Tamraz n'avait-il pas contribué à payer la note du gala donné à New York pour les cinquante ans de Bill Clinton ? N'était-il pas présent le jour de la projection d'*Independance Day* à la Maison-Blanche ? Si un homme aussi peu recommandable s'était suffisamment réhabilité pour faire partie des amis du Président américain, Lofgren ne voyait pas pourquoi il ne pourrait pas travailler honnêtement pour lui.

Tirer la sonnette d'alarme était une chose assez difficile. Se faire entendre s'avéra quasiment impossible. Je contactai d'abord le bureau de Richard Shelby, le sénateur démocrate de l'Alabama passé chez les républicains. Il était membre du SSCI, la Commission sénatoriale du renseignement[1]. C'était lui qui avait ouvert le feu sur le scandale du financement de la campagne électorale de Clinton, en demandant au NSC de transmettre à la commission le dossier des donations suspectes. J'imaginais qu'il serait trop content de m'entendre, mais je me trompais.

Constatant qu'il ne me rappelait pas, j'eus recours à un moyen détourné et j'appelai le président de la Commission du renseignement de la Chambre des représentants, John Millis, un ex-officier de la CIA. Je lui avais succédé en poste à Rabat et je savais que malgré ses fonctions hautement politiques, c'était un homme discret et extrêmement intègre. Il ne chercherait pas à me discréditer à l'Agence.

Il réagit d'abord par un rire incrédule :

— Tu te rends compte de ce que tu es en train de faire ?

J'hésitai un instant à lui parler en détail de mes soupçons, mais je me contentai finalement de lui expli-

1. SSCI : Senate Select Committee on Intelligence (Commission sénatoriale du renseignement) (*N.d.T.*).

quer comment Tamraz avait essayé d'acheter ses entrées chez le Président.

— Ils vont tous te tomber dessus. Tu vas te retrouver complètement seul à Washington. En tout cas, je vais en parler à Shelby.

Je ne sais pas s'il tint ou non sa promesse, mais je n'entendis plus parler de rien. Je jouai donc ma dernière carte avec le Département de la Justice qui avait mis en place une commission d'enquête sur le financement de la campagne de Clinton, en leur proposant de venir les rencontrer. Lorsque j'informai la DO de ma démarche, toutes les sonnettes d'alarme du septième étage tintèrent en même temps. Le Conseil juridique appela sur-le-champ la commission du ministère pour annuler mon rendez-vous, en prétextant « une erreur de procédure ». La CIA mènerait elle-même son enquête et les contacterait en temps utiles. Une procédure, en principe, irréprochable. L'Agence avait flairé le financement illicite de campagne électorale bien avant le Congrès ou les médias. Nous avions même commencé notre propre évaluation des dégâts et la recherche des cadavres cachés dans les placards. Seul problème, toutes les pistes tournaient court.

Il y avait eu par exemple le cas de Larry Wallace, un vieux copain d'affaires de Mack McLarty, l'ancien Secrétaire général de la Maison-Blanche. Wallace détenait un laissez-passer permanent à la Maison-Blanche, ainsi qu'une lettre l'accréditant comme représentant de plein droit du Président. Grâce à McLarty, il pouvait entrer et sortir comme il le voulait, et il ne s'en privait pas. Il se servit de sa lettre d'accréditation pour décrocher des affaires à l'étranger, et notamment avec Yasser Arafat. Sa brillante carrière connut un sérieux ralentissement à Belgrade, le jour où il commit l'erreur de laisser Slobodan Milosevic faire une copie de la fameuse lettre. Notre bureau de Belgrade en envoya une télécopie au siège, qui demanda à la division Europe centrale d'ouvrir un dossier sur Wallace. La CIA était en effet autorisée à rassembler des renseignements sur les citoyens américains, à condition qu'il y ait de sérieuses présomptions d'espionnage ou de collusion avec un ennemi des États-Unis. Mais le dossier Wallace disparut avant de pouvoir être remis aux enquêteurs du Congrès et de la Justice.

Vint ensuite le cas du lieutenant-colonel Liu Chao Ying, une femme, officier des services de renseignements chinois. Elle avait remis, de la part de son gouvernement, 300 000 dollars à Johnny Chung pour la campagne de Clinton. Chung devait sûrement être distrait ce jour-là, car il n'en avait versé que 20 000 au DNC[1]. Mais ce qu'on ne savait pas, c'est qu'un de nos officiers traitants avait été en contact avec Liu pendant toute la transaction. Situation d'autant plus embarrassante que la CIA avait négligé d'en parler à la Justice.

En fait, l'officier traitant s'aperçut que moins le siège entendait parler de Liu, mieux cela valait. La CIA ne répondit jamais au câble par lequel il demandait si Chung avait bien un rendez-vous à la Maison-Blanche — le sceau de la présidence était pourtant gravé sur sa carte de visite. Pas question non plus de s'intéresser de trop près à une société où Liu avait des intérêts, la China National Aero-Technology Import & Export Corporation, la « Société chinoise d'import-export de technologie aéronautique », engagée dans des négociations secrètes avec l'Iran pour échanger du pétrole contre des armes sophistiquées — pour la plupart de fabrication américaine.

La CIA finit par envoyer à la commission d'enquête de la Justice une série de documents sur Tamraz mais soigneusement expurgés. Il fallait bien faire disparaître tout ce qui pouvait suggérer que la CIA n'avait pas donné aux renseignements les suites qui s'imposaient. Sur ces entrefaites, quelqu'un décrivit ces errements bureaucratiques à Michael Frisby, reporter au *Wall Street Journal*.

---

1. DNC : Democratic National Committee (Comité national démocrate) (*N.d.T.*).

C'est l'article de Frisby qui convainquit enfin Shelby que mon témoignage pouvait avoir de l'intérêt. La CIA m'envoya dare-dare aux bureaux de la SSCI. Nous étions six présents. De part et d'autre de la table, Shelby et son assistant, assis à ma gauche. En face de nous, Mike O'Neil, le conseiller juridique de la CIA, et John Moseman, le responsable des affaires touchant le Congrès au sein de l'Agence. Contrairement à ce que j'espérais, il manquait le sénateur Bob Kerrey, un ancien du Vietnam qui avait du cran et savait naviguer dans les sables mouvants du tout-Washington. Mais je constatai avec plaisir qu'il s'était fait représenter par Chris Straub, son assistant à la SSCI. Nous avions voyagé ensemble en Irak, avec un autre fonctionnaire du Congrès. J'avais discuté avec lui du rôle que la CIA pouvait jouer dans le pays. Je l'aimais bien, et je crois qu'il me faisait confiance.

Mais tous les espoirs que j'aurais pu fonder sur cette réunion s'écroulèrent rapidement. La partie était jouée d'avance. Tout comme la commission d'enquête de la Justice, Shelby n'avait reçu que les documents que la CIA voulait bien qu'il voie. Il ne savait même pas que Tamraz avait peut-être servi d'intermédiaire entre les fonds russes et le DNC — et je pense d'ailleurs que cela ne l'aurait pas beaucoup affecté. Ce qu'il voulait, c'est qu'on lui fournisse des arguments pour bloquer la nomination de Tony Lake à la tête de la CIA. Il n'avait jamais pardonné à ce dernier d'avoir permis à l'Iran d'avancer ses pions en Bosnie.

Qu'il le veuille ou non, j'étais fermement décidé à raconter ce que je savais. Dès que la conversation marqua une pause, je demandai à Shelby :

— Monsieur le Sénateur, savez-vous comment Tamraz a réussi à entrer à la Maison-Blanche ? Grâce au sénateur Ted Kennedy.

Il me coupa net :

— Cher ami, nous ne sommes pas ici pour parler de mes estimés confrères.

Visiblement mécontent, il se leva alors pour annoncer la fin de la réunion. Ayant obtenu les informations qu'il voulait pour barrer la route à Tony Lake, il n'avait nullement l'intention de perdre son temps à m'écouter parler des grandes compagnies pétrolières, du financement de la campagne électorale, ou du comportement immoral de ses confrères.

J'étais sur le point d'abandonner la partie lorsque Straub me prit à part :

— Qu'est-ce qui se passe, exactement ?

— Un tas de choses. Et j'expliquerai tout si vous me mettez en face d'une véritable commission d'audience.

Je parlai à Straub d'Amoco et de Sheila Heslin, qui avait essayé d'empêcher la pose de micros espions chez les Pasdarans.

— C'est si grave que ça ?

— J'en ai bien peur.

L'après-midi même, Straub en parlait à Bob Kerrey qui, le samedi suivant, appela Bill Clinton pour lui dire qu'il ne pouvait plus soutenir la candidature de Tony Lake à la tête de la CIA. Lake se retira de la course dès le lendemain. Mais je n'eus guère le temps de savourer mon demi-triomphe.

J'aurais dû garder présent à l'esprit le cas de Youri Nosenko, le transfuge du KGB passé à l'Ouest, comme exemple de ce qui arrivait à ceux dont la version des faits n'était pas dans la ligne de l'Agence. Ce que Nosenko raconta sur Lee Harvey Oswald et l'assassinat de John Kennedy ne correspondait pas au point de vue de l'Agence, qui le consigna trois ans dans une cellule de la Ferme. Comment ai-je pu penser que je ne subirais pas le même sort ?

Le mardi 18 mars 1997, à 8 h 30 précises, je me présentai à la convocation devant l'inspection générale de la CIA. On me fit entrer dans une pièce sans fenêtres, où l'on me fit asseoir à une grande table de conférence en acajou, en face de deux hommes au visage livide, vêtus du même costume de Tergal, et arborant la même mine pincée. Aucun des deux ne se présenta.

J'étais à peine assis que le plus déplaisant tira le premier coup :

— Avez-vous gardé la trace des documents que vous avez détruits ?

Je ne répondis pas, le temps de saisir ce qui se passait. La destruction de documents de l'Agence était un crime.

Je dus alors subir une avalanche de questions sur ma note du 28 décembre, celle où Lofgren m'avait demandé de rendre compte de tous mes entretiens avec Roger Tamraz.

— Écoutez, dis-je finalement. Vous semble-t-il logique que je sois assez idiot pour rédiger un rapport détaillant les méfaits d'un suspect, le faire archiver afin qu'il puisse servir un jour, et finalement le détruire ? Demandez à Paul Redmont comment ma note a atterri dans son coffre-fort. Il me semble que c'est une preuve suffisante.

Je n'avais en fait aucune idée de la raison pour laquelle ce fichu dossier était conservé chez le numéro deux du contre-espionnage, mais ce simple fait établissait de manière irréfutable mon scrupuleux respect des règles de la paperasserie. Toutefois cet argument laissa mes interrogateurs de marbre.

— Nous vous demandons de nous expliquer pourquoi vous l'avez fait disparaître, reprit le clone du premier. Vous pouvez encore vous en sortir sans problème.

Au bout d'une heure, lassés de poser la même question pour la centième fois, ils dégainèrent la deuxième.

— Combien Tamraz vous a-t-il payé pour expurger votre rapport du 28 décembre ?

Ils ne m'écoutèrent même pas quand je rétorquai que c'était le Service juridique qui avait fait le nettoyage du dossier, et pas moi.

Troisième question :

— Pourquoi avez-vous harcelé Sheila Heslin pour qu'elle raye le nom de Tamraz de sa liste noire ?

J'explosai :

— Je n'ai jamais fait une chose pareille ! Je ne

connais pas un seul officier de la CIA qui oserait s'opposer à un conseiller du NSC.

Si Sheila Heslin leur avait raconté ce mensonge, elle était vraiment complètement cinglée.

— Ce n'est pas ce qu'elle prétend. Elle dit que vous l'avez appelée plus de dix fois pour lui demander toujours la même chose. Et que vous avez tenté de l'intimider.

J'hésitai à leur parler d'un dîner que j'avais organisé six mois plus tôt, au restaurant La Chaumière, à Georgetown, pour une délégation d'Azerbaïdjan. J'y avais convié quelques responsables du gouvernement, parmi lesquels Sheila Heslin, qui avait fait des pieds et des mains pour se faire inviter. Elle m'avait même demandé de la raccompagner en voiture. Mais je pensai que les deux comparses assis en face de moi ne seraient pas intéressés par l'anecdote. Je sortis donc mon dernier atout : les e-mails internes qu'elle avait adressés à la Maison-Blanche, et qui montraient bien qu'elle avait perdu le contact avec la réalité.

— Jetez donc un coup d'œil aux e-mails de Mme Heslin. Elle est persuadée que la CIA complote pour devenir le maître du monde.

Je proposai de leur en donner une copie, mais ils déclinèrent mon offre :

— C'est sur vous que nous menons une enquête, pas sur elle.

— À propos, finis-je par leur demander, depuis combien de temps êtes-vous à la CIA, tous les deux ?

Malgré les insignes au revers de leur veston, il y avait quelque chose qui ne collait pas.

Ils échangèrent un regard, puis un signe de tête. Ils n'avaient apparemment pas d'autre choix que de me dire la vérité :

— Nous faisons partie du Secret Service.

Charmant, pensai-je. On avait confié une enquête interne à la CIA à deux étrangers à la maison.

Le lendemain matin, six hommes en complet noir et une femme en robe gris souris boutonnée jusqu'au menton débarquaient dans le Groupe Sud avec la mine d'Ostrogoths s'abattant sur la Rome antique. Ils interdirent à tout le personnel de sortir et, sans dire un mot, ils entreprirent leur fouille, pillèrent les coffres, saccagèrent les dossiers qu'ils jetèrent par terre. On aurait dit qu'un cyclone venait de passer sur le Groupe Sud.

Ils interrogèrent ensuite à huis clos tous les employés, commençant systématiquement par la question :

— Avez-vous un avocat ? Dans le cas contraire, il faudra que vous envisagiez d'en trouver un.

C'était de l'intimidation pure et simple. À deux ou trois exceptions près, aucun de ces employés n'appartenait à la division en 1995, au moment où je rencontrais Tamraz. Mais pour bien enfoncer le clou, une note tomba sur tous les écrans, annonçant que l'Inspection générale était en train de vérifier le contenu de tous les ordinateurs. La menace n'était pas des plus subtiles ; tout usage non conforme au règlement d'un ordinateur de l'Agence entraînait automatiquement le licenciement de son utilisateur. Je me retrouvai vite seul dans mon service. Tous mes collègues s'étaient fait muter dare-dare.

Vers la mi-mai, je fus soumis à une visite médicale. Un imprimé m'informant que ses résultats étaient satisfaisants atterrit sur mon bureau le 30. Mais quelques jours plus tard, alors que je me préparais à un court voyage en Europe, je reçus un autre courrier, qui m'avertissait que j'avais un « problème » de santé. L'un des médecins avait émis des réserves, et il me fallait passer une nouvelle visite, incluant un examen psychologique « de routine ». Tout cela n'était que simagrées. La CIA ne demandait ce type de contrôle que pour des départs dans des postes difficiles, comme Moscou ou Pékin. Le message était clair cependant. J'avais intérêt à la fermer, sinon, j'étais bon pour l'internement psychiatrique. Je me demandais même s'il n'y en avait pas un ou deux qui, au septième étage, s'étaient renseignés pour savoir si la cellule de Nosenko était libre.

Le scandale du financement de la campagne de Clinton suivait son cours judiciaire et on se dirigeait vers l'épreuve de force au Congrès. Mais je me rendis compte que, pas plus que la CIA, la commission d'enquête du ministère de la Justice ne recherchait à faire la vérité, toute la vérité... on n'en était même assez loin.

Convoqué le 5 juin comme témoin à une séance préliminaire du Grand Jury[1], je racontai mes conversations avec Roger Tamraz à Laura Ingersol, qui dirigeait la Commission de la Justice, en présence de son adjoint et d'un agent du FBI. Elle m'écouta avec beaucoup de patience, prit des notes, lut attentivement le dossier, et me posa des questions très pertinentes.

J'insistai tout particulièrement sur le fait que Tamraz n'avait pas un sou vaillant, en tout cas sur les comptes que nous lui connaissions. La société Oil Capital Limited-Delaware était une société fantôme, dont tout l'actif se réduisait à un dépôt d'environ 250 dollars sur un compte de la Citybank, et elle n'employait absolument personne. Oil Capital Limited-Panama, domiciliée, elle, chez un avocat, était logée à la même enseigne. Et si Tamraz était fauché, n'était-il pas très possible que les sommes versées pour la campagne électorale de Bill Clinton soient venues d'une autre source ? Peut-être même des Russes ?

— Effectivement admit Laura Ingersol, ce n'est pas impossible.

Cette même Laura Ingersol, quand elle fut confrontée au Grand Jury, semblait avoir totalement oublié le problème. Lorsque je tentai d'apporter des preuves sur les sources russes du financement, elle demanda une suspension d'audience. Je soulevai à nouveau le sujet à

1. Grand Jury : jury d'accusation (*N.d.T.*).

la reprise, mais elle me coupa net. Quand je lui demandai carrément si elle voulait connaître toute la vérité, ou si elle préférait continuer à me poser des questions hors sujet, elle me répondit sur un ton à la fois méprisant et menaçant, et trouva le moyen de contourner la piste russe et le rendez-vous de Milan. Elle ne posa plus une seule question sur les allégations de Tamraz, lequel prétendait avoir acheté ses entrées à la Maison-Blanche. Pas un mot sur le tarif avancé par Don Fowler, sur les services achetés à Victoria Kennedy ou au fils de Warren Christopher. Silence complet sur certains hommes politiques, comme Tom Harkin, sénateur démocrate de l'Iowa, qui avaient apparemment sollicité les donations du généreux Tamraz. J'avais l'impression de m'être trompé de salle d'audience.

Ce n'est qu'à la fin que je compris à quelle conclusion elle voulait amener le Grand Jury, lorsqu'elle me demanda :

— Est-ce que Roger Tamraz vous a proposé de travailler pour lui ?

Son regard fit le tour de la salle pour s'assurer que les jurés avaient bien compris les implications de sa question.

Et voilà, nous y étions enfin. Laura Ingersol avait trouvé le seul moyen de jeter le discrédit sur toutes les informations que j'avais réussi à rassembler sur la Russie et sur le DNC. Et comme tout bon procureur, elle connaissait déjà la réponse. Elle avait rencontré assez de relations de Tamraz pour savoir qu'il avait proposé du travail à *tout le monde*, depuis le serveur du Four Seasons jusqu'aux deux membres du Congrès qui étaient allés l'interroger à Genève. Même Sheila Heslin n'y avait probablement pas échappé. Mais les membres du Grand Jury n'étaient pas au courant. Et la version des événements fournie par Mme Ingersol ramenait l'affaire à celle d'un officier de la CIA corrompu qui avait cherché à profiter des failles du système. J'étais le pigeon idéal qui lui permettait de faire diversion sur les donations illégales de la campagne. Mme Ingersol n'avait pas oublié à qui elle devait son salaire.

Le même scénario se répéta pendant les audiences télévisées du Sénat. Personne n'osa évoquer l'argent des Russes. La seule chose qui semblait intéresser les sénateurs, c'étaient les rumeurs sensationnelles circulant sur le compte de la CIA. Et pourquoi se priver d'un tel dérivatif ? Un espion servant de fusible à un pétrolier véreux d'origine arabe, c'était l'écran de fumée qui protégeait les intérêts de tout le monde. Les sénateurs Kennedy et Harkin préféraient certainement qu'on ne s'attarde pas sur les largesses de Tamraz. Et il était facile de comprendre la réticence de tous les démocrates à reconnaître que les roubles de l'ex-KGB avaient permis à Tamraz d'acheter un précieux tête-à-tête avec le chef de l'État. Quant aux républicains, ils n'ignoraient pas que le National Republican Senatorial Committee[1] avait lui aussi sollicité la générosité du Libanais, de même d'ailleurs que l'administration Reagan.

Roger Tamraz, qui se présenta sans avocat, semblait n'avoir été convoqué que pour distraire le public. Il lui offrit d'ailleurs un coup de théâtre grandiose, en promettant une contribution de 600 000 dollars, soit le double de la précédente, pour la prochaine campagne. Et le rideau retomba sur cette mascarade.

Quant à moi, je fus traité comme l'argousin de service. Je n'en veux pour preuve que le commentaire de Dick Durbin, sénateur démocrate de l'Illinois, visiblement tout acquis à la cause de Sheila Heslin, et qui demanda tout à coup :

— Mais qui est ce type ? Il parle comme un employé de la Chambre de Commerce !

Reste ce fait, très étonnant. Je fus le seul témoin à ne pas être convoqué aux audiences. On avait dû avertir le sénateur Fred Thompson[2] que si je commençais à

1. National Republican Senatorial Committee : Groupe républicain au Sénat (*N.d.T.*).

2. Fred Thompson : président de la Commission sénatoriale sur les affaires gouvernementales (*N.d.T.*).

ouvrir ma grande gueule sur les fonds étrangers qui arrosaient tout le personnel politique américain, rien ni personne ne pourrait m'obliger à la fermer. Pour compenser ma non-comparution à l'audience, la CIA rédigea un procès-verbal pratiquement vide de contenu.

Comment mettre fin à une carrière qui vous a fait plonger au cœur des ténèbres et vous y a fait découvrir tant de secrets honteux ? Je n'avais jamais cherché le scandale pour le scandale, mais il n'était pas question non plus que je m'esquive sur la pointe des pieds. J'avais passé presque un quart de siècle à amasser une somme de connaissances et d'intuitions sur les organisations et les hommes les plus dangereux de la planète. Avant de partir, je voulais encore tenter d'élucider, autant que je le pouvais, le rôle de l'Iran comme base arrière du terrorisme islamiste.

J'espérais encore que mes recherches me permettraient peut-être de résoudre enfin le mystère le plus épais, celui qui me hantait depuis plus de treize ans. Qui étaient les responsables de l'attentat contre l'ambassade américaine de Beyrouth ? Et pourquoi n'avait-on jamais réussi à les appréhender ? Je voulais réexaminer certains aspects des enquêtes dont on m'avait écarté en m'envoyant au Tadjikistan puis en Irak. Je vivais l'enquête inaboutie sur l'attentat contre l'ambassade comme l'échec le plus frustrant de toute ma carrière, mais il ne s'agissait pas seulement pour moi de refermer une blessure personnelle. Les auteurs de cet attentat étaient sûrement des gens très dangereux, avec lesquels il nous fallait compter. Ils étaient expérimentés, organisés et déterminés à causer d'énormes dégâts. Si nous ne parvenions pas à les identifier, notamment en définissant le type d'explosifs qu'ils avaient utilisé, nous devions nous attendre à ce qu'ils frappent encore et peut-être beaucoup plus fort. Je ne voulais pas avoir sur la conscience une nouvelle catastrophe, si celle-ci pouvait être évitée.

Et j'avais bien compris que la nouvelle et politiquement très correcte CIA n'avait nullement l'intention de s'attaquer au problème.

Je voyais d'autres avantages à faire mon « baroud d'honneur » sur le terrorisme iranien. Tout d'abord la région m'était familière, et surtout, j'étais persuadé que c'était la dernière question que les politiciens de Washington chercheraient à manipuler à leur profit. J'avais bien vu Sheila Heslin tenter d'empêcher notre pose de micros chez les Pasdarans pour protéger les intérêts d'Amoco, mais elle faisait cavalier seul, et elle avait fini par être évincée. J'avais également entendu certaines rumeurs, selon lesquelles l'administration Clinton voulait freiner l'enquête sur l'attentat de la caserne saoudienne d'El-Khobar, mais je croyais qu'elles n'étaient pas fondées. Même la Maison-Blanche, me répétai-je, n'aurait pas osé étouffer une enquête sur un attentat terroriste ayant causé la mort de 17 soldats américains.

Je commençai par une recherche systématique des renseignements factuels que nous avions rassemblés sur les otages au Liban. La première chose qui me sauta aux yeux fut qu'au moment de leur libération en mars 1991, l'Iran ne cherchait plus à masquer sa responsabilité. L'opération avait été supervisée par deux hauts responsables Pasdarans, Feridoun Mehdi-Nezhad et Hussein Mosleh. Les deux hommes s'envolèrent le 28 avril suivant pour Damas, où ils rencontrèrent Imad Moughniyah. Leur message était clair. Sur l'ordre de l'ayatollah Khomeyni en personne, l'Iran renonçait aux prises d'otages et la mystérieuse organisation du *Djihad* islamique en faisait autant... Le même jour, Moughniyah partait pour Beyrouth et mettait en œuvre les nouvelles directives iraniennes. En septembre 1991, les deux responsables Pasdarans passèrent le plus clair de leur temps dans la capitale libanaise. Ils fermèrent les caches terroristes, se débarrassèrent, moyennant paiement, de leurs gardes, et publièrent des communiqués de propagande, tout en assurant le *Djihad* islamique que l'Iran n'abjurait pas complètement sa vocation terroriste. Il y aurait toujours du travail pour les militants du *Djihad* islamique.

Une fois cette piste vérifiée, je remontai dans le temps, jusqu'à la libération des otages français en 1987, de manière à comparer les deux processus. Le film était, à peu de choses près, identique à celui de 1991. Après que Jacques Chirac, le Premier ministre de l'époque, eut satisfait toutes les exigences des Iraniens, on avait assisté à une démarche similaire de Mehdi-Nezhad et de Mosleh, qui avaient transmis des consignes identiques, dictées par Téhéran, au bureau des Pasdarans de Beyrouth, comme au *Djihad* islamique. Le 26 novembre 1987, les Pasdarans de la caserne de la Bekaa rédigeaient et faisaient traduire en arabe un communiqué concernant Roger Auque et Jean-Louis Normandin. Les deux otages français étaient remis en liberté le jour même de la parution du communiqué.

Plus j'étudiais les dossiers à fond, plus j'étais frappé par la présence de ces deux Pasdarans au cœur de toutes les opérations terroristes commanditées par l'Iran. Leur implication remontait au début des années 80, où ils avaient été postés à Baalbek après l'invasion israélienne au Liban. Ils y étaient encore lors de l'incarcération de nos otages dans la caserne Cheikh Abdallâh. Mais on les retrouvait aussi en marge d'autres événements. Medhi-Nezhad avait rencontré le bras droit de Moughniyah pendant l'affaire du détournement du vol 847 de la TWA. Et tandis que le drame se jouait sur le tarmac de l'aéroport international de Beyrouth, on avait vu Mosleh parler avec Moughniyah au pied de l'avion. De quoi avaient-ils discuté ? Mystère. Mais pour que Moughniyah ait pris le temps de rencontrer Mosleh malgré un emploi du temps très rempli, il fallait que le sujet de cet entretien fût diablement important.

Mehdi-Nezhad, en particulier, semblait être impliqué dans d'autres opérations que celles du terrorisme en territoire libanais. En 1989, il avait personnellement dirigé l'équipe de tueurs iraniens responsable de l'assassinat d'un dirigeant kurde à Vienne. L'un de ses agents libanais, Talal Hamiyah, avait participé à deux attentats à Buenos Aires. Il était mouillé dans l'attentat contre la caserne d'El-Khobar à Riyad. Son nom apparaissait dans l'affaire du vol 103 de la Pan Am, il avait été repéré en janvier 1988 dans la capitale libyenne, ainsi qu'à Francfort, six mois avant que l'appareil de la Pan Am explose au-dessus de Lockerbie. Était-ce également lui, l'officier des Pasdarans qui était allé voir Mouhammad Hafez Dalqamouni dans la vallée de la Bekaa, pour lui donner l'ordre de faire exploser l'avion américain ? Cette mission était probablement secondaire, mais cet homme avait en tout cas un passé très chargé.

Je me heurtais sans cesse au *Djihad* islamique, cette organisation fantôme qui avait trempé dans tous les attentats perpétrés au Proche-Orient depuis deux décennics mais demeurait insaisissable. Nous connaissions les liens étroits de cette organisation avcc les Pasdarans iraniens, mais nous ignorions pratiquement tout de sa structure, de ses militants, de ses méthodes de recrutement et de ses bases d'entraînement. Comment était-ce possible ? Et surtout, comment pouvait-on espérer résoudre le mystère de l'ambassade américaine de Beyrouth, parmi d'autres attentats sanglants, si nous ne parvenions pas à percer le mystère du groupe terroriste qui en avait revendiqué un si grand nombre ?

L'explication m'apparut soudain, aussi clairement qu'elle avait pu rester obscure si longtemps. Le *Djihad* islamique n'existait pas, n'avait jamais existé. Ce n'était qu'un prête-nom, un paraphe au bas d'un communiqué. D'ailleurs, la CIA savait très bien que cette organisation n'était qu'une façade derrière laquelle opéraient des terroristes iraniens. Les documents que j'avais déterrés montraient clairement que dès 1997 si ce n'est plus tôt encore, l'Agence connaissait à fond la structure de commandement des Pasdarans. Elle savait également que l'ayatollah Khomeyni, comme le président iranien Rafsandjani, approuvaient toutes les opérations terroristes orchestrées depuis Téhéran. Devant des preuves si évidentes, la conclusion était inévitable. La République islamique d'Iran avait déclaré une guerre secrète aux États-Unis, lesquels avaient choisi la politique de l'autruche.

Mais j'avais l'impression qu'un dernier élément m'échappait encore. Je m'adressai à un analyste du renseignement — que j'appellerai Jim — qui suivait la question iranienne depuis la révolution de 1979. Jim avait deux défauts, une ténacité de pitbull et une indépendance de caractère qui plongeaient dans l'embarras nombre de bureaucrates à Washington. Il s'en tenait opiniâtrement aux faits et quand il tenait une piste, il ne lâchait plus prise quelles que soient les circonstances ou les conséquences politiques. La seule solution qu'on avait trouvée, s'agissant de l'Iran, c'était de le dessaisir du dossier, mais comme moi, Jim continuait à se documenter.

Je lui fis part de mes découvertes en lui montrant les documents que j'avais exhumés et surlignés, et je lui posai une première question :

— Pour qui travaillaient Feridoun Mehdi-Nezhad et Hussein Mosleh ?

— C'est un sujet qui m'a longtemps tracassé, répondit-il en me rendant mes dossiers — dont il connaissait déjà le contenu. C'est Mosleh le plus intéressant. Il a fait parler de lui dès 1983. Il se faisait appeler à l'époque Cheikh Hussein, du Khorasan[1]. On ne connaissait ni son vrai nom ni sa fonction. On supposait que c'était un franc-tireur, sans liens organiques avec le régime des ayatollahs. Mais j'étais convaincu de son importance. Partout où il y avait de la casse, on retrouvait sa signature. Autre indice accablant, la fréquence de ses contacts avec Moughniyah. Ce n'est que plus tard, lorsque les Algériens ont dénoncé ce dernier, qu'il a été identifié par un membre du *Djihad* islamique qui le connaissait sous

1. Khorasan : province du nord-est de l'Iran (*N.d.T.*).

le pseudonyme d'Hussein Mosleh. Une rapide recherche historique m'a permis de découvrir qu'il avait lui-même imaginé la façade du *Djihad* islamique. Il avait de bons contacts avec le Fatah et il avait structuré son mouvement sur le modèle de Septembre Noir : pas de chefs identifiables, pas de bureau, pas de logo. En d'autres termes, aucune traçabilité pour les opérations terroristes. Et vous avez raison, le *Djihad* islamique n'est qu'une fiction, dont la seule fonction est de servir de couverture au terrorisme iranien.

— C'est bien ce que je soupçonnais. Mais depuis combien de temps la CIA est-elle au courant ?

— C'est ce que je suis en train de vous dire ; depuis le début. C'était clair comme de l'eau de roche, à condition de faire preuve d'un minimum d'objectivité devant les faits.

Jim alla chercher une pile de dossiers qu'il se mit à parcourir pour en sortir ceux qu'il voulait me montrer. J'étais absolument estomaqué par ce qu'il venait de me dire :

— Mais comment se fait-il que je n'aie pas été mis au courant quand j'étais à Beyrouth ?

— Parce que tous les renseignements importants étaient confisqués par la Commission des otages.

Composée d'une demi-douzaine d'experts qui se réunissaient régulièrement, la Commission des otages ne rédigeait pas de compte rendu de séance, ne produisait pas de rapports d'évaluation, et ne conservait pas de données informatiques. Dans des circonstances normales, elle aurait préparé ce qu'on appelle un NIE [1] sur les otages et sur le terrorisme iranien. Mais ce ne fut pas le cas. Les informations brutes sur l'Iran étaient tout simplement escamotées, à l'abri de la curiosité du Congrès et de la presse. Même chose pour l'Arabie Saoudite, où la CIA ne fut pas autorisée à produire de NIE sur l'essor spectaculaire du fondamentalisme dans le

1. NIE : National Intelligence Estimate — rapport d'appréciation des renseignements stratégiques (*N.d.T.*).

pays. Toute fuite aurait pu indisposer la famille régnante. Tout cela, j'aurais dû m'en rendre compte bien avant.

Il me restait une question à poser à Jim :

— Et que savait-on ici sur le rôle de l'Iran dans l'attentat de 1983 contre notre ambassade ?

Jim respira un grand coup avant de plonger la main au fond de son coffre, d'où il sortit trois feuilles de papier agrafées :

— Jetez donc un coup d'œil à ce petit bijou.

C'était un rapport de renseignement daté de mars 1982 — treize mois avant l'attentat — selon lequel les Iraniens étaient en contact avec un réseau préparant un attentat contre l'ambassade des États-Unis à Beyrouth. Un autre document ultérieur spécifiait même la date de l'opération. Le rapport émanait d'une source de première main, dont la fiabilité semblait irrécusable.

Avant d'abandonner mes recherches, il me restait encore un ou deux mystères à éclaircir. J'avais toujours eu des doutes sur ce qu'on avait appelé « la deuxième filière » dans l'affaire de l'Irangate — celle qui fut mise en place après le fiasco du premier intermédiaire. Ali Hachemi-Bahramani, le neveu du président Rafsandjani, en avait été le premier protagoniste, mais un deuxième Iranien était apparu vers la fin de l'histoire, dans une réunion tenue le 29 octobre 1986 à Mayence, en Allemagne, avec Oliver North et George Cave. Je n'avais pas réussi, à l'époque, à découvrir l'identité de ce mystérieux personnage ni la raison de sa présence. J'entrepris donc une fouille circonstanciée des dossiers de l'Irangate, et je finis par trouver ce que je cherchais. Un Iranien se présentant sous le nom d'Ayyub Mozzafari avait effectivement fait irruption au milieu de la réunion. Mais quel était son véritable nom ? Il ne m'est pas possible ici d'exposer les preuves de ce que j'affirme, mais il s'agissait ni plus ni moins de Feridoun Mehdi-

Nezhad. Pour obtenir la libération des otages, le gouvernement américain avait traité avec un des grands patrons du terrorisme iranien. Mais plus fort encore, je découvris que cet homme, entre-temps, était passé dans le camp des modérés regroupés sous la bannière du président Mohammed Khatami, celui-là même que Washington considère aujourd'hui comme le meilleur gage d'un renouveau des relations entre les États-Unis et l'Iran.

Je souhaitais enfin étudier les rapports éventuels entre Moughniyah et Ben Laden. S'ils existaient, comme deux ou trois éléments de preuves semblaient l'indiquer, ils constituaient pour les États-Unis un sinistre présage. Aussitôt après l'attentat contre l'ambassade d'Égypte à Islamabad, en novembre 1995, la CIA avait fortement soupçonné l'implication de Ben Laden. Sa signature y était évidente. On apprit peu après que le bras droit de Moughniyah avait procuré un passeport libanais volé à l'un des organisateurs ; et six mois plus tard, que l'un des plus dangereux associés de Ben Laden avait appelé à Beyrouth l'un des bureaux de Moughniyah. Un faisceaux d'indices n'équivaut certes pas à une preuve formelle, mais pour qui connaissait le fonctionnement des réseaux terroristes, ces éléments ne laissaient pas d'inquiéter.

Mais je n'étais pas seulement inquiet, j'étais aussi scandalisé. Ces informations ne faisaient qu'attiser une rage que j'avais de plus en plus de mal à contenir. Qu'il s'agisse d'Oussama Ben Laden, du terrorisme iranien, de Saddam Hussein, de tous les fléaux du même type qui menaçaient la planète, ou même de Yasser Arafat, l'administration Clinton était, selon toutes apparences, déterminée à tirer le rideau. Reagan et Bush avant lui n'avaient pas beaucoup mieux agi. La philosophie de la Maison-Blanche semblait donc pouvoir se résumer en quelques préceptes : « Finissons le mandat, évitons que les médias n'apprennent les mauvaises nouvelles, débarrassons-nous des opposants, ramassons de l'argent pour la prochaine campagne électorale — en quantité et sans trop regarder d'où il vient — et laissons les bureaucrates de métier s'occuper du reste. » Mais le pire dans tout cela c'était que *ma* CIA leur avait emboîté le pas. On mesure aujourd'hui les tragiques conséquences de cette négligence mais je n'éprouve aucun plaisir à me dire que j'avais raison.

Fin novembre 1997, mes recherches touchaient à leur fin et je commençais à envisager sérieusement de démissionner de la CIA. Le FBI et les enquêtes de notre inspection générale m'avaient suffisamment renseigné sur l'Agence. La politique politicienne s'y était infiltrée partout, jusque dans les services où je travaillais. J'avais ainsi longtemps pensé que la Direction des opérations était à l'abri de cette contamination, mais je m'étais trompé.

J'étais entré à la CIA en espérant avoir accès à une part de vérité qui n'est pas offerte à tout le monde. J'y étais d'ailleurs parvenu, en un sens. Au cours des derniers mois, j'étais enfin parvenu à élucider l'affaire de l'attentat de Beyrouth : un réseau lié au Fatah avait exécuté les ordres de l'Iran. Au cours de ma carrière, j'avais aussi assisté de près à l'effondrement d'une super-puissance, l'ex-Union soviétique. J'avais passé de nombreuses journées — et pas mal de nuits — en compagnie de personnages qui feraient rêver n'importe quel auteur de romans d'espionnage. Avec ses hauts et ses bas, j'avais aimé mon parcours professionnel. Le moment était pourtant venu de bifurquer. D'autant que toutes mes réserves de bonne volonté étaient désormais épuisées. Les changements qui s'opéraient dans la CIA étaient beaucoup trop rapides que pour que je puisse m'y adapter. J'aurais peut-être pu demander un poste de direction pour essayer d'influer sur le cours des choses par le haut, mais ce n'était pas mon genre.

Un vendredi en fin de journée, je gravis les escaliers qui mènent au septième étage. Devant le bureau de Jack

Downing, le Directeur des opérations du moment, je tendis ma lettre de démission à son assistant. Ma voix tremblait légèrement :

— Le cow-boy raccroche ses étriers.

Downing demanda aussitôt à me voir. Il passa vingt bonnes minutes à tenter de me persuader que la CIA était en passe de redevenir ce qu'elle avait été, et que j'y avais toujours ma place. Mais je voyais bien qu'il ne croyait pas à ce qu'il disait. Comme un paquebot lancé sur l'océan, l'Agence mettrait un temps fou à faire demi-tour, à supposer que les pouvoirs en place aient la volonté de la faire changer de cap.

— Je regrette de vous voir partir, me dit-il finalement. Et je vous garantis une médaille, en hommage à votre remarquable carrière.

Fidèle à sa promesse, il me fit attribuer la « Career Intelligence Medal » le 11 mars 1998, revêtue de la signature de George Tenet, mon ancien ami de l'université de Georgetown. Encore un secret que la CIA chercha à garder pour elle. Je n'en entendis parler que deux ans plus tard, par des amis. Mais j'aime beaucoup le commentaire qui l'accompagne : « *À maintes reprises il a mis sa vie en danger, en travaillant sur les cibles les plus difficiles, au service de son pays.* »

Peut-être que, finalement, quelqu'un s'en était rendu compte.

Épilogue

Lorsqu'une certaine image du monde commença à se disloquer le matin du 11 septembre 2001, je me trouvais chez moi, à Washington, à quelques rues du Capitole. Si le vol 93 d'United Airlines n'avait pas été détourné de sa destination par ses passagers, j'aurais entendu l'avion s'écraser sur la Maison-Blanche. Si la cible avait été le Capitole, j'aurais sans doute senti dans ma chair l'explosion et la brûlure de l'incendie qui aurait suivi. Et si les terroristes kamikazes avaient dévié un tant soit peu de leur trajectoire, j'aurais péri carbonisé. La prise de conscience fut douloureuse.

L'ironie de la situation était assez claire pour moi. Après deux décennies passées dans certains des endroits les plus malsains de la planète, j'étais revenu vivre dans le pays le plus puissant du monde, protégé par une armée invincible, surveillé par des services de sécurité intérieurs et extérieurs qui comptaient des centaines de milliers d'agents. Et qui avait sauvé de la catastrophe la ville que j'habitais ? Pas la CIA, ni le FBI, encore moins l'armée de terre, les aviateurs ou les marins. C'était la détermination et le courage spontanés d'une poignée d'Américains moyens. Comme je le disais au début de ce livre, cette défaillance me parut scandaleuse. Nous étions tous en droit d'en attendre plus de ceux auxquels nous avions confié tant de puissance.

Mais à force de regarder à la télévision ces scènes d'horreur et de mort, une évidence s'imposa avec une force croissante. Sans mes attaches familiales et personnelles, je me serais enfui à toutes jambes de ce pays. Pourquoi ?

Parce que les gens qui ont organisé ces attentats sont très forts. J'en sais trop sur leurs capacités de destruction, leurs armes chimiques sophistiquées et leurs ogives nucléaires miniaturisées. Je sais aussi que ni la capture d'Oussama Ben Laden ni les bombardements massifs sur l'Afghanistan ne suffiront à les décourager.

Les attentats du 11 septembre sont-ils le fruit de l'imagination fertile de Ben Laden ? Je n'en suis pas sûr, et je ne pense pas que quiconque le sache jamais avec certitude. Mais ce dont je suis certain, c'est que le simple fait qu'on le croie sert au mieux les intérêts du personnage. Les opérations terroristes ne sont pas seulement dirigées contre l'ennemi. Elles servent aussi de campagnes de recrutement. Et en diabolisant Ben Laden, en faisant de lui l'instigateur de ces attentats et l'ennemi public numéro un, nous sommes sûrs de rallier à sa cause tous les jeunes musulmans rageurs, déçus, désespérés du monde. Et ils sont légion.

Quant à savoir si Ben Laden a agi seul avec son réseau d'Al Qaïda, je suis là-dessus beaucoup plus catégorique. Et la réponse est non.

Fin 1997, avant que je quitte la CIA, nous apprenions qu'il avait proposé aux Iraniens d'abandonner leur campagne de déstabilisation des républiques d'Asie centrale pour rallier la guerre sainte qu'il avait déclarée aux États-Unis. Nous savions aussi qu'en juillet 1996, le Gama'at[1] égyptien, allié de Ben Laden, était entré en contact avec Moughniyah, dont je venais d'établir qu'il était l'instigateur de l'attentat contre l'ambassade améri-

1. Gama'at : organisation islamiste égyptienne (*N.d.T.*).

caine de Beyrouth. Ajoutez à cela les liens de Ben Laden avec les intégristes égyptiens, et vous obtenez la coalition terroriste sans doute la plus puissante de l'Histoire.

Il ne faut pas non plus oublier que les terroristes islamiques que nous cherchons à combattre se méfient des bureaucraties auto-protectrices. Ils se moquent bien des institutions et des egos des uns ou des autres. Pour atteindre leurs objectifs, ils forment des réseaux *ad hoc* qui sont dissous dès leur mission accomplie, pour se reconstituer plus tard sous d'autres formes. Et Oussama Ben Laden bénéficiait de tous les contacts nécessaires pour mettre en place le plus dangereux des réseaux provisoires. Une fois Al Qaïda installée en Afghanistan avec ses camps d'entraînement, une fois proclamée sa volonté de porter la guerre au-delà de l'Atlantique, la mise à feu de la machine infernale n'était plus qu'une question de temps. On pouvait s'interroger sur les modalités de l'action projetée par l'organisation, sur sa nature, sur son envergure et sur sa date, mais on savait bien que tôt ou tard la foudre s'abattrait sur les Américains.

Il se trouve que j'ai une pièce à apporter au puzzle des attentats du 11 septembre.

Après mon départ de la CIA, j'étais parti m'installer à Beyrouth, comme consultant, avec un autre ancien officier de l'Agence. La capitale libanaise m'était beaucoup plus familière que celle de mon pays. C'est là que j'avais trouvé mes meilleurs contacts, même si certains d'entre eux ne me plaisaient pas beaucoup. Au plus fort de la flambée des actions des sociétés Internet par exemple, l'un des anciens associés de Moughniyah me proposa de lancer une start-up « point com » avec lui.

Mais parmi les clients que nous avions attirés — et j'utilise le mot à bon escient — le plus intéressant fut sans doute un prince du Golfe, venu habiter Damas après avoir essayé, sans succès, de renverser un émir.

Nous le rencontrions régulièrement dans un endroit désertique à mi-chemin entre Beyrouth et Damas. Une nuit de décembre 1997, alors que nous nous réchauffions autour d'un feu de camp, il nous raconta son histoire.

Lorsqu'il travaillait pour son gouvernement, il s'était rendu compte que son pays abritait encore une cellule d'Al Qaïda, dirigée par Choukri Islambouli[1] — le frère de l'assassin d'Anouar El-Sadate — et Khaled Cheikh Mouhammad, un spécialiste des détournements d'avions. D'après notre prince, lorsque le FBI avait tenté d'arrêter les deux hommes, le gouvernement s'était empressé de leur fournir de faux passeports et de leur faire quitter le pays. Ils étaient tous deux partis s'installer à Prague.

N'ayant pas réussi à me défaire de mes réflexes d'officier traitant, je transmis ces informations à la CIA début 1998. Comme il fallait s'y attendre, je ne reçus pas de réponse. Aucune indication de suivi, même pas d'avis de réception de mon message, exactement comme lors de la tentative de coup d'État en Irak.

Trois ans plus tard, au début de l'été 2001, un associé de mon prince arabe, officier dans l'armée de son gouvernement, m'informa qu'une opération spectaculaire se préparait. Il prétendait connaître les noms de plusieurs agents de Ben Laden au Yémen et en Arabie Saoudite, et nous fournit une liste informatique de plusieurs centaines de ses hommes de main résidant dans les pays du Golfe. En août 2001, à la demande de cet officier, je rencontrai un assistant du Prince Sultan Ben Abd-el-Aziz, le ministre de la Défense saoudien, qui refusa de consulter la fameuse liste, et plus encore de la transmettre au Sultan. L'Arabie Saoudite semblait vouée à la même politique de l'autruche que la CIA.

---

1. Islambouli : leader du *Djihad* islamique égyptien (*N.d.T.*).

On en revient toujours au même constat, la nécessité de retourner au travail de l'espion de base, à la collecte d'informations sur le terrain, si ingrate, si inconfortable, si dangereuse souvent, soit sa mission. Si elle veut pouvoir prendre ses décisions en connaissance de cause, la CIA n'a pas d'autre choix que de reprendre le dialogue avec ses agents — ces intermédiaires qui peuvent voir et entendre ce qui se passe là où aucun Américain ne pénétrera jamais. C'est dans cette CIA-là que je m'étais engagé en 1976, pas dans celle d'aujourd'hui, qui a peur de son ombre, et qui s'est tellement entichée de technologie qu'elle ne fait plus confiance qu'aux photos satellite. Ce qu'il nous faut maintenant plus que jamais, c'est une agence dotée de milliers d'oreilles et d'yeux humains, capables d'épier et de détecter les sinistres projets de ceux qui cherchent à nous nuire et qui, plus largement, menacent la paix du monde. Tant que nous n'aurons pas reforgé une CIA comme celle-là, je crois que nous ne pourrons jamais nous sentir vraiment en sécurité.

Les États-Unis et l'Occident tout entier sont en guerre contre un ennemi démuni d'infrastructures à bombarder, d'avions à abattre, de navires à couler et, à peu de choses près, de chars à détruire. Tant pis pour les téléspectateurs de CNN. Le seul moyen de vaincre un tel ennemi, c'est le renseignement qui permet d'anticiper ses méfaits et d'être prêt à riposter le moment venu. Et l'on n'obtient d'informations valables qu'avec la volonté politique de confier le travail à ceux qui savent le faire. Je veux croire que la dure leçon des événements du 11 septembre servira à nous remettre sur les rails et que nous n'en dévierons plus jamais.

Table des matières

Impression réalisée sur CAMERON
par BRODARD ET TAUPIN
La Flèche
en février 2002

Imprimé en France
Dépôt légal : février 2002
N° d'édition : 24139 – N° d'impression : 11670